CEO를 위한 손자

| 전략의 고수 |

베르너 슈반펠더 지음 | 이미옥 옮김

이 도서의 국립중앙도서관 출판시도서목록(CIP)은 e-CIP홈페이지(http://www.nl.go.kr/ecip)에서 이용하실 수 있습니다. (CIP제어번호 : CIP2010004142)

Sun Tzu für Manager

Die 13 ewigen Gebote der Strategie

Werner Schwanfelder

Campus Verlag

Frankfurt ▪ New York

Sun Tzu f ü r Manager

Die 13 ewigen Gebote der Strategie

by Werner Schwanfelder

베르너 슈반펠더의 손자

전략의 고수

열정적으로 배우는 모든 경영자들과 직원들에게 이 책을 바치고 싶다.

훌륭한 경영자가 되기 위해 필요한 좋은 경험과 많은 인식을 이 책에서

얻기를 바란다.

2010년에 만나는 손자

옛날에, 자동차나 기차가 생기기 전에 중국에서 장기대회가 열렸다고 한다. 우리나라에서도 이 장기대회에 참석하기를 원하는 사람들이 많았기에 시합을 통해 마지막 한 명을 걸러냈다. 이 선수는 중국에서 열리는 대회에서 챔피언이 될 수 있을 정도로 실력이 좋았다고 한다. 어쨌거나 어깨에 짐을 메고, 국경 부근까지 걸어서 가려면 아마 한두 달은 족히 걸렸지 않았나 싶다. 한국을 대표하는 선수는 마침내 국경에 이르렀고, 부근에 있는 여관에서 방을 하나 빌렸다. 분명 챔피언이 될 꿈을 안고 잠자리에 들었을 것이다. 그런데 이게 웬일? 한밤중이었는데 옆방에서 여관 주인인 노파와 딸이 장기를 두는 소리가 들려왔다. 그것도 장기판을 앞에 두고 정식으로 두는 게임이 아니라, 장기판은 머릿속으로 상상하면서 입으로 두는 장기였다. 노파와 딸의 장기솜씨가 얼마나 뛰어났는지, 그다음 날 한국 선수는 중국이 아니라 다시 고향으로 돌아가 버렸다고 한다. 여관집의 아낙네들도 장기를 저리 잘 두는데, 시합에 나오는 선수들은 얼마나 실력이 좋을까를 상상하고 지레 겁을 먹고 포기해버렸던 것이다.

『CEO를 위한 손자』를 번역하고 나서 옮긴이 글을 쓰려고 하니 문득 이 이야기가 떠올랐다. 왜 그랬을까? 손자는 전투에서 이기는 가장 좋은 방법은 적과 싸우지 않고 이기는 것이라고 했다. 어쩌면 국경에서 여관을 하던 중국인 노파와 딸도 고전 중의 고전인 손자의 『병법』을 읽었거나 이야기로 전해 들었을지도 모른다. 어쨌든 이 노파는 여관의 진짜 주인이 아니었다. 한국 선수가 시합을 포기하고 돌아가게 하려고 중국이 의도적으로 꾸민 일종의 일종의 '쇼'였다고 한다. 헐!

이렇게 약간 야비한 방법을 동원해서까지 싸우지 않고 이기는 것이 중요하냐고 묻는다면, 그렇다고 할 사람도 있고 그렇지 않다고 대답할 사람도 있을 것이다. 문제는 도대체 어떤 시합이고, 어떤 전투이며, 어떤 전쟁인지가 중요한 핵심일 것 같다.

이 책의 저자 베르너 슈반펠더는 기업이 경쟁하는 상황을 전쟁과 동일시하지는 않았지만 전쟁과 비슷한 상황에 처할 경우가 많다는 점을 강조한다. 본인이 오랫동안 경제라는 분야에 몸담아 일을 했기에 생각 없이 이런 말을 하지는 않았을 것이다. 저자는 흥미롭게도 중국의 현자들 중에서 경영자들이 지침으로 삼을 수 있는 이론가를 발견했다. 그는 사업차 자주 중국으로 출장을 갔고, 그러다 보니 자연스럽게 중국인 경영자도 만났다. 중국인 경영자로부터 손자에 관한 얘기를 듣고 저자는 도대체 손자가 누구인지 궁금했다고 한다. 그래서 『병법』을 읽었다. 손자를 읽는 것은 그다지 놀랍지가 않다. 물론 서양에서는 손자, 노자, 공자 같은 동양의 현자보다는 소크라테스, 플라톤, 아리스토텔레스의 글을 더 많이 읽겠지만 말이다.

저자 베르너 슈반펠더는 손자를 읽고, 손자의 전략을 현대의 경제로 가지고 왔다. 그는 손자의 싸우는 기술을 현대의 경영자들에게 전수해주고 있는

데, 『병법』을 이렇게 쉽고 상세하게 해석할 수 있는 경우는 매우 드물다.

이 책에서는 우선 손자의 전략을 소개하고, 이 전략을 적용하면 현대의 기업이나 경영자가 어떻게 되는지를 설명한다. 그러다 보니 코카콜라와 펩시콜라의 경쟁이나 아디다스와 푸마의 경쟁 이야기처럼 매우 생생하고 우리 귀에 전혀 낯설지 않은 기업들이 자주 등장한다. 또한 '관심경영'이나 '변화경영'과 같은 여러 가지 경영이론도 드물지 않게 등장한다. 여기에서 끝난다면 이 책은 다른 많은 경제서적과 비슷하겠지만 저자는 스토리텔링도 들려준다. 가상의 기업인 '자전거 주식회사'를 등장시켜, 이 회사를 통해 전략이 구체적으로 어떻게 실행되고 그 결과가 어떻게 되는지를 들려주는 것이다.

이 책의 특징 가운데 가장 매력적인 부분은 2,500년 전의 고전인 손자의 『병법』을 2010년에 가져와서 어떻게 읽을 수 있는지, 그것도 경영자들이 어떻게 읽을 수 있는지를 보여주는 것이다. 그것도 아주 쉽게 말이다. 어렵게 설명하는 것은 많은 사람들이 할 수 있지만 쉽게 설명하는 것은 소수만이 할 수 있다고 본다. 그런 의미에서 저자는 서양인으로서 동양의 손자를 읽고 어설프게 해석한 것이 아니라 충분히 소화를 하고 누구보다 적절한 해석을 해주고 있다. 베르너 슈반펠더가 독일에서 베스트셀러 저자로 알려진 이유가 이해될 정도이다.

무슨 수단을 써서라도 상대를 이기는 것이 손자의 전략이 아니다. 그럼 뭐가 중요할까? 이게 궁금한 독자라면 이 책에서 시대를 초월한 진리이자 동서양을 불문하고 통용될 수 있는 소중한 지혜를 가득 얻어갈 수 있으리라 믿는다.

2010년 11월

이미옥

한국어판 서문

    나는 수년 동안 중국 관련 업무 부서에서 근무했다. 그때 중국 친구들을 사귈 수 있었다. 이 중국 친구들이 내가 세 권의 책을 쓸 수 있도록 안내해주었다. 이는 이들 안내자 없이 혼자서는 쓸 수 없는 책이었다.

    중국에서 일하면서 나는 자연스럽게 중국의 역사, 중국인의 생활방식, 습관, 그리고 그들의 철학사상에 관심을 갖기 시작했다. 이때 내 중국 친구들이 내 공부를 열심히 도와주었다. 한 나라의 철학은 그 나라 국민의 정신이다. 그래서 그 나라의 철학사상을 이해하면 그 나라 국민이 보인다. 물론 철학사상은 의식적이지 않게 그 나라의 문화적 뿌리로 작용하고 정치와 경제 제도에도 영향을 미친다.

    나의 관심 영역에는 경제뿐 아니라 내 직업인 경영도 들어간다. 경영자란 경제력의 개찰구에서 일하는 사람이다. 그들은 외국인과 거래를 하기 위해 외국 사람들의 생각, 관례에 대해 잘 알아야 한다. 이런 이유로 나는 중국의 철학사상이 중국 경영인들에게 미친 영향을 알고 싶었다. 다행히 나는 중국인들과 일하면서 중국 고유의 철학과 역사에 대해 이해가 탁월한 경영자들을 만날 수 있었다. 물론 내가 만난 중국 경영자 중에는 돈밖에 모르는 사람들도 있었다.

동시에 나는 독일 또는 유럽 경영자들이 중국 철학자에게서 무엇을 배울수 있을까에 대해서도 관심을 갖기 시작했다. 그 결과로 나온 것이 바로 이세 권의 책이다. 처음부터 안 것은 아니지만 책을 쓰면서 나는 중국 철학자들의 이야기가 특정한 지역에만 해당하지 않고 유럽에도 적용할 수 있을 만큼 보편적으로 타당하다는 것을 알아가기 시작했다. 이런 보편타당성은 중국의 철학자만 해당하는 이야기가 아니라 우리가 잘 아는 소크라테스, 아리스토텔레스, 칸트와 같은 유럽의 철학자에게도 해당한다. 철학자들의 이야기는 전 세계적이며 국경에 관계없다.

내가 제일 먼저 관심을 가졌던 중국 철학자는 손자이다. 2,500년 전 오(吳)나라에서 살았던 손자는 아주 성공적인 장수였던 것 같다. 손자는 자신의 경험을 바탕으로 『병법』이라는 책을 썼다. 이 책에서 그는 전략을 위한 13개의 계명을 만들었다. 물론 사람들 중에는 경제를 전쟁이라는 단어로 설명하는 것이 적절한지 의구심을 갖는 이도 있을 것이다. 그럼에도 경제 역시 경쟁과 아주 탁월한 전략이 필요하다는 점에서는 유사하다고 할 만하다. 손자는 피비린내 나는 싸움만 일삼는 전장의 군인이 아니었다. 그는 오히려 생각이 깊으면서도 지적인 유머를 겸비한 사람이었다. 그래서 나는 그가 군인이라는 생각도 들지 않았다. 그는 중요한 결정을 내리기에 앞서 숙고하기 위해절에 들어가곤 했다. 오늘날 경영자들이 손자로부터 바로 이 점을 배우기만해도 요즘처럼 급변하는 시대에 종종 내려지는 많은 오판을 줄일 수 있을 것이다. 특히 손자는 추진력이 강했다. 그는 행동하는 사람이었다.

『CEO를 위한 손자』는 독일에서 출판되자마자 곧 베스트셀러 반열에 오를 정도로 대성공이었다. 그러고 나서 중국의 다른 철학자에게도 관심을 가지기 시작했는데, 그 후임이 공자였다. 공자만큼 중국과 그 국민에게 많은 영향을 끼친 철학자는 없다. 그런데 생존 당시의 공자는 성공과는 거리가 멀었고 좌절도 많았다. 그러나 그는 자신의 사상체계에 대해서 한 번도 부정한 적이 없다. 오히려 매우 소중하게 여기며 꿋꿋이 지켜왔다. 공자는 도덕주의자이다. 요즘 시대에는 잘 맞지 않는 사람이다. 그러나 공자가 없는 중국은 상상이 되지 않는다. 그의 가르침은 긍정적으로든 부정적으로든 중국에 많은 영향을 미쳤다. 공자가 요즘 경영자에게 해줄 수 있는 말은 무엇일까? 아마도 "겸손하라, 그리고 가치를 중시하라"라고 말했을 것이다. 그는 사람은 공부를 통해서 지혜로워진다고 했다. 맞는 말이다.

마지막으로 나는 노자의 문을 두드렸다. 노자는 내가 개인적으로 가장 존경하는 철학자이다. 어쩌면 노자는 실제로 존재하지 않았던 인물인지 모른다. 당시 백성들이 지혜를 나누기 위해서 노자라는 가상의 인물을 만든 것은 아닐까 하는 추측도 해본다. 그런데 더 흥미로운 것은 노자가 일종의 이단자였다는 점이다. 그는 보통 사람이라면 감히 말로 표현할 수 없는 것을 표현했다. 그래서 과거 중국의 관리들은 젊어서는 공자를 충실하게 따르다가 퇴임한 후에는 노자를 추종하는 도인으로 변신했던 것 같다. 그런데 이 엉뚱한 이단자적인 사고의 소유자가 우리의 부지런한 경영자들에게 무슨 말을 해줄 수 있을까? 해줄 수 있는 말은 무척이나 많다. 예를 들면 "적은 것이 많은 것이다"라는 말이 그중 하나이다. 우리가 노자의 이 말을 믿어줄 수만 있다면 얼마나 좋을까. 개인적으로 이 책에서 가장 중요한 말이 바로 이 구절이라고 생각한다. 그런데 조심해야 할 것이 있다. 이 말의 결과에 대해서는 각자 개인이 책임을 져야 한다.

이 책들이 다양한 언어로 번역될 것은 전혀 예상치 못했다. 그런데 지금 네덜란드, 포르투갈, 브라질, 러시아, 중국, 그리고 한국에서까지 번역되어

읽히게 되었다.

가장 감동을 받았던 순간은 이 책이 중국에서 나오게 되었다는 소식을 들었을 때이다. 이는 중국 철학자의 생각이 다시 고향을 찾아가게 되었음을 의미한다. 나는 이 책들이 중국에 도움이 되었으면 한다. 특히 중국인들이 자신의 고유한 내면의 가치와 뿌리를 돌아보고 그에 맞게 행동하고 지도해 사람들의 사기를 북돋아 줄 수 있으면 한다.

한국 독자에게 진심으로 원하는 바가 있다. 부디 이 세 철학자의 통찰과 지혜를 당신들의 회사, 당신들의 삶, 그리고 당신들이 일하는 곳에 실제로 적용해봤으면 하는 것이다. 그렇게 했을 때 한국인의 삶과 일은 훨씬 행복하고 즐거워질 것이다.

2010. 11
베르너 슈반펠더

손자 ─ 고대 중국 출신의 경영의 대가

나는 늘 중국에서 사업과 관련해 할 일이 있었다. 20년 전에 일 때문에 처음으로 중국에 갔을 때, 나는 많은 이야기를 들었고, 중국식 삶의 방식도 내 삶의 방식으로 많이 받아들였으며, 선배들의 경험으로부터 많이 배웠다. 그런데 이제 나이가 들어 과거에 비해 더 성숙해지고 보니, 중국에서의 내 경험이 주변으로부터 인정을 받게 되었다. 내가 말하는 내용이 갑자기 중요한 이슈로 떠오르고 있으니까 말이다. 중국 사람들은 나이가 들어야 지혜를 알 수 있다고 생각한다. 실제로 이 말은 상당히 근거가 있는 말이다. 하지만 나이가 들어도 지식이 더 늘어나지는 않으며, 잘해야 경험을 더 쌓게 될 뿐이다. 그러므로 '나이'라는 것은 많다고 해서 좋은 것이 아니다. 자신의 지식과 다른 사람들의 지식을 적절하게 투입할 수 있는 경험이 중요해질 때에야 비로소, 나이는 아주 소중한 재산이 되는 것이다.

내가 아는 중국인이 어느 날 손자에 관해서 애기했던 때는 오래전으로 거슬러 올라가야 한다. 중국인 지인이 말하기를, 지금도 그는 자신의 회사를 중국의 현자 손자가 말한 계명에 따라 운영하고 있다고 했다. 당시에 나는 그 말을 유심히 듣기는 했지만, 손자에 관해 아는 것이 전혀 없었다. 그런데 독일에 돌아온 뒤에, 그때 나누었던 대화가 떠올랐다. 그러자 갑자기 알고 싶었다. 도대체 손자라는 사람은 어떤 사람이지? 그리하여 나는 손자에 관한 자료를 찾아 읽기 시작했다.

그렇게 나는 손자의 자취를 찾아다녔고 그 결과는 기대했던 것과 달라서 실망을 했다. 손자에 관해 알려진 자료가 매우 적었기 때문이다. 그는 2,500여 년 전에 중국 오나라 시대에 살았다고 한다. 손자는 전쟁터에서 매우 성공을 거둔 장군이었던 것 같다. 그리고 그런 경험을 글로 남겼다. 물론 당시에는 책이 아니라 양피지에 기록했겠지만, 어쨌거나 대단한 작품이다. 물론 번역된 책인 이 작품을, 나는 모종의 경외심을 품은 채 손에 들고 있다. 중요한 인물로 역사에 등장하는 손자가 '13편'을 직접 기록했는지 어떤지도 확실하지 않다. 그의 책을 해설한 많은 사람들은, 여러 명의 작가가 『병법』의 기록에 동참했다고 본다. 이 책은 기원전 5세기 중국의 전쟁기술에 관해 서술하고 있어서 당시에 기준이 되었던 지식이 반영되어 있다. 그러나 솔직히 말해서 그런 생각은 내 마음에 들지 않는데, 왜냐하면 그런 생각은 손자를 '평범한' 사람인 것처럼 보여주기 때문이다. 손자는 나에게 현명한 사람이자, 자신이 살았던 시대에 통용되던 기준을 넘어서서 오늘날의 우리에게도 의미 있는 말을 전해주는, 나이가 지긋한 사람이다. 그를 퇴직한 장군의 모습으로 상상해본다. 손자는 자신의 삶과 전쟁터에서 커다란 성공을 거두었다. 그는 이와 같은 성공을, 이를테면 자신의 경험을 후세에 전해주고자 했을 것이다. 그리하여 서기 한 사람이 손자 앞에 꿇어앉아, 손자가 체험하고 경험한 내용을 양피지에 써 내려갔을 것이다.

그가 죽고 난 다음에도 '13편'에 대한 해설은 계속되었고 심지어 덧붙여 기록되기도 했다. 때문에 무엇이 원문 텍스트인지를 더는 말할 수 없을 정도가 되었다. 하지만 이런 의문들은 문학을 전공하는 학자들에게 맡겨두기로 하자.

손자가 실제로 어떤 사람이었든 간에, 그의 책에서 우리는 심오한 지혜를 발견할 수 있다. 나는, 그가 아주 오래전에 살았던 명장이었으나 오늘날의 우리에게도 많은 지혜를 전해줄 수 있다는 점에 대해 의심하지 않는다. 그의 계명은 사실 나를 매료시켰고 그것은 지금도 마찬가지이다. 손자의 계명은 새로운 경영방법에 관한 그 어떤 책보다 더 생생한데, 현명한 노인의 경험을 담고 있기 때문이다. 그렇다고 해서 난해하지도 않다. 손자의 지혜는 단순한 데다, 나아가 진부하기까지 하다. 독자들도 내 말에 금방 동의할 수 있을 것이다. 동시에 독자들은, 이렇듯 단순한 지혜를 실천하는 것이 왜 어려운지 자신에게 물어보게 될 것이다. 결국 사람들은 그렇듯 단순한 지혜를 따르지 못한 점에 대해 죄송한 마음을 갖게 될 수도 있다. 어쨌거나 2,500여 년 전에 누군가 이미 그렇게 생각했고, 행동했고, 성공적으로 실천에 옮겼다는 사실을 접하면 존경하는 마음이 저절로 생긴다. 오늘을 사는 우리는 읽고, 깊이 생각하고, 모방하는 일 외에 아무 것도 할 수 없다.

손자는 장군이었고 전쟁에 관한 글을 썼다. 오늘날의 우리도 회사에서 전쟁을 치르고 있다고 할 수 있는데, 손자의 지혜로부터 뭔가 빌릴 수도 있지 않을까? 기업가들은 오래전부터 그렇게 생각했고, 최고 경영자를 군인출신의 인물로 뽑는 기업도 많다. 이런 경영자 선출방식이 특히 미국에서는 전통으로 자리 잡을 정도이다. 미국 군 간부의 양성소일 뿐 아니라 미국 경영자의 양성소인 웨스트포인트 사관학교의 졸업생들은 매우 인기가 있다. 이 학교에서 학생들은 우선 권리와 질서를 배운다. 학생들은 복종을 배움으로써 권리와 질서를 몸소 체험한다. 4,000명의 웨스트포인트 사관생도들은 명예를 지키기 위해 다음과 같은 엄격한 불문율을 반드시 따라야 한다. 즉, "사관생도는 거짓말을 해서는 안 되며, 속여서도 안 되고, 훔치거나 훔치는 자를 눈감

아줘서도 안 된다." 이 불문율은 사관생도들의 뼛속 깊이 새겨진다. 이것은 이른바 교육내용 가운데서도 의무적인 것이다. 졸업반이 되면 학생들은 복종이 아니라 명령하는 법을 배운다. 이제 다른 사람들이 그들에게 복종을 해야 한다. 바로 이와 같이 복종과 명령을 연계하여 배운 덕분에 군인들이 경제계에서 그토록 오랫동안 인기와 더불어 성공을 거둘 수 있었다고 나는 믿는다.

시간이 흐르자 경제계에서는 다른 가치가 우위를 점하게 되었다. 오늘날에는 창의력, 자기책임, 개성이 복종보다 우위에 있다. 다른 말로 하면, 기업에서 고급 장교들을 원하는 수요가 예전처럼 많지 않다는 것이다. 과거의 장군인 손자가 왜 우리에게 충고를 해줘야 하나? 오늘날의 경영자들은 왜 전쟁을 해야 하지? 손자의 '13편'을 읽으며 그런 의문이 가장 많이 떠올랐다. 나는 오랜 직장생활을 했던 경험을 바탕으로 답을 찾아냈다. 물론 경제계에서 일어나는 사건들은 전쟁이 아니지만, 우리는 경제활동을 하면서 지극히 격렬한 분쟁에 휘말려야 하는 것도 사실이다. 또한 그런 일은 결코 드물지도 않다. 그렇듯 격렬한 분쟁이 일어난 연후에는 회사가 파산을 하고, 살아남은 회사도 갈등에 휩싸이게 된다. 그러니 우리는 일종의 전쟁상태에 근접해 있다고 볼 수 있는데, 물론 무기는 없지만 어쨌거나 단호하게 치러야만 한다. 때문에 모든 직원은 어느 정도 전사이며, 모든 경영자는 현 상태에서 최상의 결과를 얻기 위해 전략적인 계획을 짜야 하는 일종의 장군이라 할 수 있다. 이와 같은 의미에서 손자의 지혜를 설명하는 다음 글에서는 '장군'이라는 낱말 대신에 '경영자'라는 낱말을 사용해도 무방하리라 본다. 물론 손자가 경영자에 관한 글을 쓴 적은 없지만 말이다.

삶을 묘사하는 스토리를 이용하면 추상적인 고민도 훨씬 쉽게 이해될 경우가 많다. 나 역시 직업을 가지고 생활하면서 그런 스토리를 많이 경험했다. 손자도 아마 그런 스토리들을 좋아했을 것이다. 하지만 어떤 이야기든 그 나름대로 독특한 환경이라는 것이 있고, 매번 그 환경은 달라진다. 그래서 이 책에서 나는 인위적으로 하나의 기업을 가정하기로 했다. 그리고 이 틀에서 이야기를 계속해나갈까 싶다. 바로 '자전거 주식회사'가 바로 내가 임의로 정한 기업이다. 이 기업의 목표는 매우 분명하다. 즉, 자전거를 생산하는 것이다. 이 기업에서 일어나는 첫 번째 이야기는 다음과 같다. 자전거는 여러 가지 부품으로 구성된다. 이 부품들은 자전거라는 전체 시스템에서 각각 중요한 기능을 한다. 그래서 부품은 반드시 필요하며, 비록 그 부품의 가치가 전체 자전거 가격에 비해 아주 사소한 부분을 차지하더라도 마찬가지이다. 그런데 '자전거 주식회사'에 납품을 하는 몇몇 공급업체가 몇 가지 부품을 독점하고 있다. 그리하여 부품을 주문할 때마다 가격이 올라가는 것이다. 처음에 가격은 눈에 띄지 않을 정도로 완만하게 올라갔고, 그래서 '자전거 주식회사'도 가격상승을 부담 없이 받아들일 수 있었다. 게다가 그 부품이 전체 자전거 가격에서 차지하는 비율도 미미하여, 6,000 유로 하던 자전거를 6,010유로에 팔더라도 그리 큰 지장이 생기지 않는다. 하지만 언제부터인가 부품의 가격이 너무 많이, 너무 빨리, 너무 눈에 띄게 오르는 것이다. 문제가 이 정도로 심각해지자 '자전거 주식회사'도 타개책을 찾게 된다. 예를 들어 자체 생산비율을 점검할 수 있다. 회사 자체 내에서 제품을 생산하는 비율을 높이면, 부품 독점회사에 덜 종속될 수 있지 않을까? 그러니까 더 많은 부품을 자체적으로 생산한다면, 원가를 줄일 수 있지 않을까? 이런 방식으로 생각을 바꾸기 시작한다. 그리고 가격을 가장 많이 올린 부품에 대해 우선적으로 새로운 전략을 시험해보았다. 만일 이 새로운 전략이 성공한다면, 이는 부품 공급업체가 갖고 있던 시장 가운데 큰 부분이 없어지게 될 것이다. 부품 공급업체의 총매상도, 성과도 심각하게 하락할 것이다. 이와 같은 중대한 결과는 물론 개인에게도 그 책임이 전가된다. 예를 들어 책임 있는 경영자가 강등되거나 쫓겨날 것이고, 일자리도 줄어들게 된다. 이는 바로 장군과 경영자가 매일 매일 겪게 되는 상황 중 하나이다.

이런 과정은 전쟁일까? 아니면 단지 다툼일까? 어쨌든 이는 경영자들이 처하게 되는 매우 어려운 상황임에는 틀림없다. 그리고 많든 적든 간에 주목할 만한 영향을 주는 그와 같은 상황은 매일 벌어진다. 경제생활은 다툼이 많은 분야이다. 그러니까 경영자의 삶에 결정적으로 관여하는 것이 바로 다툼이나 분쟁이다. 경영자는 성공적으로 분쟁을 버텨내야 하고, 완전히 이겨야 한다.

독자들에게 소개하고 싶은 손자에 관한 이야기가 있다. 이 일화는 고대 중국의 장군 손자가 어떤 사람인지 이해할 수 있게 해준다.

손자는 그의 저서 『병법』으로 유명하게 되었고, 그리하여 오나라의 왕 합려도 그에게 관심을 갖게 되었다. 왕은 손자를 불러서 이르기를, 자신도 '13편'을 아주 세심하게 읽었다고 했다. 이는 물론 이론이며, 글로 기록한 충고일 뿐이다. 그래서 왕은, '13편'을 실재에 적용하여 성공을 거둘 수 있는지 물어보았다. 이에 손자는 그렇다고 답하고서, 스스로 증명해 보일 수도 있다고 말했다. 그러자 왕이 물었다. "여인네들을 데려와서 실행해 보일 수 있느냐?" 손자는 그렇다고 대답했다. 물론 왕이 자신을 우스운 사람으로 만들려는 것이 아닐까라는 의심이 들기는 했지만 말이다.

왕은 180명의 여인을 궁으로 불러 모았고, 이들 가운데 왕의 후궁도 있었다. 손자는 180명의 여자를 두 그룹으로 나누고 왕의 후궁 두 명에게 각각의 무리를 다스릴 지휘권을 주었다. 그런 다음에 모든 여자들은 창을 하나씩 받았다. 손자는 여자들 앞에 섰다. "그대들은 앞과 뒤, 그리고 왼쪽과 오른쪽은 구분할 줄 안다고 보오." 그러자 여자들이 고개를 끄덕였다. 그러자 손자는 여자들을 가르치기 시작했다. "내가 '앞으로'라고 말하면, 모두들 앞을 보시오. 내가 '좌향좌'라고 말하면, 모두들 왼쪽으로 돕니다. 내가 '우향우'라고 말하면, 모두 오른쪽으로 돕니다. 내가 '뒤로 돌아'라고 말하면, 모두 완전히 돌아서 뒤를 보면 됩니다. 이해하셨소?" 여자들은 그렇다는 뜻으로 고개를 끄덕였다.

손자는 이제 여자들을 세 줄로 서게 했다. 각자는 창을 들고 있었다. 손자는 여자들이 모두 자신을 보고 자신의 말을 들을 수 있도록 세심하게 배려했다. 그런 다음에 그가 명령을 내렸다. "우향우!" 그러나 여자들은 웃음만 터뜨렸을 뿐 아무것도 하지 않았고, 좀처럼 조용해지지도 않았다.

손자는 중단하고 말했다. "명령이 불분명하고 부정확하다면, 이건 장군의 잘못이오. 장군은 부하들이 알아들을 수 있도록 지시를 내려야 하오." 그는 또다시 여자들을 열 지어 세우고 명령을 내렸다. "좌향좌!" 그러나 여자들은 이번에도 명령을 따르지 않았고, 그 대신 더욱 여유만만하게 웃기만 했다. 손자는 자신의 말을 반복했다. "장군이라는 자는 명령을 분명하고 이해할 수 있게 내려야 할 책임이 있소." 여기에 한마디 덧붙였다. "물론 명령이 분명하고 이해할 수 있는 것이라면, 이를 실행하는 책임은 장교들에게 있지요. 실행하지 못하면, 장교의 잘못이오." 그러고 나서 손자는 그룹의 우두머리였던 두 명의 후궁을 참수하라는 명령을 내렸다.

오나라의 왕은 이 광경을 누각에서 지켜보았다. 손자가 명령을 실행에 옮겨 두 명의 후궁을 참수하게 될 것이라는 걸 안 왕은, 시중을 드는 내시를 시켜 장군에게 다음과 같은 말을 전하게 했다. "왕께서는 손자가 군대를 가장 잘 통솔하신다는 점에 대해 확신을 갖게 되었습니다. 그러니 후궁을 참수하지 않기를 원하십니다. 그런 광경을 보시면 왕께서 음식을 드시지 못할 것이라 하옵니다." 이에 손자가 대답했다. "나는 왕으로부터 임무를 하사받았소이다. 나는 이 임무를 완수할 것이오. 하지만 임무를 실행하는 방법은 내가 결정하오." 그는 후궁 두 명을 그 자리에서 참수하고 그 뒤에 서 있던 여자 두 명을 무리의 우두머리로 정했다. 손자는 다시 줄을 세우고, 여자들에게 창을 준 다음 조금 전과 같이 명령을 내렸다. 그러자 여자들은 손자가 명령한 대로 잘 따랐다. 그러자 손자는 왕에게 이런 전갈을 보냈다. "왕의 군사들은 완벽하게 교육을 받았습니다. 전하께서 원하시면 언제라도 이들을 동원할 수 있사옵니다. 불 속을 뚫고 들어가라고 하시든, 물을 가르고 앞으로 나아가라고 하시든, 이들은 그 명령을 따를 것입니다." 하지만 왕은 시험해볼 생각이 전혀 없어서 손자를 궁에서 내보냈다.

이런 일이 있은 뒤에 손자가 말했다. "왕은 오로지 말씀만 하시지 그 말을 실천에 옮기시지 않는구나." 이 말을 전해들은 왕은, 손자라는 인물이 진정으로 군을 지휘하는 것이 무엇인지 이해하는 사람임을 깨닫고, 그를 총사령관으로 임명했다. 손자는 이듬해부터 오나라 왕국 전체를 성공적으로 방어했다.

전부 진실은 아니겠지만 어쨌거나 이런 전설은 중요한 메시지를 담고 있다. 오늘날의 모든 경영자는 손자가 처했던 상황과 비슷한 상황에 이미 한번쯤 처해봤을 것이다. 경영자는 봉건 영주로부터, 좀 더 세속적으로 표현하자면 기업으로부터 지시를 받게 되고, 이런 지시를 성공적으로 실행해야 하는 책임을 지게 된다. 이때 경영자는 뭔가 실행해야만 하는지 아니면 자신을 시험하기 위해 그런 지시를 내리는지, 의문이 들 때도 많다. 이를 아는 사람은 아무도 없으며, 그런 지시를 내린 사람조차 모르는 경우도 흔히 있다.

'자전거 주식회사'의 이사진은 본사 구매부의 팀장을 고용했는데, 이 팀장에게 어떤 임무를 줘야할지 몰랐다. '구매'라는 활동이 무엇인지는 분명하지만, 각자는 그 나름대로 구매를 상상할 수 있고, 혼자서 구입한 적도 있었다. 그러나 기업체를 위한 구매부서는 어떤 위치에 있는 것일까? 구매부의 팀장은 공급업체를 괴롭혀야 할까, 아니면 공급업체를 파트너로 발전시켜야 할까?

나는 중국 황제의 선동적인 질문을 이렇게 이해한다. 즉, 너는 여자들로도 임무를 완성할 수 있느냐? 황제는 그 임무를 상상하지 못했고 아마도 목표

나 원하는 결과에 대해서 아무런 상상도 하지 못했을 것이다. 예를 들어 황제는, 여자들이 임무를 실행하기 위해 적합한 사람들이었는지도 몰랐다. 경영자 가운데 한번쯤 다음과 같은 충고를 듣지 않은 사람이 누가 있으랴! 간단하게 일 하시오! 그냥 이득만 올리면 됩니다.

오늘날의 경영자는 어떻게 일하고 이득을 얻을 수 있을까? 당신도 어떤 대답을 할 것인지 생각해봤을지도 모른다. 오늘날의 경영자도 손자의 충고를 따를 것이고, 아마 그렇게 하면 이득을 올릴 수 있을 것이다.

경영자의 성공은 자신의 성과에 달려 있다. 손자에게 있어서 성과는 경험과, 이와 연관된 지혜에 달려 있다. 이것은 옛날부터 잘 알려진 사실이다. 하지만 오늘날에는 경험이 많더라도 50세가 넘는 경영자는 일자리를 구하기 어려운 경우를 흔히 볼 수 있다.

'자전거 주식회사'는 그다지 성과가 좋지 않은 공장이 하나 있다. 공장의 전체 직원을 분석해보니, 많은 경영자들이 직장을 옮겼거나 퇴직을 했다. 심지어 퇴직할 연령이 되기 전에 퇴직해도 되는 프로그램도 있었다. 회사에서 나가주기를 원하는 사람이 퇴직하면 그에 대한 보상금도 지불했던 것이다. 그러나 비어 있는 경영자 자리는 또 채워야 했다. 이 자리에 젊은 경영자들이 대거 채용되었는데, 이들은 젊고 민첩했지만 경험이 부족했다. 결국 이들은 성공하지 못했다. 그래서 회사는 이제 경험이 많은 경영자를 채용하고자 한다.

머지않아 우리 경제계에서도 경험 많은 사람에 대한 수요가 늘어날 것이고, 그렇게 되면 곧 경험의 가치도 올라갈 것이다. 때문에 우리는, 2,500년 전 중국 장군의 지혜를 살펴봄으로써 누구보다 앞서 경험을 강조하고자 한다.

차례

01
계획_ 계편(計篇)

철저한 준비가
성공의 지름길이다

우리는 어떤 형태로든 경제적 분쟁을 고려해야 한다. 만일 경영자가 경제적 분쟁을 적극적으로 수용하고 이끌어가지 않으면, 불가피하게 그런 상황을 만나게 된다. 그러므로 자발적으로 먼저 나서는 것이 더 나을 것이다. 그리고 확실하게 성공할 수 있는 기회를 갖고 싶다면, 철저하게 준비할 필요가 있다.

손자는 이렇게 말했다. "전쟁의 기술은 국가에 중요한 의미가 있다"(Ⅰ.1). 이 말은 논리적이며 진부하기는 하지만 자명하게 들린다. 이 말을 경제에 적용하면 이런 말이 될 수 있을 것이다. "경제적 분쟁을 치르는 기술은 기업에 중요한 의미가 있다." 그래서 경제적 분쟁을 성공적으로 이끌어가는 것이 경영자가 지닌 중요한 과제이다. 그는 이런 기술을 터득할 수 있도록 연습해야 하며, 결국 경제적 분쟁을 잘 다룰 줄 아는 기술이 회사의 성과를 결정하게 되고, 이사진과 직원들이 가져가는 월급도 결정하게 된다.

손자는 또 이렇게 말했다. "전쟁의 기술은 삶과 죽음을 결정하고, 안전 또는 패망을 가져다준다. 그러므로 우리는 반드시 잘 살펴야 한다"(Ⅰ.2). 이 말은 분명하다 못해 좀 과장되게 들린다. 하지만 손자의 말이 옳지 않은가? 회사의 성과는 직원들에게 직접적으로 영향을 준다. 만일 회사가 잘되면, 직원에게 배당금과 보너스를 듬뿍 나눠줄 수 있다. 하지만 회사가 손실을 보고 있다면, 가장 먼저 직원에게 주는 임금부터 줄이려 들 것이다. 또한 해고를 논의하고 실행할 것이다. 심지어 회사가 파산 상태에 있으면, 이는 많은 직원들의 존재를 위협하는 사건이 되어 직원들은 실직을 코앞에 두게 된다. 따라서 잘 싸우는 기술은 성공 혹은 실패로 이끈다.

많은 경영자들은 회사의 성과를 위해 봉사한다. 봉급의 40퍼센트는 유동적인데, 따라서 성과에 따라 직접 영향을 받는다. 이렇게 볼 때, '경제계에서 잘 싸우는 기술'은 경영자에게 가장 중요하다. 그리고 최고로 뛰어난 자는 많은 회사에서 서로 채용하려고 한다. 이런 기술을 전문적으로 잘 다루는 경영자를 원한다는 말이다. 모든 경영자가 이와 같은 기술을 잘 다루는 것은 아니며, 이 기술과 관련된 경험을 갖고 있지도 않다. 솔직히 말하면, 많은 경영자들은 회사를 단순히 관리해주는 관리인과 크게 다르지 않다.

🏆 전쟁 전에 결정해야 할 다섯 가지 요소

손자는 다섯 가지 요소로부터 출발한다. "전쟁의 기술은 다섯 가지 요소에 의해 결정된다. 우리가 전쟁터의 상황을 제대로 판단하고자 한다면, 이 요소들을 반드시 고려해야 한다"(Ⅰ. 3). 이 다섯 가지 요소는 계획을 짜고 분석할 때 고려되어야 한다. 오늘날의 경영이론에서도 우리는 이와 비슷한 생각을 할 수 있다. 따라서 손자가 제시한 요소들을 오늘날의 경영세계에 적용해볼 수 있다.

첫 번째 요소는 도(道)이다. 손자는 이 개념을 윤리적인 권리 혹은 법칙으로 생각했다. 두 번째 요소는 천(天)이다. 하늘이라 함은 능력으로 이해를 한다. 세 번째 요소, 지(地)는 땅이다. 이것은 시장과 자기 회사의 구조로 해석하면 된다. 네 번째 요소, 장(將)은 장군과 경영자의 지도력을 의미한다. 마지막으로 다섯 번째 요소, 법(法)은 방법이다. 그러니까 회사의 방법론과 규율, 조직으로 이해하면 된다. 어떤 요소는 매우 동양적으로 들릴 수 있지만, 그렇다고 해서 서구 유럽의 회사들이 추구하는 원칙과 동떨어진 것도 아니다.

❶ 도(道): 믿고 따를 수 있는 윤리

손자가 말했다. "윤리적인 권리가 존재해야 병사들은 상관을 무조건 따르고 위험을 두려워하지 않는다"(Ⅰ. 5~6). 여기에서 손자는 전쟁을 치를 수 있는 윤리적 권리에 관해서 말한다. 전쟁을 치를 수 있는 그런 권리, 경제적으로 싸울 수 있는 그런 권리가 도대체 있기나 한 것일까? 윤리적 권리는 경제생활에서 종속적인 역할을 맡을 경우가 많다. 어떤 경영자도 윤리적 권리를 추구하지 않는다. 이는 옳은 행동일까? 손자의 이 말은, 하나의 기업, 한 명의 경영자 그리고 하나의 계획은 윤리적 고결함을 가져야 한다는 뜻이다. 더욱 확고하고 윤리적인 고결함을 갖는다면, 이는 다른 많은 사람에게도 영향을 미칠 수 있다. 손자의 생각에 따르면, 윤리적 고결함을 갖춘 경영자는 사회적으로 더 많이 인정을 받고, 동기부여도 더 잘하며, 성공도 더 많이 거둘 수 있다고 한다. 어떤 제품에 대해 분명하게 취하는 윤리적인 태도(예를 들어 환경보호, 아동노동 금지)는 소비자들이 제품을 결정하는 기준이 될 경우가 많다는 연구조사가 나와 있다. 사회적으로 인정을 받는 상표를 가진 회사는 덜 알려져 있는 새로운 회사보다 사업하기가 더 쉽다. 기업세계에서 신뢰를 얻고 있는 착실한 회사는 나쁜 평판이 도는 회사보다 외부 자금을 받기도 더 쉽다. 이와 비슷한 결과가 경영자에게도 해당된다. 자신만의 설득력을 갖춘 청렴한 사람은 그렇지 않은 사람에 비해 훨씬 효과적으로 계획을 실행에 옮긴다. 그리고 신뢰할 수 있는 전략은 일반적으로 잘 수용되는 까닭에 더 수월하게 실행에 옮겨 성공을 거둘 수 있다. 도(道)라는 것은 보편적인 윤리일 뿐 아니라 비전이며, 신뢰이고, 바로 회사와 경영자가 대중에게 제시하는 모습이다. 윤리적인 권리가 경영자에게서 관찰되면, 직원들은 동기부여도 더 잘 될 것이고 경영자가 이끄는 대로라면, 무엇이든 따를 것이다.

'자전거 주식회사'의 경영자들은 '제작하느냐 구입하느냐'의 결정을 내려야 했다. 그러니까 자체공정도를 높여서 거만한 납품업자들을 상대하지 않느냐, 아니면 납품업자들에게 의지해서 제품을 계속 생산하느냐가 문제였다. 모든 직원들은 납품업자와 결별해야 한다는 주장이 윤리적으로도 정당하다고 인정했다. 심지어 경영자들은, 직원들이 공장에서 모든 제품을 자체적으로 생산하려는 결심까지 하고 있는 것을 보았다. 그래서 '제작하자'는 결정이 더 쉬웠는데, 직원들의 기대를 배경으로 하면 필수적인 결정이었다. 왜냐하면 이 결정에서 중요한 것은 경영의 능력을 신뢰하느냐의 문제였기 때문이다.

도를 지키고 따르는 회사의 원칙은 어떤 것이 될 수 있을까? 우리는, 우리와 회사, 직원, 고객, 납품업자들과 사회에 대해 책임을 진다. 회사의 결정은 그런 것에 따라 평가되고 지속성을 띠게 된다. 이와 같은 방식으로 우리는 신뢰, 동기화와 성공을 확보한다.

❷ 천(天): 여러 가지 조건을 상징함

"하늘[天]은 밤과 낮, 온기와 냉기, 날씨와 사계절을 의미한다"라고 손자는 말했다(Ⅰ. 7). 이는 상황들이며, 이런 상황의 공통된 특징은 변한다는 것이다. 회사에서는 어떤 상황이 지배적일까? 경영자는 그런 상황을 어떻게 다룰 수 있을까?

신속하게 해결해야 하는 어려움이 생길 때마다 사람들이 빈번히 문의를 하는 그런 회사가 있다. 그와 같은 명성("그 회사는 문제를 빨리 해결하지!")은 매우 소중하다. 명성, 이미지와 기업문화는 기존의 토양에서 성장한다. 기존의 토양이라 함은, 우수한 기술 장비, 놀라운 노하우, 탁월한 신뢰도를 말한다. 그와 같은 능력이 있으면 가격을 더 올려도 된다. 만일 제품을 생산하는 중인데 시멘트 설비, 발전소나 분쇄기가 돌아가지 않으면, 그 시설이나 장치를 신속하게 돌아갈 수 있도록 해주는 믿을 만한 파트너가 필요하다. 왜냐하면 생산을 중단하면 해당 공장은 상당한 손해를 입을 수 있기 때문이다. 이와 같은 이유로 사람들은 좋은 이미지[도(道)]와 탁월한 기술, 그리고 높은 신뢰도[천(天)]를 가진 회사에 의뢰를 한다.

상황은 주어지는 것이 아니라 사람들이 바꿀 수 있다. 이것이 바로 경영자가 해야 할 임무이다. 즉, 경영자들은 천(天)이 좋지 않다는 사실을 인지하면, 직접 나서서 천(天)을 바꿔야 한다. 변화를 시키려면 힘과 끈기, 시간과 관철 능력이 필요하다. 상황을 인지하고 이해해야 하며, 그런 뒤에 사람들은 아주 조금씩 조심스럽게 상황을 바꿔나갈 수 있다. 변혁이 필요할 때도 많다. 하지만 어떤 변혁이라도 희생이 따르기 때문에, 경영자는 자신이 희생자가 되지 않도록 행동해야 한다.

'자전거 주식회사'는 자사의 이미지에 관한 연구를 해달라고 컨설팅 회사에 의뢰를 했다. 그리하여 직원들, 납품업자들, 고객들과 길거리를 지나가는 사람들에게 이 회사의 이미지가 어떠한지 조사했다. 이로부터 나온 결과는, '자전거 주식회사'의 문제해결능력이 직원들 스스로 생각하는 것보다 훨씬 뛰어나다는 고객들의 의견이었다.이를 계기로 해서 회사의 간부들은 사보를 발행하기로 결정했다. 회사의 성공에 대해 직원들에게 알려주고 좀 더 자신감을 가질 수 있도록 하기 위해서였다.

천(天)에 따라 회사의 원칙을 정한다면 어떤 것이 될 수 있을까? 직원들은 회사가 지니고 있는 진정한 장점이다. 회사의 능력도 그들에게 달려 있고, 필요한 변화를 지원하는 사람들도 바로 그들이다. 회사는 적절한 방식으로 회사가 결정을 내리는 과정에 직원들을 포함시켜줘야 한다. 그들의 지식과 경험은 회사에서 내리는 모든 결정의 기초이다.

❸ 지(地): 구조와 그 효과

"땅이란 근처와 먼 곳, 위험과 안전, 좁은 곳과 넓은 곳, 삶과 죽음을 의미한다"(Ⅰ. 8). 땅을 회사에 적용해보면, 이것은 조직, 자본구조 혹은 공정 상태로 이해할 수 있다. 손자라면, 회사는 탄탄한 자본구조를 가지고 있는지, 조직형태는 실감 있게 체험할 수 있는지를 물을 것이다. 예를 들어 뒤죽박죽인 회사모습은 부정적으로 보일 수 있다. 사람들은 배후에서 자본을 조작하고 있을 수 있다. 공정(프로세스)의 투명성은 매우 중요하다. 공정은 직선적이고, 이해할 수 있으며 효율적이어야 한다. 사람들은 프로세스를 잘 정의해둔 회사를 매우 빠르게 인지하게 되며, 납품업자와 고객들이 이 회사와 공조할 때 그런 점을 눈여겨볼 수 있다.

또한 지(地)는 자원을 관리하는 일로 이해할 수 있다. 회사는, 고객들이 원하는 능력을 필요한 곳에 재빨리 투입할 수 있어야 한다. 유연하고 효율적인 작업방식을 제공해야 한다. 회사의 성과에 영향을 주는 모든 것이 구조에 속한다. 지(地)는 천(天) 위에 세워지는 까닭에 구조를 바꾸는 일이란 결코 간단하지 않다는 것을 예측할 수 있다. 이런 경우에 사용하는 표현은 바로 패러다임의 변화이다. 이 주제를 다루기 시작한 경영자라면 누구든, 우선 패러다임의 변화가 자신에게는 어떤 의미인지를 조용히 생각해봐야 한다. 그는 어떻게 변해야 할까? 자신은 변할 필요가 없다고 생각한다면, 이 경영자는 벌써 패배한 사람이다. 왜냐하면 패러다임의 변화는 나에게서 시작하기 때문에 직원들에게 나의 무엇이 변했는지를 보여줄 수 없다면, 직원들도 변하지 않는다. 어떻게 변할 수 있겠는가? 그들보다 앞서 패러다임이 변했다는 것을 모범적으로 보여줘야 하는 사람은 누구인가? 누가 직원들에게 이런 것을 가르치는가? 이런 문제와 관련해 우리는 손자에게서 많이 배울 수 있다.

'자전거 주식회사'는 그해에 만족스러운 흑자를 내지 못했다. 그리하여 원가를 절감하는 프로그램을 가동했다. 크리스마스 보너스를 줄였고, 초과근무 수당도 더는 지불하지 않았으며 그 밖에 다른 조치도 시행했다. 그리고 회사의 이사진은 비밀리에 자신들의 월급을 20퍼센트 인상하는 것에 동의했다. 물론 '자전거 주식회사'의 경영자들이 받는 월급은 비슷한 다른 회사의 경영자들과 비교해도 적다는 사실은 인정한다. 그런데도 이 사실이 언론을 통해 알려졌을 때, 직원들은 일할 의욕을 상실했다.

코메르츠 은행의 경영자들도 비슷하게 행동했다. 그러니까 직원들에게 지급하던 연금은 폐지하면서 자신들의 월급을 올린 것이다. 이런 사례는 패러다임의 변화를 제대로 이해하지 못한 경우이다.

지(地)에 따라 회사의 원칙을 정한다면 어떤 것이 될 수 있을까? 회사구조는 단순하고, 명료하며 공정해야 한다. 회사에서 내리는 결정은 직원, 고객, 납품업체들 그리고 주변에서 충분히 납득할 수 있어야 한다. 여러 가지 결정은 일관되어야 하고 서로 모순적이어서는 안 된다.

❹ 장(將): 장수의 능력

"지도력이란 지혜, 정직함, 호의, 용기와 엄격함이다"(Ⅰ.9). 이것은 회사 간부라면 누구나 가지고 있어야 하는 특징이다. 경영자 역시 그와 같은 기준에 따라 평가되어야 한다. 경영자에게는 리더십이 요구된다. 리더가 갖추어야 하는 능력에는 어떤 것이 있을까? 한 회사를 성공적으로 이끌어갈 수 있는 모든 것이다. 그게 뭘까? 먼저 회사가 목표를 분명하게 설정하는 것으로 시작된다. 목표를 실행하려면 경영진과 직원들이 성과를 낼 각오를 해야 한다. 이들 모두가 목표달성을 원해야 하고, 그 누구도 목표달성을 의심해서는 안 된다. 책임을 떠맡을 자세는 매우 중요하다. 회사를 옹호하는 태도 역시 리더의 자질이자 회사의 신뢰도를 높일 수 있는 능력에 속한다. 물론 지식과 능력도 대화하려는 자세만큼 중요하다. 이와 같은 능력 가운데 일부는 배울 수 있겠지만, 대부분은 경험을 통해 얻어진다.

리더가 가져야 할 능력으로 신용이 있는데, 아무리 힘들 때라도 리더들은 이것을 잃어버려서는 안 된다. 신용이란 리더의 개성 가운데 탁월한 부분이다. 약점을 인정하고 부담스럽다는 것을 인정하더라도 이는 신용에 큰 해를 입히지는 않는다.

'자전거 주식회사'는 '업무의 인공폭포'라는 체계를 도입했다. 회사 경영자들의 업무에서 출발하여, 각 부서와 각 직급은 경영자의 업무에서 파생된 자신의 업무를 작성해야 했다. 직원회의에서는 서로의 업무에 관한 의견을 나누었다. 이렇게 하자, 직원 각자는 회사의 목표, 상사의 업무 그리고 자신의 업무에 관한 정보를 얻게 되었다. 직원들은 업무가 자연스럽게 서로 잘 연결되어 있는지 어떤지를 판단하고 알 수도 있었다. 그러자 직원들 사이에 강한 소속감이 생겼다. 직원들 모두는 하나의 목표를 향해 매진한다는 생각이 들었다.

장(將)을 따르는 회사의 원칙은 어떤 것일까? 회사의 목표와 이로부터 파생된 업무는 모든 직원에게 알려줘야 한다. 직원들은 자신의 업무를 작성함으로써 그때그때 회사 사업에 영향을 줄 수 있고, 영향을 주어야 한다.

❺ 법(法): 군대조직 전반

손자는 법(法)을 다음과 같이 서술했다. "법이란 군대의 계급적 구조, 보급품의 유지와 배급에 관한 감독을 포함한다"(Ⅰ. 10).

이로써 우리는 뭔가 시작할 수 있다. 우리는 뚜렷하게 정해진 지침을 좋아한다. 법이란 법규이고, 규칙이며, 지침이고, 규칙을 지킬 수 있는 규율이다. 어떤 회사라도 지침이 필요하다. 지침이 있어야 우리는 공정을 서술할 수 있고, 그것을 어딘가에 보관해 둘 수 있다. 과거에는 모든 공정을 서류철에 보관했으나 요즘은 컴퓨터나 네트워크 속에 담아둔다. 그렇다면 우리는 규칙이나 법규로 무엇을 하는가?

어떤 규칙이든 살아 있어야 의미가 있다. 때문에 규칙에도 자유로운 여지를 제공해야 한다. 가령 직원들은 숨을 쉴 수 있어야 하고, 창의력도 규칙에 의해 억압당하지 않아야 한다는 말이다. 규칙은 필수적이기는 하나 그렇다고 해서 족쇄가 되어서는 안 된다. 뭔가 자유롭게 만들 때 규칙은 프레임(틀)이 되어야 하고, 노동체계를 지원해야 한다. 간단하게 표현하면, 효율을 높여줘야 한다. 현대적 기업구조에서 법(法)이란 조직이고 작업계획이며, 사내의 전화번호부와 공정에 관한 설명, 좌석배치도와 회계 개요, 급료 계산과 수위들이 하는 서비스이다. 전쟁을 시작하기 전에 결정해야 하는 다섯 가지 요소 가운데 마지막 요소인 법은 도덕적 출발점인 도(道)와 연결되는데, 왜냐하면 기업의 질서에서 사람들은 도를 다시 발견하게 되기 때문이다.

'자전거 주식회사'에도 물론 규칙이 있었다. 하지만 회사는 이런 규칙을 기록해 보관하지는 않았다. 규칙은 마치 전통처럼 살아 있기만 했다. 모든 경영자가 점심시간에 정해진 홀에서 만나는 것도 전통에 속하는 습관이었다. 이곳에서 그들은 함께 식사를 했고, 대화도 많이 나누었으며, 토론도 했다. 점심식사를 했던 이곳 식탁은 그야말로 정보를 나눠 갖는 장소였던 것이다. 이곳에서 비공식적인 규칙이 생겨났다. 그런데 새로운 경영자가 채용되었고, 그가 일을 시작했으나 아무도 이 전통에 관해서 얘기해주지 않았다. 이에 관해 경영자가 듣게 된 것은 반년이 지난 뒤였다. 반년 동안에 그는 특정 정보를 접하지 못하거나 너무 늦게 접했는데, 그 때문에 결정의 질이 떨어질 수밖에 없었다.

법은 시민들이 한 국가에서 함께 살 수 있는 규칙도 정한다. 법은 헌법과 일치해야 하는데, 그렇지 않으면 수정되어야 한다. 예를 들어 오스트리아의 국민당과 자유당이 연립했을 때, 이 연립이 가능할 수 있는 일체의 법 규정을 마련해두지 않은 상태였다. 그래서 두 당의 연립이 합법적인지를 검사하기 위해 사람들은 고가의 비용을 들여 외부에 의뢰를 해야 했다. 행정 부처

들은 일을 잘 처리할 수 없었던 것이다. 이런 일이 회사에서도 일어날 수 있다. 그러므로 개별적인 지침은 기업의 철학에 따라야 한다.

법(法)에 상응하는 회사의 원칙은 다음과 같아야 한다. 즉, 회사의 규칙은 간단하고 일목요연하며 서로 모순되지 않아야 한다. 규칙은 기록해서 모든 직원들에게 알려야 한다.

▶ 전쟁을 시작하기 전의 상태를 인지하고 결정 내리기

손자는 이렇게 말했다. "장수들은 이 다섯 가지 요소를 잘 헤아려야 한다. 그렇게 하는 자는 승리할 것이고, 그렇게 하지 못하는 자는 패할 것이다"(Ⅰ. 11). 손자에 따르면, 경영자는 모두 이와 같은 다섯 가지 요소를 고려해야 하고, 앞으로 경영자가 될 사람이라면 누구든 그것을 배워야 한다. 또한 다섯 가지 요소를 잘 아는 자를 승진시키도록 해야 한다. 손자에 따르면, 상태(전쟁터에서의)를 올바르게 판단하기 위해서 다섯 가지 요소를 잘 고려하면 성공은 자동적으로 따라온다고 한다.

❶ 인식의 첫걸음은 바로 자신을 인식하는 것

모든 경영자는 위에 이미 소개한 손자의 말을 액자에 넣어 걸어둬야 한다. 즉, "윤리적인 권리가 존재해야 병사들은 상관을 무조건 따르고 위험을 두려워하지 않는다"(Ⅰ. 5~6). 이 문장을 좀 자유롭게 해석하면 이렇게 된다. "경영자의 인격은 직원들에게 동기를 부여할 때 결정적으로 중요하다. 경영자의 인격은 직원들에게 동기를 부여하고, 직원들은 전력을 다하여 경영자가 정한 목표를 달성하기 위해 노력한다." 인격이나 인품이 모자라는 경영자가 이끌어가는 회사가 매우 많다. 이런 회사에서는 단시간에 거두는 성공, 주식 시장에서의 주가 상승이 가장 중요하다. 이런 회사에서는 직원들에게 동기를 부여해준다는 프로그램이 있고, 성과를 산출해내기 위해 조치를 발견하고 실행한다는 프로그램도 있다. 하지만 이런 모든 것은 과도한 행동주의에 지나지 않는다. 직원들은 그들의 과제와 경영자의 인격을 통해서 동기를 부여받는 때가 더 많다. 이러한 동기화에서 조치는 어느 정도 당연하게 나오며, 이 조치는 또 당연하게 성과로 이어지는 것이다.

손자는 자신에 관한 인식에서 출발하여 준비하고 계획을 세우라고 권유한다. 경영자들은 자신을 판단해야 한다. 판단의 기준으로 손자가 말했던 다섯 가지 요소를 이용하면 된다. 이를테면 일종의 자신에 관한 장점 - 단점 - 프로파일을 만들어보는 것이다. 이를 위해 다음과 같은 질문을 해보자.

- • 도(道)와 관련해서
- 나의 인격은 확고한가?
- 나는 직원들과 주변사람들을 존중하는가?
- 나는 직원들을 '올바르게' 다루고 있으며 그들도 그렇게 느끼는가?
- 나의 생각은 근거가 있는가? 나는 철저하게 준비를 했는가?
- 직원들은 내가 결정할 때의 세심함을 인지할까?
- 나의 비전은 이해할 수 있는 비전인가? 비전을 설명하는 데 충분한 시간을 할애했는가?

- • 천(天)과 관련해서
- 나는 내 업무를 수행하는 데 필요한 능력을 갖추고 있는가?

- 직원에게 그들의 능력과 소질을 개발할 가능성을 주었는가?
- 이때 나는 그들을 지원해주는가? 그들은 필요한 교육을 받는가?
- 모든 직원은 자신들의 과제를 아는가?
- 나는(우리는) 신뢰할 수 있는가? 우리는 서로를 믿고 맡겨둘 수 있는가?

• 지(地)와 관련해서
- 사람들이 작업의 업무가 무엇인지 한눈에 알아볼 수 있도록 우리의 부서
  와 그룹을 조직해두었는가?
- 직원들은 개별 업무에 분명하게 소속되어 있는가?
- 이중 노동(가령 동료가 휴가를 가서 동료의 일도 같이 해야 하는 경우 − 옮긴
  이 주)은 금지되어 있는가?
- 우리의 공정은 제대로 되어 있는가? 공정(프로세스)을 문서로 기록하면,
  모든 직원들은 그것을 알고 또 그것에 따르는가?
- 우리의 임무를 마칠 수 있도록 자원은 충분한가?
- 효율적인 작업을 할 수 있게 해주는 작업수단을 우리는 가지고 있는가?

• 장(將)과 관련해서
- 나는 능력이 있는가? 나는 리더십이 있는 사람인가?
- 직원들은 나의 리더십을 인정해주는가? 그들은 나를 신뢰하는가?
- 팀장들은 교육을 받았는가? 나는 이미 그들이 경영자의 자질을 갖추도
  록 개발했는가, 그렇지 않으면 교육을 더 시켜야 하는가?
- 나는 팀장들과 정규적으로 관리에 관해 얘기를 하는가?
- 나는 직원들과 함께 대화할 때 리더로서 이끌어가는가?
- 직원들에게 나를 평가하라고 하는가?

- 건설적인 비판에 마음을 열어놓는가?

• 법(法)과 관련해서
- 우리는 규칙과 사업의 과정을 정해둔 지침이 있는가?
- 직원들은 그런 것을 잘 지키는가?
- 예를 들면 정해진 규칙이나 출장에 관한 지침이 있는가? 이런 것은 쉽게 이해가 되는가? 작업의 수행과 프로세스는 이해할 수 있고 효율적인가?
- 우리 회사에는 지키고 따라야 하는 행동원칙이 있는가? 이런 것은 해석이 되는가? 경영자와 직원은 그런 원칙을 알고 그에 따라 행동하는가?

❷ 상대를 알고 기회를 예측한다

손자는 전쟁을 치르는 양측 군사의 상태를 세심하게 판단하라고 권유한다. 이를 위해 손자는 다섯 가지 요소와 관련해서 두 명의 적수를 비교한다.

1. "두 나라의 군주 가운데 누가 윤리적인 법을 갖고 있는가?"(어떤 경영자가 더 믿을 수 있으며, 좀 더 수용할 만한 가치를 옹호하는가?)
2. "두 군주 가운데 누가 능력이 더 뛰어난가?"(어떤 경영자가 더 능력이 있으며 비전과 목표를 신뢰할 수 있게 소개하는가?)
3. "하늘과 땅은 누구의 위치를 더 유리하게 해줄 것인가?"(어떤 경영자가 바뀐 상황에서 좀 더 많은 장점을 누릴 것인가?)
4. "규율이 더 엄격한 쪽은 어디인가?"(어떤 경영자가 규칙을 관철하기 위해 좀 더 많은 노력을 기울이는가?)
5. "어떤 군대가 더 강력한가?"(어떤 경영자가 직원들의 올바른 능력을 마음대로 사용하는가?)

6. "어느 군대의 장수와 군인이 훈련을 더 잘했는가?"(어느 회사의 직원들이 더 유능한가?)

7. "어느 군대에 보상과 처벌이 일관성 있게 내려지는가?"(행동에서 어떤 경영자가 다른 경영자들보다 더 잘 예측할 수 있고 지속적인가?)

❸ 여담(餘談): 시간관리

경영자들이 시간에 쫓겨 결정을 내리고 준비할 시간도 없는 실정이 이제 특이한 일이 아니다. 시간적 압박은 어디에서 오는 것일까? 의도적으로 시간이 없는 것으로 보이려는 경우도 있는데, 이는 시간에 쫓기는 사람은 중요한 사람임을 암시하기 때문이다. 만일 경영자의 일정표가 가득 채워져 있으면 그는 중요한 사람이고, 회사에서 차지하는 그의 의미를 강조해준다. 어떤 경영자가 과연 자신은 시간이 많다고 인정할 수 있을까? 여비서도 사장이 약속이 많으면 매우 자부심을 느끼는 모습을 나는 여러 번 목격했다. "아뇨, 오늘 사장님은 시간이 없으세요. 20분 단위로 면담하십니다." 이 말은 어떤 메시지를 전달하는가? '우리 사장님은 중요한 분이고, 나는 이런 중요한 분을 모시고 있다.' 바로 이런 뜻일 것이다.

경영자로서 어떻게 하면 그와 같은 현상을 막을 수 있을까? 우선 권한을 다른 사람에게 위임하면 된다. 물론 상대를 신뢰해야 하고 프로세스 가운데 맨 앞쪽 단계에서 시작하면 된다. 만일 적합한 직원을 물색하기 위해서 시간을 내고 또 준비를 잘하면, 그런 직원들과 신뢰를 쌓을 수 있고 마침내 그들에게 기꺼이 권한을 위임할 수 있다. 그러면 경영자는 많은 과제로부터 해방이 되고, 중요한 회의를 준비하기 위한 자유로운 시간을 가질 수 있다.

또한 조직적인 조치를 통해서도 가능한데, 예를 들어 비서에게 오전 9시전이나 오후 6시 이후에는 약속을 잡지 말라고 말하는 것이다. 이렇게 하여 얻은 시간을 경영자는 그날, 다음 날, 다음 주를 준비하는 데 이용하면 된다. 면담시간 전에 다음번 주제에 대비하려면, 사람들은 15분 정도의 여유를 가져야 한다. 시간압박을 좀 덜 받고 이로써 준비할 시간을 가질 수 있는 가능성은 많다. 이렇게 하려면 물론 어느 정도 일관성이 있어야 한다.

나 역시 시간에 쫓기는 시절이 많았지만 이 시기를 잘 헤쳐나갔다. 준비를 하지 못한 채 미팅에 나왔다는 사실을 깨달았을 때마다 나는 나 자신을 바꿔나갔다. 나는 면담의 결과를 기록할 시간도 없었다. 다른 사람들도 나와 비슷했지만 말이다. 그런데 우리는 수없이 행해지고 있는 이런 회의시간은 잃어버린 시간 외에 아무것도 아니라는 사실을 불현듯 깨닫게 된다. 사람들은 어떤 것도 가져오지 않고 아무것도 가져가지 못한다. 다른 사람들은 재촉하고 경영자는 갑자기 쫓기는 사람이 되어버린다. 이런 순간이 오면 결정을 내려야 한다. 즉, 정말 준비를 할 수 있는 회의에만 참석해야 한다고 말이다. 그리고 회의가 끝나면 15분 정도 시간적인 여유를 가지고 합의한 내용을 기록하는 것이다. 이렇게 하면 놀랍게도, 예전보다 회의에 참석하는 횟수는 줄어들고 또 회의시간도 예전보다 더 짧아지지만 결정이나 조치, 그리고 중요한 이정표가 무엇인지 한눈에 조망할 수 있다. 그리하여 경영자는 이른바 노동의 효율성을 얻게 되는 것이다.

나만 하더라도 시간이라는 덫을 경험으로 잘 알고 있는데 늘 그 덫에 빠져 허우적댄다. 나는 덫에서 벗어나려고 오랫동안 싸우고, 약속한 기한을 모두 다 지키려고 노력한다. 그러다가 마침내 주말을 계획하지 못하는 단계에까지 이르고 만다. 이런 상태를 알아차리게 되면, 나는 내 태도를 일관성 있게 바꾸려고 시도한다. 경영자인 내 친구 한 사람은 명상을 하기 위해 매년 3일 동안 수도원에 들어간다. 이곳에서 그는 자신의 일과 자신의 관점을 스스로

검사한다. 이를테면 그 친구는 자신의 마음을 체크해보는 것이다. 이렇게 하여 그는 결정을 내리는데, 경영자로서의 진로, 작업방식, 우선순위에 대해 결정한다. 그렇게 은둔한 뒤에 그는 그야말로 활기차게 사무실에 출근한다.

일상에서도 우리는 시간압박과 정신없이 짜인 스케줄이 많은 경영자에게 해롭다는 것을 경험한다. 준비를 제대로 할 수 없게 하기 때문이다. 그래서 경영자는 자료와 지식이 불충분한 상태에서 결정할 때가 많다.

'자전거 주식회사'의 이사진은 어떤 회사를 인수해야 할 것인지 아닌지에 관해 짤막한 충고를 듣고자 했다. 그래서 여러 부서에 과제를 돌렸다. 직원들은 정신없을 정도로 바삐 일을 하느라 스트레스를 받았다. 과제가 딱히 정해져 있지 않기 때문에 여러 부서가 여러 가지 과제를 동시에 떠맡아서 결국 이중으로 일을 하게 되었다. 또 어떤 문제는 전혀 조명도 받지 못했는데 사람들이 그냥 잊어버렸기 때문이다. 이런 작업을 통해 파악하게 된 자료들은 꽤나 분량이 많았다. 이사회에 소속된 사무실 직원들은 이제 그 자료를 압축해 10쪽으로 보고서를 작성했다. 이제 이 보고서는 이사회가 결정할 때 자료로 쓰인다.

이런 장면은 대부분 큰 회사에서, 어떤 직급에서든 볼 수 있다. 이는 많은 경우 이중 작업을 의미하며 어쨌거나 상당히 비효율적인 작업방식이다. 이런 작업방식은 무엇인가 결정을 내릴 때 대부분 결함이 있고 비전문적인 자료만 제공하게 된다. 물론 어느 정도의 분주함은 자극이 되기도 하고, 관료주의와 오래된 구조에서 웅크리고 있으려는 습관을 극복하게 해준다. 또한 사람은 어느 정도의 시간압박은 잘 해결할 수도 있다. 하지만 이런 작업방식이 결정을 내리기에 적합한 방법인지 아닌지를 스스로에게 물어봐야 할 것이다.

❹ 결정 내릴 준비를 하고 새로운 상황을 고려한다

경영자가 해야 하는 가장 중요한 과제 중 하나는 결정을 내리는 일이다. 물론 경영자는 항상 대단한 결정을 내려야 하는 것이 아니고 사소한 결정도 내리지만, 모든 결정에는 공통점이 있다. 즉, 결정은 프로세스를 멈추지 않게 한다. 이와 반대로 홈이 있는 결정은 프로세스를 방해한다. 회사가 망하는 것은 경영자가 잘못된 결정을 내렸기 때문이다. 따라서 경영자의 능력은 그가 내리는 결정의 우수성에 따라 평가될 수 있다는 사실을 우리는 어렵지 않게 알 수 있다. 좋은 결정은 준비를 잘한 뒤에 내릴 수 있다. 그리고 좋은 경영자와 나쁜 경영자를 구분해주는 기준은, 결정을 하기 위해 사전에 얼마나 철저하게 준비를 하느냐에 있다.

'자전거 주식회사'는 새로운 공장을 짓고자 한다. 그리하여 투자계획을 세심하게 마련했다. 교통이 편리한 위치인가? 어떻게 하면 제품생산 라인에 적합한 구조를 갖추도록 건물을 설계할 수 있을까? 기계는 효율적이고 생산적인가? 인사 부장은 이 공장에 적합한 경영자를 찾으라는 지시를 받았다. 인사 부장은 지원자 모두에게, 중요한 결정을 내릴 때 어떻게 준비를 하는지 설명해보라고 했다. 지원자 가운데 한 사람만이 인사 부장의 마음에 드는 대답을 했고, 그리하여 이 사람이 공장장으로 채용되었다. 그는 수년 동안 공장을 성공적으로 이끌어갔다.

때문에 손자의 첫 번째 계명은 결정을 준비하는 것에 해당한다. 물론 즉흥적이고 감정적인 결정도 성공을 거둘 수 있다. 하지만 근본을 파고들 때 실상이 복잡하면 할수록, 즉흥적이고 감정적인 결정은 실패를 불러온다. 그러므로 자신의 직관이나 경험만 신뢰해서는 안 되며, 항상 준비를 하고, 준비되어 있지 않으면 어떤 결정도 내리지 말거나 이미 연습해봤던 행동의 유형을 바탕으로 결정을 하도록 하라.

'자전거 주식회사'에는 오랫동안 이곳에서 일했던 경영자가 한 명 있었다. 그는 회사조직을 구축한 사람이고 직원도 많이 채용했다. 그가 사람을 채용하는 절차는 매우 간단했다. 그는 지원자들을 점심식사에 초대해서 많은 대화를 나누었다. 그러고 나서 결정을 내렸다. 물론 이 경영자가 맛있는 음식을 좋아했다는 점은 인정하지만, 그는 맛있는 음식과 실용성을 연관시켰다. 회사가 계속 조직을 갖추어나갈 동안에 그의 방식은 하등의 문제가 없었다. 이 시기에는 누군가 과단성 있게 일을 할 수 있고 하기를 원하느냐가 중요했다. 하지만 조건이 변하여 직원들에게 새로운 자격을 요구해야 되는 시기가 왔을 때, 그 경영자는 실패하고 말았다. 누가 전략을 개발할 수 있을까? 누가 어떤 구상을 제시할 수 있을까? 누가 우리 회사의 자회사를 미국에 세울 수 있을까? 하지만 그 경영자는 이와 같은 일에 필요한 경험을 가지고 있지는 않았다. 점심식사를 하며 나누는 대화는 지원자가 적극적으로 일을 하고자 하는지 아닌지를 알아볼 수는 있지만 지원자의 전략적 능력을 알아볼 수는 없었다. 그리하여 이 경영자는 이 시기에 그만 부적합한 사람들을 채용하고 말았다. 이들은 일을 망쳤고 그 경영자는 퇴직을 해야 했다. 이미 연습해봤던 행동의 유형이 새로운 상황에 적합했더라면 좋았을 텐데 그렇지 못했던 것이다.

경영자들의 결정이 추상적이고 복잡할수록 그 준비는 더욱더 합리적이어야 한다. 어떤 결정이든 오판이나 실수의 뿌리가 있다. 사람들이 결정을 내리는 것을 과정으로 이해할 수 있다. 즉, 과정이란 준비로 시작해서 실행을 하고 마침내 복습으로 끝이 난다. 이것은 '경제 분야에서 볼 수 있는 싸움의 기술' 중에서 일부분이다. 손자는 철저한 준비를 주장하지만 보충 설명도 덧붙였다. "나의 충고를 듣고, 이를 넘어서서 너에게 제공되는 행복한 조건을 모두 이용하라. 너의 계획을 그것에 맞게 바꿀 준비를 하도록 하라"(Ⅰ. 16~17).

자세하게 그리고 개인적으로 준비를 해야 한다. 가령 경영자는 준비하지 않은 채로 회의에 절대 나타나서는 안 된다는 점을 직원들에게 가르쳐야 한다. 비록 책임을 지고 행동할 필요는 없을지라도, 회의에서 무슨 일이 일어날 것인지에 대해서는 준비할 줄 알아야 하는 것이다. 즉, 어떤 주제가 다뤄질까? 목표는 무엇일까? 나는 그 점에 대해 어떻게 기여를 할 수 있을까? 이와 같은 질문에 대답할 수 없는 사람이라면, 회의에 참석할 필요가 없다.

손자가 말했다. "전쟁을 치르기 전에 많은 상황을 머릿속으로 미리 그려보는 사람은 승리할 가능성이 많다. 그런 상황을 조금밖에 생각하지 않은 사람은 승리할 기회가 적다. 생각하지 않고 행동하는 사람은 반드시 패배한다. 이런 것을 보고 나는, 누가 이기고 누가 지게 될지를 미리 알 수 있다"(Ⅰ. 26). 이와 같은 지시는 우리에게 아직도 생생한 교훈을 준다. 집중하고, 준비하고, 결정에 찬성할지 반대할지를 조용히 생각해보기 위해 뒤로 물러나 있는 것이 중요하다.

'자전거 주식회사'에는 '워 룸(war room)'이 있는데, 지극히 미국식으로 꾸며져 있다. 이 방에서 모든 결정이 내려진다. 이사회의 결정이 필요한 경영자들은 정해진 시간에 준비를 잘해서 '워 룸'에 나타나야 하고 발표를 해야 한다. 경영자들은 결정을 위해 준비한 자료를 간단하게 소개할 수 있고 이사회의 반대심문도 받아야 한다. 경영자가 이와 같은 과정을 모두 거쳐야만, 긍정적인 결정을 기대할 수 있다. 경영자들은 이런 과정을 재빨리 이해했고, '워 룸'에 들어가려면 준비를 잘해야 한다는 사실을 배웠다. 여러 차례 나쁜 성과를 낸 경영자는 회사를 떠나야 했다.

오늘날 대기업의 경영자들은 어떤 결과가 나오게 될지 전망하기 힘든 결정을 자주 내려야 한다. 결정의 기초가 되는 실상은 매우 복잡하다. 따라서 철저한 준비가 특히 필요하다. 많은 직원의 도움도 필요하지만 결정하는 당사자가 스스로 준비하고 논쟁하는 것을 대체하지는 못한다. 이사회가 가령 공장 하나의 문을 닫기로 결정해야 한다면, 이런 결정은 자본뿐만 아니라 사람들에게도 광범위하게 영향을 미친다. 탄탄하게 준비를 잘하는 것이 중요하다. 직원들은 결정하기 전에 도와줄 수 있고 또 그렇게 해야 하지만, 결정을 내리는 당사자는 (결정하기 전에) 결과도 전망해야 한다.

가령 대기업에 근무하는 경영자가 지위가 높으면 높을수록, 결정을 하기 위한 준비는 더욱더 옹색하다. 물론 그럴 만한 이유도 있다. 즉, 기초가 되는 실상은 상당히 복잡하기 때문이다. 이런 실상을 이해하는 데만 하더라도 많은 시간이 필요하다. 많은 이사들은 충분한 정보조차 얻지 못한다. 결정을 내리기 전에 도와주는 직원들은 다양한 정보원에서 나온 복잡한 구조를 단순화시켜버린다. 이렇게 함으로써 이사들은 이제 실상이 복잡한지 어떤지 의식하지 못하게 된다. 심지어 결정할 상황은 이사들에게 간단하게 보이고, 유치하게 보이기도 한다. 이사들에게 제출하는 서류는 10쪽이 넘으면 안 된다고 말하기도 한다. 10쪽의 보고서가 회사 하나를 구입하기 위한 결정을 내릴 수 있을 정도로 모든 사실을 보여줄 수 있을까?

우리는 앞서 '자전거 주식회사'와 납품업자와의 관계에 대해서 얘기한 바 있다. 독점하는 납품업자는 위험요소가 되었고, 이사진은 부품을 직접 만들 것인지 아니면 구입할 것인지를 두고 결정을 내려야 했다. 사람들은 조건이 변하더라도 부품을 직접 생산하려 할까, 그렇지 않으면 구입하려 할까? 여러 가지 가상 시나리오를 만들어보았다. 자회사는 제품을 직접 생산해낼 수 있을까? 제품을 완성할 수 있는 기계와 공장부지, 지식을 보유한 직원이 있는가? 이런 결정을 하려면 준비를 잘해야 한다. 많은 전문가가 준비에 참가했다. 우리는 기술력을 가지고 있는가? 어느 정도까지 제품을 완성시키는 것이 의미가 있을까? 직원이나 원가에 어떤 영향을 미칠까? 결정을 내리면 어떤 법적·정치적 결과가 발생할까? 고객들은 그런 결정을 받아들이게 될까? 납품업자는 부정적인 경우에 손해를 입힐 수도 있는데, 어떤 형태로든 복수를 할까? 왜냐하면 직접 부품을 만들기로 결정한 뒤에는 전쟁의 분위기가 지배하게 될 것이기 때문이다. 많은 직원들은 이런 문제를 조명했고, 깊이 생각한 뒤에 의견을 얘기했다.

기술 부장은 모든 견해를 기록했고, 두 가지 중에 한 가지 선택을 추천하는 보고서를 이사진에게 제출하기 위해 작성했다. 이사들도 준비를 해야만 했다. 그들은 전문가를 모두 소집해 충고를 부탁했고, 이로부터 그 나름대로 머릿속에 그림이 그려졌다. '자전거 주식회사'의 이사들은 그렇게 하기 위해 충분한 시간을 가졌다. 기회와 위험을 소개하도록 했으며, 논쟁거리가 되었던 모든 점을 검사했다. 그리하여 결정에 필요한 것을 스스로 이해하게 되었다. 그러고 나서 결정을 내렸다.

지금까지는 결정을 내리기 위해 준비를 잘해야 한다는 것이 중요했다. 결정은 내려지며 정해진 기간 동안 유효하다는 점은 당연한 것 같았다. 하지만 현실에서는 반드시 그렇지는 않다. 많은 경우에 사람들은 준비를 시키거나 스스로 준비를 하지만, 결정을 하지는 않는다. 사람들은 결정할 자료를 계속해서 보완하지만, 그런데도 결정은 하지 않는다. 사람들은 결정하지 못한 문제를 부하 직원에게 떠넘기고 이들은 그것을 수용하고 추측하는 가운데 요령껏 빠져나가야 한다. 그렇게 하여 미결정의 문제는 지속되는 것이다. 이런 현상은 조직을 방해하고, 결정된 것이 없으므로 그것을 대신해줄 프로세스도 필요하게 되고 또한 좌절감도 안겨준다. 결정하지 않고 있는 것은 여러 가지 가능성 가운데 비용이 가장 많이 든다. 잘못된 결정을 내릴까봐 두려워서 결정을 하지 않는 경영자들이 있다. 회사는 그런 경영자들을 버려야만 한다.

또 다른 경우는 매우 '간단하게' 결정된다. 결정을 내리기 위해 준비를 했는데도 준비와 무관하게 결정이 내려진다. 이런 식으로 내린 결정은 회사가 많은 비용을 지불해야 하는 잘못된 결정일 경우가 많다. 그와 같은 결정을 내린 결과를 단시간에 알 수 있는 경우는 드물다.

'자전거 주식회사'의 이사진은 납품업체와 관련된 결정을 할 때 쉽지 않았다. 그래도 이제 결정을 내렸다. 제품 개발에는 최소한 2년이 필요할 것이다. 그때가 되어야 비로소, 제품의 품질을 납품업자가 제공하던 제품의 품질과 비교할 만한 수준이 될 수 있고, 비용도 계획에 따라 지출되었는지, 예측했던 이윤이 실현될 수 있는지를 알 수 있을 것이다.

결정을 하게 되는 상황에서는 성공적으로 잘하는 결정인지 잘못하는 것인지를 대부분 측정할 수 없는데, 바로 이런 점 덕분에 경영자들은 거리낌 없이 결정을 내린다. 게다가 단지 결정만 내렸음에도 경영자들은 마치 성공적인 성과라도 낸 것처럼 자부심을 갖곤 한다. 중국의 지혜를 빌려서 표현하자면 결정은 목표이다. 손자는 이와 같은 연결을 거부할지 모르지만 말이다. 손자는 목표가 승리라고 주장했다. 이 말을 경영자에게 적용한다면 오로지 성공을 가져다주는 실행만이 목표가 될 수 있다.

결정의 우수성과 결정으로부터 나오는 금전적인 결과를 정확하게 판단하기란 매우 어렵다. 우리는 이미 내린 결정의 결과만을 알고, 그것의 대안이 될 수 있는 결정의 결과는 이미 내린 결정의 결과와 비교할 때 단지 부분적으로만 고려할 수 있다. 왜냐하면 대안이 될 결정의 결과는 정확하게 알 수 없으며 그래서 대략적으로 추측만 할 수 있기 때문이다. 그러므로 나중에 가서 이미 행한 결정을 판단하는 것은 확고한 근거가 없다. 결정을 하는 사람들은 이와 같은 문제점을 잘 알고 있다. 정치에서도 비슷한 상황이 벌어진다. 예를 하나 들어보자. 사람들은 실업률을 낮추고자 한다. 그러면 소비를 진작하기 위해 세금을 낮추거나, 아니면 일자리 창출을 위한 정책에 재정을 지원해주기 위해 세금을 올리는 결정을 한다. 그리고 그 결정이 잘한 것인지는 목표가 어느 정도 달성되었나를 기준으로 측정할 수 있는 것이지(물론 구체적인 목표가 존재해야 하는데, 이는 좀 드문 일이기는 하다), 결정할 당시에 존재했던 다른 대안과 관련해서 평가할 수 없다. 만일 감세를 결정했다면, 목표를 기준으로 평가해야지, 세금인상이 어떤 결과를 가져왔는지는 알 수 없는 것이다. 하나의 결정이 잘못되었다는 분명한 증거를 댈 수 없기 때문에 많은 정치인과 경제인들은 그다지 큰 걱정도 하지 않고 결단을 내리며, 또한 상당히 많은 결정을 한다.

게다가 많은 결정들은 시간이 한참 지나야 완성된다. 하나의 결정으로부터 발생하는 결과를 몇 년 뒤에야 볼 수 있다는 말이다. 그러니 가령 결정을 내릴 당시에 아이들이었던 사람들만이 결정의 결과를 향유할 수 있거나, 아니면 결과를 책임져야 한다. 그 사이 경영자는 이미 멀리 여행을 떠나고 없거나, 더 출세를 했거나 실패했거나, 아니면 완전히 퇴직했을 수 있다. 이러한 형편이니 사람들은 아주 쉽게 결정을 내려버리는 것이다.

경제라는 '전쟁터'를 포괄적으로 알고 준비하는 것이 결정이라는 행위에 매우 중요하다는 점은 지극히 논리적이다. 손자도 이런 점을 분명히 했다. 즉, 승리를 잘 거두지 못하는 장군이 전쟁터에 나가기 전에 정보를 얻고 상황을 깊이 생각했다 하더라도, 그것으로 충분하지 않았다. 그들은 전쟁터의 모든 측면을 알지 못했고 모든 상황을 그려보지 않았다. 상황을 완벽하게 판단해야만 성공할 수 있다. 이런 생각을 지지하는 속담이 오늘날에도 있다. "잘 세운 계획은 절반은 성공한 것이다." 손자는 이보다 더 앞서 나갔다. "······ 생각 없이 행동하는 자는 반드시 패배한다. 그래서 나는, 누가 이기고 누가 지게 될지 미리 알 수 있다 ······"(I . 26).

한 가지 또 분명하게 짚고 넘어가야 할 것이 있다. 계획은 행동을 대체해 주지 않는다는 사실이다. 계획을 세우는 과정의 마지막은 결정을 내리는 것이다. 결정은 내려야 하고 실행에 옮겨야만 한다. 흔히 행동부터 시작하고, 기본적인 결정을 나중에 가서야 생각하기도 한다. 이사진이 새로이 들어오면, 많은 기업에서는 엄청나게 분주해지기 시작한다. 빨리 결정을 내려야 하고 동시에 행동을 해야 하는데, 왜냐하면 시간은 금이기 때문이다. 새로운 사람들은 실력자로서 인정받기를 원한다. 그리하여 복잡한 실상을 단순화하고 신속하게 결정도 내린다. 이로부터 발생하는 결과에 대해 결정을 내린 당사자들은 알려고도 하지 않는다. 그와 같은 태도의 배후에는 많은 경우 다음과 같은 방법론이 숨어 있다. 즉, 만일 결정을 담당한 사람이 결정의 효과를 알게 되고 그것에 대해 깊이 생각하게 되면, 다음번에는 그렇게 간단하게 결정을 내리지 못할 수 있다는 뜻이 된다. 이는 실력자의 이미지에 큰 해가 된다.

'자전거 주식회사'는 몇 년 전부터 실적을 올리라는 막대한 압박을 받고 있었다. 당시에 활동했던 경영자들은 오로지 한 가지 방법밖에 몰랐다. 즉, 직원감원. 그런데 (당시에 활동했던 경영진은 놀랍게도) 직원들을 간단하게 해고할 수 없다는 사실을 알게 되었다. 경영진은 곧 해결책을 찾아냈다. 그 해결책으로, 나이 든 직원들로부터 쉽게 사표를 받아낼 수 있었다. 그러자 조기퇴직이 유행처럼 번졌다. 이때 이사진은, 조기퇴직규정으로 경험이 많은 직원들이 회사를 떠난다는 점을 간과했다. 심지어 유일무이한 전문지식을 가지고 있던 직원들도 회사를 떠나버려, 회사에 더는 그를 대체할 직원이 없었다(직원들 머릿수만 채우는 것이 중요했다). 이로부터 발생하는 문제의 심각성을 경영자들이 알게 된 것은 1년 뒤였다. 그리하여 회사는 고문직 계약을 통해 그런 직원들을 다시 회사에 영입하려고 노력했다.

퇴직금을 지불하고 직원들을 조기 퇴직시킨 대기업은 많다. 그리고 얼마 후에 퇴직한 직원들을 다시 채용할 수 있는 규정을 정한 회람이 회사 내에 나돌게 된다.

독일이 통일된 후에 서독의 회사들은 그야말로 폭발적으로 성장했다. 만일 그들이 그와 같은 상권 확장에 대해 철저하게 생각했더라면, 증가하는 수요는 언젠가 충족되면 다시 줄어들 것이라는 사실을 알 수도 있었을 것이다. 따라서 사람들은 경제계획을 짤 때 경기하락도 포함해야 한다. 그러나 오늘날에는 경기하강은 죄로 간주되기 때문에 지속적인 성장만을 목표로 삼고, 그리하여 언젠가 맞이하게 되는 경기하락은 고통스럽게 시작된다. 이는 기업의 정책에 민감한 타격을 주게 되는데 정지, 해고 등이다. 이런 것들 가운데 많은 것을 대기업들은 미리 생각할 수도 있고, 그리하여 구조조정을 위해 들이는 비용을 미리 절약할 수도 있다. 만일 그렇게 했더라면 경제라는 싸움터에서 이길 수 있었을 것이다. 준비는 출전과 퇴각을 위한 핵심이다.

❺ 모든 전쟁의 기술은 책략과 속임수에 있다

"모든 전쟁의 기술은 책략과 속임수이다"(Ⅰ. 18). 준비를 할 때 우리는 뭔가 잊어버린 것이 있는가? 그렇다. 우리가 내린 결정을 어떻게 소개할 것인지를 잊어버렸다. 하나의 결정은 단호하게 내려진다. 장점과 단점을 자세하게 서술하고 분석하고 평가한다. 그리고 나서 결정을 내린다. 결정은 알려주되 근거를 반드시 댈 필요는 없다. 정확한 근거를 세울 필요도 없다. 단점, 위험, 문제를 중심으로 서술해서는 안 된다. 이와 같은 종류의 속임수는 지극히 정당하다. 이런 속임수에서는 우선 직원들이 동기를 상실하게 만들어서는 안 되며, 경쟁회사에 정보를 알려주지 않는 것이 중요하다. 그리고 경쟁회사를 엉뚱한 방향으로 인도해야 한다. "…… 네가 멀리 있으면 마치 가까이에 있는 것처럼 하고, 가까이 있으면 마치 멀리 있는 듯한 인상을 주도록 하라"(Ⅰ. 19).

이를 윤리적으로 정당화할 수 있을까? 손자의 경우에 이중 도덕을 적용해야 할까? 그렇다. 사실 그것은 이중 도덕이다. 결정을 내릴 때의 도덕과 결정을 정당화시킬 때의 도덕은 서로 다르다. 이것이 바로 경제계에서 살아남을 수 있는 전략의 일부이다.

🀄 준비의 3단계: 비전, 목표, 이정표

손자의 첫 번째 계명에서 3단계의 준비를 끄집어낼 수 있다. 첫 번째 단계는 비전의 개발이다. 비전은 멀리서도 볼 수 있는, 마치 회사 건물 위에 설치해둔 조명광고와 같다. 직원들은 비전을 알고 있으며 비전을 위해 헌신하고 일한다. 어쩌면 모든 사람들은, "우리는 글로벌 플레이어(Global Player)가 되고 싶다"처럼 이해하기 쉬운 비전을 알고 있을 것이다. 비전은 복잡한 조직을 인도할 수 있고, 나침반처럼 쉽게 방향을 제시해준다.

비전은 회사 전체에 해당되기도 하지만 하나의 부서에만 해당될 수도 있다. "우리는 세계 정상급이 되고 싶다." 이런 비전은 경리과나 판매부의 방향을 제시할 수 있다.

하지만 비전만 있어서는 아무것도 안 된다. 비전을 목표로 세분하고, 쉽게 파악할 수 있고 체험할 수 있도록 만들지 않으면, 옥외 광고판의 힘도 곧 꺼지고 말 것이다. "우리는 세계 정상급이 되고 싶다"라는 비전부터 시작해보자. 1등이 되려면 기준이 있다. 세계 정상급은 무엇인가? 그러면 다음과 같은 의문이 따라온다. 우리는 세계 정상급을 추구하는 길의 어디에 서 있는 것일까? 그리고 업무와 과제의 기본이 될 수 있는 목표가 설정되어야 한다.

1등이라는 기준을 벤치마킹 - 프로젝트의 틀에서 발견할 수 있다. 그와 같은 프로젝트에서는 두 개의 회사가 서로 비교된다. 벤치마킹을 하는 파트너는 각각, 상대 회사가 어떤 것을 더 잘하고 어떤 것을 더 못하는지를 밝혀낼 수 있다. 회사의 조직, 방법, 과정에서 세계 최고라 부를 수 있는 것들이 기준이 된다. 결함이 발견되면 이를 보완해야 한다. 이렇게 하면 우리는 제2단계, 즉 목표에 이르게 된다.

"내가 왜 이런 것을 하지?"라고 자신에게 갑자기 묻는 경영자들이 많다. 경영자들은 이 일을 하다가 또 다른 일로 뛰어다니곤 한다. 이를테면 전화를 받고, 직원들의 질문에 대답을 하고, 짤막하게 기록을 하는 식이다. 그야말로 매일 해야 하는 과제를 우선적으로 해결해야만 한다. 그렇지만 그와 같은 일보다 경영자들은 고객, 회사의 소유주, 그리고 문제를 더 우선시해야 한다는 주장이 자주 나온다. 이 말은 회사 내부가 아니라 외부가 더 중요하다는 의미이다. 만일 경영자가 이런 점을 확신하면, 두 가지 질문을 자신에게 해야 한다. 나는 나를 위해 그리고 나의 직원들을 위해 목표를 정했는가? 그리고 또 한 가지 질문은 이렇다. 내가 지금 하고 있는 일은 목표달성을 위해 중요한가? 만일 그가 이 두 가지 질문에 그렇다고 대답할 수 있으면, 모든 것은 잘 돌아가고 있다. 만일 아니라고 대답하면, 자신의 '신전'으로 돌아가서 깊이 생각해봐야 한다. 모든 경영자는 항상 일상의 업무와 비전 사이에서 긴장

하고 있다. 물론 일상의 업무를 해결해야 하지만 일상의 업무가 미래를 보는 시각을 가로막아서는 안 된다. 일상의 업무는 과거로부터 온다. 예를 들어 누군가 과거에 저질렀던 실수는 교정되어야만 한다. 혹은 과거에 이루어졌던 성과에 대해 돈을 지급해야 한다. 그러나 비전과 목표는 미래로 향한다. 대부분의 사람들은 과거 지향적이고 그래서 그들은 과거를 향해서 일한다. 오로지 소수의 직원들만이 미래를 내다보는 명료한 시각을 가지고 있다. 하지만 경영자들은 미래지향적이어야 한다. 그들은 비전과 목표를 관리한다. 따라서 그들의 시선은 미래를 향해야 하는 것이다.

목표를 정하는 것은 그다지 간단한 일이 아니다. 왜냐하면 목표는 밖으로 보이지 않는 특징이 있기 때문이다. 하나의 목표는 동기를 부여하고 영감을 줄 수 있어야 한다. 목표는 비전과는 반대로 매우 구체적이며 동시에, 직원들이 매력을 느낄 수 있도록 달성 가능해야 한다. 지친 당나귀를 홍당무로 계속 걷게 한 이야기는 다들 알고 있을 것이다. 즉, 당나귀에 올라탄 사람은 당나귀 주둥이 앞에 홍당무를 들고 있었고, 당나귀는 홍당무를 먹고 싶어서 걷고 또 걸었다. 눈앞에 있는 목표인 홍당무에 닿기 위해서 말이다. 이런 방법은 작동이 되기는 하겠지만, 한동안만 가능하다. 언젠가 당나귀에게 홍당무를 줘야 하기 때문이다. 만일 그렇게 하지 않으면, 당나귀는 움직일 동기가 사라졌기에 그 자리에 주저앉아서 꼼짝을 하지 않을 것이다. 직원들이 따라가는 홍당무는 매우 다양하지만, 비슷한 점도 있다. 즉, 목표는 달성할 수 있어야 하고, 직원들은 목표를 도전으로 인식해야 하고, 언젠가 홍당무를 즐길 수 있어야 한다.

어떻게 목표를 달성할 수 있을까? 여기에서 우리는 세 번째 단계에 도착했다. 사람들은 목표를 여러 가지 하위 목표로 나누어야 하고, 이렇게 하면 특정 조치를 통해 개별적인 하위 목표를 달성할 수 있다. 사람들은 하위 목표에 이르는 이정표를 제공하는데, 바로 그와 같은 이정표 위에서 목표라는 힘든 길을 가던 사람들이 잠시 쉴 수 있다. 이정표는 성공을 측정하는 막대자이다. 그리고 이정표는 목표로 가는 방향을 구체적으로 제시한다. 그 덕분에 우리는 사막에서 길을 잃지 않는 것이다.

다음과 같은 정치적 비전을 예로 들어보자. "우리는 함부르크 시의 안전을 강화할 것이다." 그러면 목표는 이렇게 될 수 있다. "우리는 내년에 함부르크 시의 범죄율을 6퍼센트 가량 낮출 것이다." 이 목표는 측정할 수 있고 하나의 방향을 제시해준다. 목표로 가는 길은 여러 가지 조치로 이루어져 있다. 조치를 매번 종결할 때마다 그것은 이정표가 된다. 이정표가 목표에 적합할 때야 비로소 하나의 목표는 현실적이 된다. 이정표는 강물에 있는 돌과 같다. 사람들은 둑에 닿을 때까지, 돌을 하나씩 하나씩 뛰어넘어야 한다. 그와 같은 조치를 우리의 비전과 연관시키면 다음과 같은 것일 수 있다.

- 경찰관들은 교육을 더 잘 받아야 한다. 4월 1일까지 교육계획이 수립되어야 하고, 8월 1일까지 모든 경찰관들이 교육을 받아야 한다.
- 구류에서 석방된 모든 자와 면담을 해야 한다. 3월 1일까지 면담의 주요 내용이 제공된다. 5월 1일까지 그에 상응하는 작업지시가 나온다. 6월 1일까지 모든 형 집행 공무원은 교육을 받아야 한다.
- 시민들도 범죄예방에 참여해야 한다. 3월 1일까지 그에 상응해서 대중을 위한 구상(콘셉트)을 세워야 한다. 6월 1일까지 모든 언론매체에 구상을 소개한다. 7월 1일까지 최초의 시민연대를 결성한다.

비전과 목표의 설정은 분명 경영자의 과제에 속한다. 이정표를 정의하는 과제는 직원들의 몫이다. 하지만 나는, 상관들이 이정표를 비판적으로 따져

봐야 한다고 생각한다. 그러니까 직원들이 이정표를 결정하고 경우에 따라 매우 많은 역량을 투자하기 전에 말이다. 이때도 상사는 자신들의 '신전'으로 가서, 이정표는 찬성할 만한지, 목표로 인도는 하는 것인지, 현실적인지를 조용히 생각해봐야 한다. 무적의 장수들에게 신전에 들러 조언을 구하라고 했을 때, 손자는 아마 그와 같은 준비를 상상했을 것이라고 나는 믿는다. 이런 습관을 기업에 적용해도 좋다. 그리고 '신전'이라는 단어도 매우 마음에 든다. 내가 알고 있는 경영자들 가운데 숲을 산책하기를 좋아하는 사람들이 많다. 그런 기회에 그들은 생각에 깊이 빠진다고 한다. 이때 숲은 바로 그들의 신전이다. 또 다른 경영자들은 수도원으로 들어간다. 그리고 또 다른 경영자들은 수영장에 간다. 나와 친한 경영자 한 사람은 샤워를 할 때 가장 좋은 아이디어가 떠오른다는 말을 해주었다. 내 신전은 음악을 듣는 것이다. 재즈는 나를 투명하게 해준다. 각자는 자신만의 신전을 갖고 있다.

謀 계획편과 관련된 인용문

준비와 기회가 만남으로써 우리가 행복이라 부르는 어떤 것이 탄생한다.
- 앤서니 로빈스(Anthony Robbins, 1961~), 미국의 동기부여 트레이너.

아직 쉬울 때, 어려운 것을 계획하라. 아직 작을 때, 큰 것을 행하라, 땅 위에 있는 모든 어려운 것은 늘 쉬울 때 시작한다. 땅 위에 있는 모든 위대한 것은 늘 작을 때 시작한다.
- 노자(기원전 3세기 혹은 4세기)

사람들은 세상에서 가장 정교한 컴퓨터를 이용할 수 있고 온갖 그래프와 숫자를 준비할 수 있지만, 결국 모든 정보를 하나의 이름으로 불러야 하고, 하나의 계획표로 만들어서 행동에 옮겨야 한다.

- 리 아이아코카(Lee Iacocca, 1924~), 미국의 최고 경영자, 1979~1992년 크라이슬러의 회장.

리더십이란 계획을 짜고, 지시를 내리고, 작업이 완성되기까지 주의를 기울여 지켜보는 것이다.

- 파킨슨(Cyril Northcote Parkinson, 1909~1993), 영국의 역사학자이자 언론인.

성공의 대가는 헌신, 힘든 작업과, 원하는 것을 위해 끊임없이 진력을 다하는 것이다.

- 라이트(Frank Lloyd Wright, 1869~1959), 미국의 건축가.

혁명과 같은 위대한 행동의 비밀은, 작은 걸음을 발견해내는 데 있다. 물론 이 작은 걸음은 좀 더 나은 현실을 위해 또 다른 한 걸음을 내딛는 전략적인 걸음이기도 하다.

- 하이네만(Gustav Heinemann, 1899~1976), 독일의 정치가(사민당), 1969~1974년 독일 대통령.

02 투입하지 않으면 성공도 없다_ 작전편(作戰篇)
재원을 현명하게 다뤄야 승리할 수 있다

경박한 속담으로 이런 말이 있다. "돈 없으면 아무것도 안 된다." 모든 전쟁과 싸움에는 재원이 필요하다. 재원이란 자금일 수도 있고, 오늘날처럼 기술이 발달한 세계에서의 싸움은 대부분 노하우, 특히 능력과 자격을 갖춘 직원들이 필요하므로 인재일 수도 있다. 많은 회사에서 직원의 수는 매우 중요하다. 어떤 부서가 몇 명의 직원을 데리고 있어야 될까? 이런 질문은 흔히 잘못된 질문일 때가 많다. 직원이 있다고 해서 그 자체로 족한 것이 아니라 특정 지식을 갖춘 직원이 특정 기능을 위해 필요하기 때문이다. 그러므로 질문을 이렇게 해야 맞다. 다음번에 있게 될 논쟁을 위해 나는 어떤 지식과 경험을 갖춘 직원이 몇 명이나 필요할까?

손자는 말했다. "전쟁을 치르려면, 무거운 수레 1,000대와 가벼운 수레 1,000대, 십만 병사와 1,000리 길을 갈 수 있을 만큼 충분한 식량이 필요하다. 아교와 옻칠, 마차와 무기를 위해 집에서 그리고 전방에서 지불해야 하는 비용은 매일 1,000금이 소요된다. 십만 군사를 거느린 군대는 그만큼의 비용이 든다"(II.1). 손자는 어떤 비용을 계산해야 하는지 자세하게 알고 있었다. 싸움을 준비하는 경영자들도 마찬가지이다. 시장을 개척하고, 조직을 개편하고, 새로운 곳에 지점을 세우거나 어떤 활동을 펼치더라도 항상 문제가 되는 것은 비용이다. 때문에 결정을 내릴 때 기존의 재원 혹은 사용가능한 재원을 고려해야 한다.

謀 재원을 목표에 맞게 계획한다

목표가 중요하다는 사실은 경영자라면 누구든 인정할 것이다. 만일 사람들에게 현재의 목표가 무엇인지 묻는다면, 그에 대한 대답은 그다지 설득력이 없을 것이다. 그래서 목표를 좀 더 자세하게 정의를 해보라고 요청하면 더욱더 만족스러운 답을 듣지 못한다. 목표치는 흔히 '총매상 10퍼센트 향상' 혹은 '성과 10퍼센트 향상'과 같은 것이다. 하지만 그런 말은 도대체 무슨 뜻일까? 사람들은 어떻게 총매상을 더 올리고, 더 많은 수익을 올리는 것일까? 많은 경영자들은 목표에 관해 말을 하지만, 목표에 맞게 생각하지 않는다.

많은 경우에 사람들은 목표에서 출발하여 전략을 짜고, 이정표와 조치를 마련한다. 그런데 만일 수준 높은 목표를 달성하기 위한 재원이 부족하고, 이정표가 실현되지 않으면 사람들은 놀란다. 달리 생각해서 재원부터 시작해보자. 나는 돈과 지식과 직원들 중에 어떤 재원을 가지고 있는가? 나는 이 재원으로 어떤 목표를 세울 수 있는가?

목표는 근거가 없는 것이 아니다. 목표는 투입할 요소, 그러니까 기존에 있는 재원과 앞으로 얻을 수 있는 재원에서 나온다. 목표는 논리적이고 납득할 수 있어야 한다. 만일 경영자가 중국의 매상을 올리라는 임무를 받았는데, 중국에 직원이 한 명도 없다면 이런 목표는 그야말로 터무니없다. 손자

는 재원을 이렇게 생각했다. 즉, 나는 전쟁에 이기길 원하고 그러기 위해 전차, 수송차, 병사들 등등이 필요하다.

탁월한 재원을 가져야만 승리를 보장할 수 있다는 사실은 오늘날에도 변함이 없다. 오로지 최고의 직원들만이 최고의 성과를 낸다. 매우 효율적인 조직만이 최고의 성과를 낼 수 있는 기초가 된다. 이 두 가지는 당연하게 주어지는 것이 아니다. 유능한 직원은 그렇지 않은 직원에 비해서 비용이 더 든다. 효율적인 조직[예를 들어 소프트웨어 툴스(softwaretools)]를 통한 지원, 인사부의 서비스, 마케팅 전문가 등등)도 역시 값싸지 않다. 직원들과 조직도 구입해야 하고 사용할 수 있어야 한다. 하지만 모든 참여자의 창의력과 동기와 같은 '소프트한 요소'는 소진될 수 있는 재원이다. 그래서 손자도 기존에 있는 재원을 점검하고 그런 뒤에 투입하라고 권유했다.

필요한 재원에 대한 계산은 목표에 상응해야 한다. 목표가 수준이 높으면 높을수록, 비용도 더 증가한다. 얼마 정도의 이윤이 생길지는 여기 방정식에 포함되지 않는다. 이윤은 수준의 정도나 복잡한 정도와는 관계가 없다. 손자도 얼마만큼의 이득이 생길지에 관해서는 깊이 생각하지 않았다. 그에게는 오로지 이것 아니면 저것, 다시 말해 승리 아니면 패배만 있었다. 하지만 그는 비용에 대해 잘 알고 있었을 것이다.

오늘날 우리는 이렇게 질문한다. 나는 목표달성을 위해 재원을 어느 정도 투입해야 하며, 그것은 비용으로 따지면 얼마나 될까? 어떤 전략이든 비용이 그 뒤를 받쳐주고 있다는 사실은 당연하다. 사람들은 계획한 전쟁에서 이미 마련한 전략으로 특정 목표를 달성하길 원한다. 어떤 이득이 있으리라고 예언할 수 있을까? 그 맞은편에는 또 어느 정도의 비용이 기다리고 있는 것일까? 경영자는 목표의 가치와 재원의 비용을 비교해야 하고, 그리고 나서 무엇을 감행할지 판단할 수 있다. 이는 아주 단순한 투자계산과 다를 바 없다. 그와 같은 투자계산은 어느 회사나 잘 알고 있고 또 행하고 있을 것이다. 일반적으로 투자계산을 통해서 허가를 받지 못하면 기계 한 대도 구입하지 못한다. 물론 '중국시장 개척'과 같은 프로젝트는 투자수익률(Return on Investment)이라는 측면을 고려한 것이다. 그러나 대부분의 기업은 다른 프로젝트가 주제로 부상하면 일관성 없이 행동한다. 가령 새로운 프로세스의 도입, 테크놀로지 전문가 채용, DV-시스템의 보완과 같은 프로젝트이다.

'자전거 주식회사'는 어느 날, 자전거 외에 오토바이도 생산하기로 결정했다. 그러나 이 회사는 오토바이를 생산할 수 있는 지식이 없었고, 그래서 경험이 많은 오토바이 생산자를 채용하기로 결정했다. 이런 아이디어는 당연히 좋은 생각이자 옳은 생각이었다. 전문지식을 가지고 있지 않으면 돈을 들여 사야 하는 것이다. 회사는 많은 연봉을 주는 계약을 통해 몇몇 훌륭한 직원을 채용하는 데 성공했다. 이들은 회사에 와서 자신들이 무엇을 해야 할지 물었다. 그런데 정작 그 누구도, 비싸게 구입한 재원을 어떻게 투입해야 할지 생각해보지 않았던 것이다. 단지 희미하게 상상만 하고 있었을 뿐, 목표를 깔끔하게 정의해놓지 않았다. '자전거 주식회사' 직원들은 행동만으로 충분했던 것이다. 오토바이 제작자들이 회사에서 일하기 시작했다. 물론 그들은 '자전거 주식회사'의 조직도 알지 못했고, 권력구조에 대해서도 몰랐으며, 그들의 과제도 분명하게 정해져 있지 않았다. 그리하여 오토바이 업계로 진출하려던 '자전거 주식회사'의 시도는 불발로 끝이 났다. 이 경우에 특이한 사실은, 아무도 그와 같은 모험에 얼마만큼의 비용이 드는지 계산해보지 않았다는 점이다. 오토바이 제작자들은 오늘도 좌절감을 안고 지루해하면서 '자전거 주식회사'에 앉아 있다. 지금까지 단 한 대의 오토바이도 제작되지 않았다. 비전은 있었지만 목표가 없었고, 목표가 없으니 이정표가 하나도 없었다. 아무도 이정표가 될 수 있는 항목을 작성할 수 없었다. 재원은 미리 준비되어 있었지만 프로세스는 가동될 수 없었다.

또 다른 자전거 회사에서도 비슷한 비전을 공식화했다. 이 회사도 오토바이 공장 하나를 인수하기로 결정했기 때문인데 목표와 이정표는 매우 간단했다. 이로써 이 회사는 재원을 확보했고 목표와 이정표를 정의하기 위해 필요한 지식을 즉각 소유하게 되었다. 우선 현재의 생산과정을 지나치게 방해하지 않도록 주의하면서 생산했다. 판매망도 통합하여, 자전거와 오토바이를 같은 판매망을 통해서 판매했다. 이 전략은 물론 돈과 에너지가 들었지만, 결국 성공을 가져왔다. 첫 번째 자전거 회사와의 차이는? 두 번째 자전거 회사의 경우에는 프로세스가 전체적으로 어울린다. 목표와 재원이 서로 부합한다.

🅰 항상 실제의 비용을 주시한다

대부분의 회사는 대단한 목표와 관련해서는 필요한 주의를 기울이기 마련이다. 당연히 그렇게 해야 한다. 그들은 목표로부터 재원에 이르기까지 생각하고 그렇게 하여 어느 정도 '확실한 성공'을 만들어낸다. 그런데 그보다 규모가 작은 행동에서 사람들은 왜 그렇게 세심하지 않을까? 손자는 '아교와 옻칠', 그리고 겉으로 보기에 사소한 것의 비용마저 고려했다. 예를 들어 회사에 있는 누가 회의에 관해서 생각을 해볼까. 즉, 회의는 어떤 결과를 가져올까? 나는 회의를 위해 어떤 재원을 제공할 수 있을까? 그러면 사람들은 다음과 같은 질문에 대한 답을 얻게 된다. 회의는, 그것을 위해 들이는 비용만큼 가치가 있을까? 이처럼 목표를 지향하는 생각인지 어떤지를 검사해볼 수 있는 예들은 수없이 많다. 예를 들어 모든 직원에게 나누어주는 정보지에 관해서 자신에게 이런 질문을 할 수도 있다. 회사정보지의 제작·분배와 그것을 읽는 것은 어느 정도의 비용이 들까? 많은 회람은 사실 직원들이 시간을 내어 읽어볼 가치조차 없는 경우도 많다. 이런 결론이 나면, 회람은 더는 만들지 않는 것이 나을 것이다.

그와 같이 사소한 행동은 투자수익률(혹은 구식으로 표현한다면, 비용 대비 효율성 분석)과 반대방향으로 가는 경우가 많다. 도대체 왜 그럴까? 만일 이런 생각을 가지고 일관성 있게 회사를 파고들어 가면, 많은 회의와 그 밖에 다른 활동을 절약할 수 있을 가능성이 있다.

이와 같은 관찰로부터 벗어나는, 아주 대대적인 혹은 엄청나게 대단한 프로젝트도 있다. 회사의 조직을 완전히 개편하는 경우를 생각해보자. 조직개편은 하나의 목표가 있어야 한다. 이와 같은 목표는 어떤 것인지 어림잡을 수 있어야 하고, 마지막에는 비용에 대해서 생각을 해봐야 한다.

조직개편을 원하는 혹은 조직개편을 해야 하는 회사의 사람들은 효율성과 비용에 대해 항상 현실적으로 생각을 하는가? 조직개편은 필요할 수도 있는데 가령 시장이 변했을 때이다. 그런데 개인의 생각으로 조직을 개편하는 경우도 자주 있는데, 이때의 조직개편은 경영자의 관심에만 부응할 따름이다. 즉, 그와 같은 조직개편의 배후에는 권력 장악과 과장된 활동 욕구가 숨어 있는 경우가 많다.

오늘날 많은 기업들은 지속적으로 조직을 개편한다. 그래서 조직개편을 주 업무로 하는 부서도 마련되어 있다. 그런데 순전히 변화만을 위한 조직개편은 무의미하다. 손자는 전쟁을 위해 조직을 하나 만들어 그런 임무를 맡겼다. 병사들은 끊임없이 새로운 지휘관을 맞이해야 하고, 보급을 담당하는 마차는 항상 다른 방향으로 가야 한다는 말은 그 어디에도 기록되어 있지 않다. 손자는 과정(프로세스)을 충분히 고려했는데, 다시 말해 군대의 편성, 보급대의 작용과 기능이었다. 이로부터 하나의 조직이 나온다. 오늘날의 경영자도 바로 그렇게 봐야 한다. 경영자도 프로세스에 몰두해야 한다. 프로세스

를 향상시키기 위해 경우에 따라서 새로운 조직이 필요하다. 프로세스가 향상되면 지속적으로 조직개편이 이루어지고, 이와 같은 조직개편이 제대로 실행되면 지속적으로 개선된다.

많은 경영자들은 프로세스를 알지 못한 채 조직만 개편한다. 이때 책임자들은 조직개편이 프로세스를 어떻게 변화시키는지 알지 못한다. 그리하여 좋은 프로세스든 형편없는 프로세스든 구분하지 않고 똑같이 바꿔버린다. 그래서 조직개편 이후에 모든 프로세스가 바뀌었지만 여전히 좋은 프로세스와 형편없는 프로세스가 있다.

경영진이 나서서 추진하는 조직개편은 많은 위험을 안고 있다. 경영자는 도대체 조직개편으로 자신이 무엇을 얻으려고 하는지 알고나 있을까? 물론 그는 그것을 안다. 다른 식으로 질문을 해보자. 경영자는 어떤 프로세스를 바꾸려는지 알고 있는가? 좀 더 구체적으로 질문을 해보겠다. 조직개편은 무슨 결과를 가져오는가? 나는 조직개편으로 머지않아 어떤 결과를 얻으려 하는가? 나는 어떤 프로세스는 바꾸고, 어떤 것은 그대로 내버려두고자 하는가? 현실에서 나오게 될 시나리오는 다음과 같다. 새로운 경영자가 임명되었다. "새 빗자루가 청소를 더 잘한다"라는 구호를 내세워 그는 조직을 개편하게 된다. 그는 아주 대범하게 조직을 개편할 수 있는데, 아는 것이 별로 없기 때문이다. 그는 비용에 대해서도 생각하고자 한다. 그는 곧, 제품을 이동시키는 비용을 알아낼 수 있고, 감원도 고려할 수 있다고 확정짓는다. 하지만 새 경영자는 직원들의 동기를 잃게 하는 것이 얼마나 많은 비용이 드는지 결코 계산해낼 수는 없다. 동기를 상실한 직원들이 퇴근 시간에 맞춰 집에 가려고 재빨리 도망을 치고, 무기를 내려놓을 때가 되면 그 비용이라는 것이 어느 정도인지 알 수 있다.

ⓘ 재원이 부족할 때: 본질적인 것에 집중

경영자는 항상 다음과 같은 상황에 빠질 수 있다. 즉, 기존에 있는 재원이 풍부하지 않은 상황이다. 해결책은 집중에 있다. 그러니까 사람들은 전문적이고 신속하며 힘차게 실행할 수 있는 소수의 것에 집중해야 한다. 이런 생각으로부터, 우리는 '관심 경영(Attention Management)'에 집중하겠다, 라는 말이 나올 수 있다. 이는 경영자가 모든 문제를 고려하고 '경영하기'에는 시간이 충분하지 않다는 뜻이다. 그래서 경영자는 한 가지 덕목만 행하는데, 그는 한 가지에만 집중하고 돌보며 그 밖에 다른 것에는 그렇게 하지 않는다. 이와 같은 방식의 집중은 '경영하다'는 말과 반대이다. 즉, '경영하다'라는 말은 적합한 시기에 인지하고 재원이 부족할 때는 그에 상응하는 행동을 하는 것이다.

경영자는 모범을 보여주는 기능을 하는데, 그러자면 주변으로부터 신뢰를 얻어야 한다. 신뢰는 침착함, 확신과 적시에 하는 행동을 통해서 얻을 수 있다. 당신은 침착한 기운을 퍼트리는 특이한 경영자를 한 번이라도 경험한 적이 있는가? 없다고? 왜 없을까? 경영자들이 하는 일은 나누어줄 수 없기 때문이다. 그들은 본질적인 것에 집중할 수 없기 때문이다. 그들은 또한 제대로 임무를 위임할 수 없기 때문이다. 흔히 본질적인 것에 충분히 집중하지 못하기 때문일 수도 있다. 경영자들은 쓸데없는 일에 정력을 소모한다. 다시 말해 자신들의 일에 집중하는 것이 아니라, 자기 자신들에 집중한다. 그런데 집중은 알고 보면 아주 간단하다. 만일 목표와 이정표를 정의했다면, 필요한 모든 재원을 투입하면 된다. 자신의 목표를 좀 더 빨리 달성하고 싶으면, 좀 더 집중적으로 재원을 투입하면 된다.

본질적인 것에 대한 집중은 일, 삶, 그리고 자신의 인격에 대한 입장이다.

여기에서는 맡은 임무를 잘하는 게 중요하지 않고, 자신만의 작업 스타일이 중요하다. 집중은 성과로 가는 열쇠라 할 수 있다. 나 역시 한창 바빴을 때가 있었다. 그때는 회의가 끝나면 또 다른 회의에 쫓아갔고, 이 주제에서 저 주제로 정신없이 일만 했다. 나는 뭔가 생각할 시간도 없었다. 만일 이런 사실을 알게 되면, 이를 계속 방치해서는 안 된다. 다른 사람들에게 위임할 수 있는 여러 가지 일은 그들에게 맡기도록 한다. 또한 그냥 해결할 수 없지만 그렇다고 해서 누구도 탓하지 않는 그런 일도 있다. 내버려두면 저절로 해결되는 과제도 있다. 이런 식으로 정리하면 본질적인 과제를 위해 시간과 에너지를 사용할 수 있다. 다음에 소개하는 일화를 들으면 그 말이 무슨 뜻인지 금방 이해할 수 있을 것이다. 전문가들은 헤르베르트 폰 카라얀(Herbert von Karajan)은 재능이 아주 조금밖에 없었다고 주장한다. 하지만 그는 자기규율에서는 대가였다. 카라얀은 몇몇 경과구(經過句, 혹은 패시지)에 집중할 수 있었고 이것을 성공적으로 보여줄 수 있었다. 이와 같은 방식으로 그는 진정한 대가가 되었다고 한다.

그렇다면 회사는 어떻게 집중하면 될까? 장점을 이용하면 된다. 그러니까 자신의 장점과 직원들의 장점 말이다. 지금 하고 있는 일에서 사람들은 자신들의 장점에 집중하는 것이다. 재원을 선택할 경우에는, 필요한 능력이 무엇인지 당연히 알아야 하고, 이런 장점을 가진 직원들을 채용하면 된다. 사람들은 준비를 할 때 2차원적으로 생각하는 것이 중요하다. 활동을 계획하고 직원을 계획하는 일을 하나의 행동으로 융합해야 한다. 이렇게 해야 목표에 맞게 직원들의 장점으로 이정표를 만들어낼 수 있다. 컨설턴트들은 흔히 장점을 업무와 일치시켜야 한다고 지적할 때가 많다. 하지만 우리는 장점에 맞는 과제를 제시할 수 없는지도 충분히 생각해봐야 한다. 이런 방식은 물론 한계가 있는데, 왜냐하면 한 부서에서의 업무는 자체 목표가 아니기 때문이다. 하지만 재원계획이 한 번으로 끝나는 행동이 아니라 계속 반복되고 지속적으로 세심한 주의를 기울이게 되면, 이런 방식으로 경쟁력 있는 조직을 만들고 이 수준을 계속 유지할 수 있다.

'자전거 주식회사'에는 구매에 관련된 일을 하고 있는 법학도가 있었다. 그는 자신의 일을 매우 재미있어했는데, 특히 계약서를 법적으로 개선할 수 있었기에 더욱 그러했다. 그런데 구매부 팀장은 직원들이 체결한 계약의 안전성에 그다지 만족하지 않았다. 팀장과 직원들이 회의시간에 충분히 얘기를 나눈 뒤에, 구매부 팀장은 계약을 관리하는 자리를 하나 만들었다. 여기에 적합한 인물은 법학을 전공한 자로, 모범적인 계약서를 작성할 줄 알 뿐 아니라 개별적인 경우에 직원들이 법적인 서류를 작성할 수 있도록 도와줄 수 있는 사람이었다. 이 자리는 바로 구매부에서 일하던, 법학을 공부한 직원이 차지했다. 그는 이 역할을 지극히 좋아했으며 열심히 일했다. 직원의 장점이 그런 식으로 적절하게 투입되었고, 구매부 팀장은 마침내 직원들이 작성하는 계약서가 법적으로 하자가 없다는 확신을 가질 수 있게 되었다.

🏃 속도: 속전속결이 재원을 절약해준다

경영자는 준비를 잘해야 하지만, 결정이 내려지면 신속하게 행동해야 한다. 조직개편을 하고자 하더라도 거침없이 신속하게 해야 한다. 그 이유는 분명하고 이론이 없다. 즉, 오래 끌면 끌수록 그만큼 더 비용이 많이 들기 때문이다.

손자도 이미 장군은 오로지 한 번의 기회만 있다는 점을 분명히 했다. 장군은 전쟁을 신속하고도 일관성 있게 치러야 한다. "전쟁터에 와서 승리를

기다리게 하면, 무기는 무뎌지고 전투의지는 사라진다. 도시를 포위하면 포위한 자들의 힘만 빠진다"(II. 2). 계속해서 이런 내용도 나온다. "전쟁을 계속 끌면 나라의 재정이 충분하지 않게 된다"(II. 3). 손자는 시간이라는 요소가 중요하다는 것을 알았다. 전략은 빨리 그리고 지체 없이 실행에 옮겨져야한다. 만일 실행이 계획보다 훨씬 더 길어지면 나중에 승리를 거두더라도 패배한 셈이 되는데, 비용이라는 덫에 걸리기 때문이다. "병사들의 무기가 무뎌지고, 그들의 전투의지가 약해지고, 너의 장점이 흩어지고, 너의 부가 소모되자마자 적군의 장수가 너의 곤궁한 처지를 한껏 이용하게 될 것이다. 이를 막을 수 있는 수단도 충고도 없다"(II. 4). 그다음에는 이보다 더 구체적으로 기록되어 있다. "급히 서두르는 전쟁은 손해를 가져올 때가 많지만, 오래 지속되는 전쟁이 국가에 이로운 적은 결코 없었다"(II. 5~6).

손자는 좀 더 신속한 결과의 의미를 누구보다 분명하게 알고 있었다. 많은 경영자들은 결정을 공개하지만, 언제부터인가 결정을 실행에 옮기는 작업이 정체된다. 이렇게 되는 것은 무엇보다 경영자가 또 다른 결정을 내리려 하기 때문이다. 하지만 이는 해결책이 되지 못한다. 그러니 회사는 모든 경영자에게 자신의 목표에 대한 합의내용을 기록하도록 해야 한다. 준비를 위해 충분한 시간을 투자하고(첫 번째 계명), 그리고 나서 결정을 내려 신속하게 실행한다(두 번째 계명). 어떤 기업이 엄청난 주문을 받고 이 프로젝트를 담당할 팀장을 반년 뒤에 투입한다면, 이런 일은 있을 수도 없고 있어서도 안 되는 일이다. 반년이라는 세월 동안 이끄는 사람도 없이 프로젝트를 표류시키다니! 그렇다면 이 프로젝트는 결코 좋은 결과로 이어지지 않을 것이다. 이 경우에 무기는 이미 무뎌졌고 자금도 동이 난 상태이다.

재원관리란 직원들과 조직을 준비하는 것 그 이상이다. 입장이나 자세도 준비해야 한다. 그러니까 창의력과 동기, 승리를 거두고자 하는 의지를 말한다. 이와 관련해서 생텍쥐페리의 말을 인용해보겠다. "배를 제작하기 위해 반드시 최고로 뛰어난 일꾼들이 필요한 것은 아니다. 데리고 있는 일꾼들에게 더 넓고 위대한 바다에 대한 동경을 전해줘야 한다." 이런 역할을 할 수 있는 경영자라면 돈으로 지불할 수 없을 정도로 소중한 경영자이다. 그는 업계에서 대가인 것이다. 하지만 훌륭한 동기가 아무 효과를 보지 못하고, 실행도 시간만 끌면서 제대로 이루어지지 않으며, 부하직원들 사이에서 다툼만 일어난다면, 바다에 대한 동경도 꺼져 버린다. 신속한 성공이 필요하다.

어떻게 하나의 조직을 좀 더 신속하게 만들 수 있을까? 무엇보다, 시작단계에 좀 더 많은 재원을 준비하고, 즉시 일을 시작함으로써 가능하다. 많은 기업의 경우 항상 똑같은 과정이 일어난다. 즉, 프로젝트 하나를 계획하여 통과시킨다. 그러면 행위자는 이마에서 땀을 닦아내고 통과된 프로젝트를 잊어버린다. 그러다가 두 번째 제안으로 또다시 그 프로젝트가 등장한다. 이 과정은 반복될 수 있다. 언젠가 사람들은 왜 그 프로젝트를 지금까지 작업하지 않았는지를 분석하기 시작한다. 그 이유는 여러 가지이다. 진정한 이유는, 사람들이 충분한 재원을 준비할 수 없었기 때문이다. 아마도 올바른 재원을 발견하지 못했을 수도 있는데, 주의 집중하는 경영방식이 쇠퇴했다는 증거이다.

모든 경영자는 분쟁이나 전투에서 오로지 단 한 번의 기회가 있다는 사실을 반드시 알아야 한다. 그러니 온 힘을 동원해 이겨야 하는 것이다. 손자는 이렇게 말했다. "경험이 많은 장군들은 병사를 딱 한 번 편성하고 그들의 마차에는 보급품을 잘해야 두 번 실어준다"(Ⅱ. 8). 신속한 승리는 비록 그것이 아주 사소한 승리라 할지라도 중요하다. 승리는 돈으로는 계산할 수 없을 정도로 동기를 부여해주고 모든 비용을 줄여준다. 우리는 항상 큰 소리로 승리를 떠들어댈 수 있다.

💬 여담(餘談): 전반적인 재원관리

　재원관리는 회사 전체를 위한 전반적인 과정으로 파악해야 한다. 프로젝트(전쟁, 분쟁)는 회사 전체와 관련된 정책의 일부이다. 여기에는 재원조달도 포함된다. 물론 재원조달은 회사의 가능성(자본, 이미지, 인기)에 따라 달라진다. 흔히 대기업은 그야말로 모든 주제와 관련된 전문가가 있다는 사실을 확인할 수 있다. 하지만 이와 같은 사실은 전체 직원들에게, 아니 전체 경영자들에게도 알려져 있지 않다. 많은 사람들은 그런 사실을 알고자 하지 않고 관심조차 없다. 많은 경영자들은 자신들이 관할하는 분야에 필요한 재원들에 대해서만 책임이 있다고 느낀다. 그들은 '제대로' 지시를 내려줄 수 없다. '제대로'라는 말은 또 무슨 뜻인가? 경영자들은 지시를 설명할 수 있어야 하고 적절한 직원에게 그 지시를 위임해야 한다. 투명하지 않으면 항상 부수적인 비용이 들어가게 된다. 자체 재원만 포함하는 재원관리는 충분하지 않을 것이고, 결코 최적의 상태는 아닐 것이다. 아무리 뛰어난 영업자, 팀장, 프로젝트 팀장이라 할지라도 모든 주제에 관해 전문가는 아니다. 아무도 자체적으로 경리를 볼 수는 없지만 구매는 할 수 있으며, 누구든 설계도는 완성할 수 있다. 회사에 구매부나 설계부가 있다고 하더라도, 많은 프로젝트 팀장들은 스스로 구입하고 직접 설계하지 못하면 좀이 쑤신다. 그리하여 프로젝트 팀장이 실무를 보게 되고 이로 인해 손해를 입는 것은 전문성이다. 이와 같은 입장은 계획을 하고 관리를 할 때 전체를 총괄하는 특성이 부족해서 나온 결과이기도 하며, 또한 모든 것을 직접 하면 가장 잘할 수 있다는 자기과신 때문이기도 하다.

　전체적인 재원관리는 바로 이와 같은 문제점들을 다루게 된다. 바로 여기에서 좋은 경영자와 형편없는 경영자 사이에 차이가 생기는 것이다. 좋은 경영자는 목표를 정의하고, 재원을 결정하며, 직원들이 일하게 하고 발전할 수 있도록 감독한다. 이와 반대로 형편없는 경영자는 자신이 최고라고 믿으며 모든 것을 혼자서 한다. 그는 곧 시간적으로 쫓기며, 자신의 삶이 분주함과 스트레스로 점철되어 있다는 사실을 알아차리게 된다. 기존에 있는 모든 재원을 계획과 활동을 위해 효율적으로 사용하는 것이 중요하다. 그렇게 되면 아이디어는 매력을 얻게 된다. 한 지역에만 있는 지식을 전 세계 어디에서도 사용할 수 있게 저장해둬야 한다. 모든 프로젝트는 바로 그와 같은 지식을 기반으로 전 세계로 뻗어갈 수 있다. 전문적인 지식경영은 오늘날 전체적인 재원관리와 관련해서 완전히 새로운 차원을 제시한다.

❶ 효과적인 자극을 통해서 동기를 강화시킨다

경영자들은 자신을 어떻게 이해하고 있을까? 경영자들은 자신을 어떻게 느끼고 있을까? 막강한 권력이 부여된 직위의 소유자, 혹은 기업의 강력한 구성원? 기업문화는, 관리자가 전체를 총괄하기를 요구하고 그럴 수 있도록 지원하는가? 이는 많은 기업문화에서 불가능한데, 그러기를 요구하지 않기 때문이다. 경영자는 자신의 부서가 성공을 거두면 상을 받는다. 만일 그의 일이 회사 전체의 가치창출이나 다른 부서의 가치창출에 많이 의지하면 보상을 받지 못한다. 이 때문에 경영자는 전체적으로 생각하고자 하는 관심을 개발하지 않게 된다. 보상체계가 그렇게 하는 것을 효과적으로 방지해주는 것이다. 경영자가 어떤 사람인지를 알아보려면 단 하나의 질문만으로 충분하다. "무슨 일을 하십니까?" 만일 그가 자신의 직위에 대해서 이러쿵저러쿵 설명을 하면 이런 사람은 잊어버려도 좋다. 그런데 만일 그가 회사 전체를 위한 자신의 성과에 대해서 설명하기 시작하면, 이런 사람이 바로 당신이

찾는 사람이다. 경영자들은 후한 월급을 받고 흔히 인센티브라고 하는 성과급도 받는다. 인센티브라는 표현과 시스템도 미국에서 들어온 것이다. 둘 다 독일 기업에 들어와 자리를 잡기는 했지만 늘 장점으로 작용하지는 않는다. 인센티브는 측정할 수 있는 기준으로 자극을 주는 시스템이다. 기준을 충족시킬 때마다 경영자의 유동적인 월급이 계산된다. 월급의 40퍼센트까지 인센티브를 더 받을 수 있기 때문에 모두들 그것에 신경을 곤두세운다.

측정하는 잣대는 성과가 제공한다. 하지만 도대체 어떤 성과를 의미하는가? 인센티브 - 수치는 경영자의 영향을 받는 것이 분명하다. 따라서 사람들은 자신의 부서가 이뤄낸 결과를 택한다. 바로 그것이다. 모든 부서는 자신들의 성과에 따라서 평가된다. 이와 같은 방식은 협력이 아니라 경쟁의식만 부추긴다. 그리하여 많은 인센티브 - 수치는 부메랑이 된다는 사실이 드러났다. 대기업들은 흔히 망처럼 연결되어 있다. 예를 들어 하나의 부서는 케이블 생산을 담당하고 또 다른 부서는 전선을 담당한다. 그들은 흔히 서로 다른 기술을 다루고 서로 다른 고객들을 상대로 일을 하는데도, 많은 과정은 매우 비슷하다. 따라서 부서가 달라도 직원들은 서로 배울 수 있고 지식도 교환할 수 있다. 하지만 다른 부서를 도와주려는 경영자들은 어떤 동기를 가지고 있는 것일까?

만일 간단하게 정의할 수 없는 목표치를 사용하면 사태는 더욱 심각해진다. 매우 정직한 경영자는 그의 행동을 목표치에 맞출 것이라고 알리기 시작한다. 그런가하면, 목표를 합의할 때 열 가지 목표치를 정하는 경영자들도 있다. 그리하여 직원들과 직접 면담하는 것도 바로 그런 목표에 속하게 된다. 이런 수치도 측정할 수 있고 성과에 영향을 줄 수 있지만 사실 이런 과제는 경영자로서 당연히 해야 할 일이 아닐까?

엄격하게 목표치에 따라 경영자에게 보상을 하면 할수록 경영자는 엄격하게 그 목표치에 따라서만 행동한다. 그것과 상관이 없는 모든 것은 주의할 대상에서 벗어나고, 그리하여 아무런 관심도 받지 못한다. 이는 바로 전체적으로 생각하는 방식이 끝났다는 것을 의미한다. 따라서 보상체계는 충분히 비생산적일 수 있다.

이와 반대로 보상을 효과적으로 투입하면 충분히 자극이 된다고 손자는 가르쳤다. 사람들은 항상 생생하게 기억해야만 한다. 즉, 직원들의 가장 중요한 재원인 능력과 동기는 무한하지 않다는 사실을 말이다. 성공을 거두지 못할 경우 직원들의 능력과 동기는 재빨리 마비되어버린다. 때문에 경영자는 승리를 거둬야 할 의무가 있고, '그 지긋지긋한' 이윤을 올려야 하는 의무가 있다. 하지만 성공을 할 수 있으면 능력과 동기는 굉장히 증가한다. 좋은 성과에 대해서는 경영자가 즉각 공개적으로 보상을 해줘야지, 어떤 수치가 채워질 때까지 기다려서는 안 된다. 이는 다른 직원들에게도 자극이 된다. 손자는 이렇게 말했다. "마차전투에서 열 대 이상의 마차를 빼앗으면, 첫 번째 마차를 빼앗은 자에게 상을 주라 ……"(Ⅱ. 17). 손자의 제안은 모범으로 삼을 만하다. 그는 보상을 말했지 보상시스템에 관해서 말하지 않았다. 상 또는 보상이 하나의 시스템이 되어버리면, 또 다른 게임의 원칙이 지배하게 되기 때문이다.

🀫 싸워서 새로운 재원을 얻는다

손자가 보기에, 빼앗은 재원은 자국의 재원과 마찬가지로 전쟁의 기술에 속했다. "…… 노획한 마차를 자국의 마차와 함께 투입하라. 포로로 잡은 병사들을 잘 대해주라"(Ⅱ. 17). 그리고 또 이렇게 말했다. "적을 이김으로써 너

는 더 강해진다"(Ⅱ. 18). 또한 모든 경영자는 이와 같은 지혜를 자세히 알아야 한다. 승리를 한 후에는 적의 체면을 세워주라는 충고를 우리에게 적용해보자. 우리가 결코 승리를 거둔 적이라 말할 수 없는 납품업자, 고객들, 경쟁자들의 '체면을 유지해'주라는 충고는 더없이 좋은 충고이다. 사람들은 경쟁자를 결코 이를 악문 적으로 만들어서는 안 된다. 왜냐하면 이런 결과는 승리를 내어준 자나 승리를 거둔 자 모두에게, 싸움의 결과가 가져올 수 있는 것보다 훨씬 많은 비용을 치르도록 만들기 때문이다. 만일 다른 회사를 자신의 기업연합으로 인수하고자 하면, 다른 회사의 직원들과 그들의 장점을 인정해주고 적절한 자리에 그들을 투입하는 것이 좋다. 그렇게 함으로써 사람들은 충성심이 강한 직원을 얻게 되는데 이는 매우 빠른 속도로 주변에 전파된다. 직원들에게 매력적인 기업은, 새로운 직원들에게 필요한 실력을 갖출 수 있도록 교육을 해야 한다는 걱정을 할 필요가 없다. 그와 같은 행동은 손자도 추천하듯이 오늘날의 재원과 미래의 재원을 조심스럽게 장려하는 것이다. 여기에 바로 기업이 진정한 성과를 올릴 수 있는 기회가 숨어 있다.

裏 작전편과 관련된 인용문

일류 남자들은 일류 남자들을 채용하고, 이류 남자들은 삼류만 채용한다.
- 프란츠 루바인(Franz Luwein, 1927~), 독일의 언론인.

IBM에서 내가 이뤄냈던 가장 소중한 성과는 똑똑하고 좋은 직원들을 선발하여 결속을 다진 나의 능력이다. 나는 그들을 설득과 친절, 재정적인 자극과 연설, 그들의 아내들과의 수다, 세심한 배려를 통해 그리고 이 팀이 나를 분별 있는 사람으로 간주하도록 하기 위해 내가 할 수 있는 모든 것을 투입했다.

- 토머스 J. 왓슨 주니어(Thomas J. Watson jun., 1914~1993), 미국의 최고 경영자, 1956~1971년 IBM 회장을 역임.

힘은 요란하지 않다. 있는 곳에서 그냥 효과를 낼 뿐이다.

- 알베르트 슈바이처(Albert Schweitzer, 1875~1965), 라인 강 상류 알사스 출신의 신학자, 의사, 철학자, 음악가, 1952년 노벨평화상 수상.

나는 내가 좋아하지 않는 직원일지라도 그를 승진시키는 것을 머뭇거려본 적이 없다. 함께 있으면 편안한 조수, 혹은 함께 낚시를 가고 싶을 정도로 친절한 녀석은 기회가 생기면 나를 치고 올라갈 수 있다. 그래서 나는 친절한 사람 대신 거칠고 퉁명스러우며 불친절한 사람을 물색하는데, 이런 자들은 사물을 있는 그대로 본다. 그런 자들을 주변에 많이 가지고 있고 그들의 말에 귀를 기울이는 자는 좋은 성과를 올릴 수 있다.

- 토머스 J. 왓슨 주니어(1914~1993),

산을 옮길 수 있다는 믿음이 있다면 그것은 자신의 힘에 대한 믿음이다.

- 마리 폰 에브너 에셴바흐(Marie von Ebner-Eschenbach, 1830~1916), 오스트리아의 여성 작가.

만일 내가 나의 부하들에게 항해에 대한 애정을 전달하면, 그리고 각자가 가슴속에서 바다로 가려는 충동을 느끼면, 당신은 곧 보게 될 것이다. 그들이 온갖 특징이 있는 다양한 활동을 하는 모습을 말이다. 어떤 자는 닻을 짤 것이고, 또 어떤 자는 숲에서 도끼로 번개처럼 나무를 벨 것이다. 또 대장간에서 못을 만드는 자가 있을 것이고 어딘가에는 또 배를 운전하기 위해서 별을 주의 깊게 관찰하는 사내들도 있을 것이다. 하지만 이들은 모두 일체가 된다. 왜냐하면 배를 만든다는 것은 닻을 올리고, 못을 만들고, 별자리를 읽는 것이 아니라, 바다로 가는 기쁨을 일깨우는 것이다. …… 나는 배에 들어가는 모든 못을 알 필요는 없다. 나는 사내들에게 바다로 가고 싶은 충동을 전달하면 된다.

- 생텍쥐페리(Antoine-Marie-Roger de Saint-Exupéry, 1900~1944), 프랑스의 조종사이 자 작가.

활쏘기를 배웠던 한 남자가 한번은 두 개의 화살을 가지고 과녁 앞에 섰다. 이에 스 승은 이렇게 말했다. "초보자들은 절대 한 번에 화살 두 개 이상을 사용해서는 안 된다. 그렇지 않으면 그들은 두 번째 화살에 의지를 해서 첫 번째 화살을 주의 깊게 다루지 않게 된다. 초보자들은 자신이 바로 사용하는 그 화살에 모든 결정이 달려 있다는 것을 확신하는 것이 더 낫다."

- 요시다 rps코(Yoshida Kenko, 1283~1350), 불교 신자이자 작가.

만일 네가 성공하기를 원한다면 자신에게 만족할 수 있는 한계를 정해줘라.

- 생트뵈브(Charles Augustin Sainte-Beuve, 1804~1869), 프랑스의 작가이자 문학비평가.

도처에 있는 사람은, 어디에도 없는 사람이다.

- 세네카(Lucius Annaeus Seneca, 기원전 4~서기 65), 로마의 시인이자 철학 관련 작가.

03 공격 전략_ 모공편(謀攻篇)

올바른 전략은
승리를 거둘 수 있는 비전에 도움이 된다

전략이라는 개념은 그리스에서 유래했으며 원래 전쟁의 기술을 의미했다. 기업의 전략이란 목표를 달성하기 위해 계획을 짜는 것을 말한다. 그러니까 인력관리는 물론 모든 재원, 기술과 물자를 제대로 투입하기 위해 미리 모든 요소를 계산하는 계획이다. 따라서 전략이란 사람과 기업을 승리로, 성공으로 이끄는 기술이라 할 수 있다.

손자는 적을 파괴하지 않고 승리를 거두려는 목표가 있었다. 그는 다음과 같이 그의 비전을 서술한다. "하나의 국가를 파괴하느니보다 정복하는 것이 낫다. 군대를 때려 부수는 것보다 정복하는 게 더 낫다. 하나의 연대, 하나의 중대 또는 하나의 소대를 섬멸하는 것보다 정복하는 게 더 낫다"(Ⅲ. 1). 이와 같은 목표들은 좋은 전략이 있어야 달성할 수 있다.

우리는 이미 경영자는 비전과 전략을 담당해야 한다는 사실을 언급했다. 이것은 반드시 그가 해야 하는 임무이며 개별적인 단계를 정하는 것은 직원들에게 맡겨도 된다.

가령, 어떤 회사에 거대한 비전이 존재한다고 치자. 이를테면 이 회사는

특정 시장에서 1위가 되고 싶어 하는데, 목표는 시장정복이다. 준비는 모범적이다. 즉, 경영자는 오랫동안 장점과 약점에 대해서 깊이 생각했고, 그러고 나서 여러 가지 다양한 상황을 그려보았다. 경영자들은 세부적인 목표를 세웠다. 하지만 이제 전략이 있어야 한다. 전략이란 방법에 관련된 질문의 대답이다. 즉, 나는 내 목표를 어떻게 달성하지?

경영자는 이와 같은 질문에 대답하려고 노력할 것이다. 목표로 가는 길을 정하면서 경영자는 대안을 발견하고 분명 한계에 부딪힐 것이다. 대안은 자신의 시각으로 가득 차 있고 한계는 주변에 의해 정해진다. 이 둘을 의식하고 잘 다루기 위해 포괄적인 분석과 많은 지식이 필요하다.

🀫 우리는 적을 지식과 자제심으로 공격한다

많은 경영자들은 직원들이 제공할 수 있는 잠재력에 대해 잘 모른다. 우리는 실제로 얼마나 강할까? 우리는 이 싸움에서 자신을 신뢰할까? 대부분의 경영자들은 조용하게 혼자 있을 때 자신에게 이런 질문을 해본다. 만일 그들이 이런 질문을 입 밖에 내놓으면 대부분 의심하는 어조도 함께 들려온다. 어쨌거나 의심을 표현하는 것 자체는 인식의 길로 나아가는 첫걸음이다. 경영자는 자신의 부하직원들과 함께 적과 적의 부하직원들에게 맞서야 한다. 그는 그때그때의 잠재력을 알아야 하고, 그래야 목표에 맞게 행동할 수 있다.

경영자는 자기 팀과 적의 잠재력과 장점에 대해 알아야 올바른 조치를 내릴 수 있다.

이와 관련해서 손자는 다음과 같이 말했다. "만일 우리가 전쟁터에서 적에 비해 열 배 더 강력하다면, 우리는 적군을 포위해야 한다. 다섯 배 더 강하면, 적을 공격한다. 두 배 더 강하면, 우리는 적의 대열 사이에 쐐기를 던져 분산시킨다. 만일 우리가 적과 병력이 같으면, 전투를 벌일 수 있다. 우리가 약간 열세이면 적을 피할 수 있고, 적군과 비교할 수 없다면 도망칠 수밖에 없다"(Ⅲ. 8~9).

그렇듯 자신의 장점과 적의 장점에 대해 앎으로써 전략과 행동이 나온다. 예를 들어 한 회사가 중국에서 사업을 시작하기를 원하면 중국의 시장을 알아야 하고, 잠재적인 고객과 경쟁자들 그리고 자신의 재원을 알아야 한다. 그러면 사람들은 질문을 할 것이다. 도대체 '안다'는 게 뭐지? 수년 동안의 경험으로 이런 지식을 활용할 수 있는 직원들이 분명 있다. 하지만 이와 같은 주관적인 경험이 믿을 수 있는 것이고 결정을 내리는 사람들에게 참고가 될 수 있을까? 예를 들어 결정권자들은 확실한 자료를 가지고 있을까? 다시 말해, 목표(= 중국으로 가자)를 달성하기 위해 몇 개의 유럽 공급업체와 중국 공급업체가 어떤 품질의 제품을 제공해야 하는지를 유추할 수 있는 자료 말이다. 사람들이 이 질문에 답을 할 수 있다면, 있을 수도 있는 결함을 해결할 수 있다. 하지만 우리의 현실을 둘러보면 그와 같이 결정을 내릴 수 있게 해주는 기초자료가 없어서 거의 우연에 의지해 행동한다. 물론 우연에 의한 작업방식도 통할 때가 많지만 손자는 달리 말했다. 즉, 만일 분석이 확실하고 이로써 전략을 짜기 위한 기초가 확실하면 행동은 성공할 수밖에 없다고 말이다.

또는 손자의 방식으로 생각해보면 이러하다. 만일 우리가 이 시장을 공략하면, 나의 회사는 얼마나 강해질까? 상대에 비해 10 대 1일까? 아니면 우리가 열세일까? 우연이라고 하기에는 너무나 많은 기업들이 중국 시장에 진입한다. 그곳에서 살아남는 기업도 많지만, 살아남든 그렇지 않든 어쨌거나 많은 비용을 들여야 한다. 자신과 관련해서 이 정도는 알아야 한다.

그에 못지않게 중요한 것은 전략을 고수하는 장군의 자제심이다. 손자의 가르침을 인용해보겠다. "자신의 성질을 다스리지 못하는 장군은 부하들을 개미처럼 도시로 내보낸다. 그리하여 그들 가운데 3분의 1은 도시에 들어가 보지도 못하고 죽는다"(Ⅲ. 5). 오늘날의 실업계에서는 직원들이 죽지는 않겠지만 만일 생각 없이 일을 진행시켰다가 기업은 많은 돈을 잃고 말 것이다.

손자는 전쟁에서 상대를 아는 게 어떤 의미가 있는지 다시 한 번 강조했다. "…… 만일 네가 적과 자신을 안다면, 어떤 전투도 두려워할 필요는 없다. 너 자신을 알되 적을 모른다면, 승리와 패배는 저울 위에 올려져 있다. 적도 모르고 자신도 모른다면, 어떤 전투에서든 지게 마련이다"(Ⅲ. 18).

🉑 자신의 장점을 전략적으로 투입한다

오늘날 핵심적인 능력에 관해서 강연을 하지 않는 경영자는 아마 없을 것이다. 그 배후에는, 사람들은 자신의 장점을 이용하고자 할 것이라는 단순한 생각이 숨어 있다. 이미 그전에 이런 질문을 해야 할 것이다. 각자는 자신의 핵심적 능력과 부서의 핵심적 능력, 그리고 회사의 핵심적 능력을 알고 있는지 말이다. 고급스러운 종이 위에 쓰인 핵심적 능력이 아니라 승리를 하기 위해 필요한 그런 핵심적 능력이다. 핵심적 능력이란 '시장에서의 전투'에서 다음과 같은 것일 수 있다. 탁월한 서비스, 최고의 제품, 매력적인 가격, 조직의 신속한 문제해결, 비전에서부터 실행까지 모순이 없는 구상(콘셉트), 등장과 행동 사이의 일치 등이다. 마지막으로 손자는, 사람들은 경쟁자의 핵심적 능력을 인정해줄 줄 알아야 한다고 요구했다. 경쟁자보다 자신이 더 낫다는 증거도 찾아야 한다.

만일 한 회사가 어떤 싸움을 하기로 결정했다면 회사는 모든 재원을 모으고, 모든 직원에게 자신들의 핵심적 능력에 매진하라고 지시한 다음, 단호하게 행진해야만 한다. 모든 직원은 자신만이 가진 장점을 알고 있어야 하고, 그 점에 대해 확신을 해야 하며 그리고 자신이 가진 장점을 공격적으로 보여줄 수 있어야 한다. 자부심을 가지고 앞에 나서는 것이 중요하다. 자신과 상대를 최고로 잘 알면 그렇게 할 수 있다. 그러면 사람들은 공급업체로서 굳은 확신을 가지고 남들 앞에 나타날 수 있다. 경쟁자에 관해서 나쁜 말을 해서는 안 된다. 자신의 위치를 굳게 다지는 것으로 충분하다.

'자전거 주식회사'의 구매부 팀장은 이미 많은 부품 납품업자들을 경험해봤다. 최근에 그들 중 한 명이 구매부 팀장 곁으로 와서는 자신의 직원들에 관해 불평을 터뜨렸다. 또 다른 부품 납품업자는 자회사의 제품을 어떤 가격에 제공할지는 말하지 않고, 경쟁회사의 실수에 관해서만 얘기를 했다. 또한 자신들을 상대하는 구매부 직원들을 지나치게 칭찬하는 부품 납품업자도 있었다. 구매부 팀장은 이와 같은 행동을 잘 기억해두었다. 그는 이런 반응들을 전문가답지 않은 태도라고 보았다. 따라서 자신들의 장점을 보여주고 성과를 설득력 있게 소개하는 부품 업자들만이 구매부 팀장의 신뢰를 얻을 수 있었다.

손자는 말했다. "백 번 전투를 하여 백 번 승리를 거두는 것은 지혜롭지 않다. 싸우지 않고 적의 저항을 꺾는 것이 더 낫다"(Ⅲ.2). 이를 경영자에게 적용해보면, 자신의 장점을 고려해 자신의 장점이 경쟁자의 장점보다 우수할 때 싸워야 한다는 뜻이 된다. 이런 경영자는 경쟁자들의 선동을 믿지 않을 것이고 세계 그 어느 곳에서도 가격경쟁을 펼치지 않을 것이다.

자신의 장점을 회사를 위해 이용한다는 말은 무슨 뜻일까? 예를 들어보겠다.

- 우리는 다른 경쟁사에 비해서 더 나은 제품을 만들고, 비록 더 나은 제품이 아니라 하더라도 제품을 더 잘 소개하거나 다른 식으로 소개한다. 벤츠와 BMW는 매우 비슷한 품질의 좋은 자동차를 생산하는데, 그런데도 두 회사는 서로 다른 고객들의 마음을 사로잡는 각각의 매력이 어느 정도 있다. 그들은 각각 자신만의 철학으로 제품을 소개하는 것이다.

- 우리는 경쟁사들에 비해서 서비스는 확실히 낫다. 전 세계 어디에서든 정비와 수리를 해준다. 가령 정비를 담당하는 직원들은 똑같은 작업복을 입고 다녀서 쉽게 알아볼 수 있다. 이런 작업복도 항상 변함없는 우리의 정비 능력을 대변해준다.

- 우리는 관청과 좋은 관계를 유지하고 있어서 허가를 받을 때 훨씬 수월하다. 우리는 허가를 받는 데 3일이 걸렸지만 경쟁사는 10일 이상이 걸렸다.

- 우리는 정비기간이 다가오면 고객에게 알려준다. 우리는 매우 적극적으로 행동하고 이로써 늘 고객의 곁에 있다.

- 우리는 경쟁사에 비해서 더 신속하게 행동하고 더 능력이 있다. 우리의 프로세스는 고객이 전화할 경우 어떠한 문의에도 대답할 수 있도록 만들어두었고, 긴급한 상황이면 즉각 행동으로 대답한다. 고객은 우리가 믿을 만하다는 것을 안다.

'장점의 전략'을 실행에 옮기려면 회사는 다양한 업무를 완수해야 한다.

이 전략을 실행하려면 우선, 조직이 그 뒤에 서 있어야 한다는 전제조건이 있다. 따라서 이는 직원 전체를 동원한 결과이다.

'자전거 주식회사'는 다음과 같은 구호로 광고를 시작했다. "우리의 자전거는 당신을 자유롭게 할 것입니다!" 여기에서 전하고자 하는 메시지는 분명하다. 즉, 자전거는 움직이는 수단 그 이상을 제공한다는 것이다. '자전거 주식회사'는 늘 자회사의 제품에 큰 가치를 두었다. 품질은 물론 디자인에서도 선도적이다. 서비스도 중요하므로 회사는 2년 동안 무상 서비스를 실시하고 있다. 서비스를 받기 위해 방문하는 고객은 서비스 담당 직원들과 대화를 나누게 된다. 그들은 서비스를 받는 동안 아주 작은 부품들을 구입하기도 한다. '자전거 주식회사'는 서비스 관련 초대장을 서면으로 보내는데, 이로써 고객은 약속시간을 기억할 필요가 없다. 회사는 고객에게 서비스 방문에 관한 소식을 전함과 동시에 광고나 정보를 내보낼 수 있다. 이로써 자전거로 누리는 자유가 도대체 어디에 있는지에 관해 묘사할 기회를 갖는다. 회사는 이 영역을 모범적으로 잘하고 있다. 회사는 고객과 매우 밀접한 관계를 유지하는 데 성공한 것이다. 자전거 구매자가 자유와 자전거 타는 것을 어느 정도 연관을 짓는지 고객 설문을 통해 조사해보았다. 결과는 매우 인상적이었다. 즉, 많은 고객들은 이 회사 자전거의 안장에 앉자마자 자유로움을 느낄 수 있었다고 대답했다.

🧩 언제 전투를 해야 전망이 있는지에 대해 알아라

당연히 가격전쟁을 치르는 것도 전략이 될 수 있다. 물론 가격의 차별화는 참여한 모든 회사에 높은 비용을 치르게 할 수 있는데, 하락한 가격은 이윤에 부담을 주기 때문이다. 만일 가격이 바닥까지 내려가면 간단하게 다시 올

리기 힘들다.

　가격전쟁을 치를 때 사람들은 재정적인 자원을 주시해야 하고, 가격경쟁에 몰두하느라 체력을 소모해서는 안 된다. 많은 기업들은 이미 가격전쟁을 치러보았다. 펩시와 코카, 바이서 리제(Weisser Riese, 이 브랜드는 글자 그대로 해석하면 '하얀 거인'이라는 의미가 있다)와 페르질(세탁비누), 모빌콤과 도이치 텔레콤 등이 그런 기업이다.

　가격전쟁도 하나의 전쟁이라는 사실을 우리는 알아야 한다. 손자는, 승리를 거두는 군대의 장군은 "언제 전쟁의 전망이 좋을지, 언제 그렇지 않을지를"(Ⅲ. 17) 반드시 알아야 한다고 가르쳤다. 또 다른 대안으로 이렇게 말했다. "전쟁의 기술 가운데 최고는 적의 전략을 수포로 돌아가게 하는 데 있다. 두 번째로 좋은 것은, 적이 자신의 군대에 접근하지 못하게 방해하는 것이다. 세 번째는 탁 트인 평야에서 공격하는 것이다. 가장 형편없는 수준의 전략은 방어태세를 갖춘 도시를 포위하는 것이다"(Ⅲ. 3). 따라서 그런 전략들은 사람들이 적의 위치를 어떻게 예상하는지, 적과의 충돌을 허용할 수 있을지 없을지에 달려 있다.

　매우 위험한 전략은 경쟁자의 명성이나 이미지를 손상시키려는 시도이다. 그렇게 행동할 수 있는 범위는 넓은데, 가령 경쟁사와 비교하는 광고도 하나의 예가 될 수 있다. 영리하게 제공하기만 하면, 비교하는 광고는 모종의 주의효과를 올릴 수 있다. 하지만 합법과 불법 사이의 경계가 유동적이어서 사람들은 쉽게 미끄러져 패자가 될 수 있다.

　중상모략에 관한 좋은 예는 전화공급자들 사이에서 일어난 사건이 있다. 많은 기업은 공격적인 방식으로 시장에서 자리를 잡으려고 격렬하게 싸웠다. 가격전쟁이 시작되었다. 경쟁자들이 불투명한 요금제를 만들어서 경쟁사뿐 아니라 소비자들도 혼란에 빠트리는 사례도 많았다. 그 밖에 이미지를 손상시키는 광고도 있었는데, 마지막에 가서 그들은 적수가 되어 법정에 섰다. 그와 같은 사업태도는 업계 전체에 손상을 입힌다. 소규모 공급자는 파산하여 활동을 중지해야 한다. 이들보다 규모가 큰 대기업들은 자본이 더 많으니까 살아남기는 하겠지만 높은 부채에 허덕여야 한다.

손자에게 방어를 철저하게 하고 있는 도시를 포위하는 전략은 최악의 방식이다. 왜냐하면 그런 전략은 많은 시간이 걸리고, 시간이 오래 걸리면 재원이 많이 들며 따라서 승자도 높은 비용을 치러야 하기 때문이다. "때문에 분별 있는 장군은 적의 군대와 싸우지 않고 제압해버린다. 그는 도시를 포위하지 않고 정복한다. 그리고 그는 전투를 질질 끌지 않고서 적국을 무너뜨린다"(Ⅲ.6).

🛡 직원들에게 승리의 선서를 시킨다

지혜로운 경영자는 되도록 늘 전쟁을 방지해야 한다. 경영자는 어떻게 직접적인 충돌 없이 헤쳐나가야 할까? 그것은 불가능하다. 어쩌면 가능할지도 모르는데, 만일 탁월한 장점과 능력이 있다면 그때는 가능하다. 능력을 가진 자는 바로 직원들이다. 경영자는 최고의 직원들을 채용하고 이들을 교육시키고 지원해줘야 한다. 이들이 바로 혁신을 성공시킬 수 있다. 경영자는 제품의 품질과 문제의 해결책에 투자를 해야 한다. 바로 이때 그의 능력과 창의력이 요구된다. 경영자는 고객의 또 다른 소망사항을 발견해야 하고 제품도 그에 맞게 좀 더 유용한 형태로 만들어야 한다.

손자에게 직원은 병사들이다. 직원들이 능력을 가진 자들이다. 어떤 장군도 병사들이 없다면 싸움을 할 수도 없고 이길 수도 없다. 어떤 경영자들도

직원들 없이는 행동할 수 없다. 그런데도 마치 직원은 전혀 필요 없는 것처럼 행동하는 경영자가 많다. 경영자들에게 이런 테스트를 해보면 된다. 당신은 직원들 가운데 몇 명을 개인적으로 아십니까? 그들 가운데 이름을 부르는 직원은 몇 명입니까?

직원들은 관리, 보살핌, 애정을 필요로 한다. 좋은 경영자는 훌륭한 심리학자여야 한다. 직원들은 자신들이 해야 할 과제를 이해하고, 충분히 알아야 한다. 직원들은 자신들이 회사에서 어떤 역할을 하며, 어떤 자리에서 어떤 바퀴를 돌리는지를 알아야만 한다. 그리고 직원들은 바로 그런 바퀴도 중요하다는 확신을 가져야 한다. 경영자는 직원들이 그런 믿음을 가질 수 있도록 시간과 정열을 투자해야 한다.

모든 경영자들은 자신의 시간을 어떻게 투자하기를 원하는지 깊이 고민해봐야 하는데, 사실 그 문제는 자신만이 내릴 수 있는 결정이다. 만일 그가 직원들에게 시간을 투자해 그들의 능력을 향상시키면, 그들에게 업무를 더 잘 위임할 수 있고, 이것은 또다시 직원들에게 시간을 투자할 수 있는 시간을 벌게 되는 것이다.

만일 경영자가 이렇게 하지 못하면 나쁜 대안을 선택해야 한다. 즉, 가격전쟁, 다른 회사로 스카우트되는 직원들, 경쟁사 비방하기, 적대적인 인수, 그 밖에 비겁한 술수가 있다. 그런 여러 가지 전략은 실제로 성공할 때도 많다. 하지만 손자에 따르면 그런 전략은 모든 가능성 가운데 가장 마지막에 위치한다고 한다.

🏛 성공과 실패는 장군과 경영자에게 있다

전쟁은 어떻게 치를 것이며, 비용은 얼마만큼 들고 어떻게 전쟁이 끝날지는 바로 경영자의 손에 달렸다. 실력이 없는 장군은 전쟁에 진다. 손자는 장군이 승리를 거둘 수 없게 만드는 세 가지 위험을 정의했다.

첫 번째 위험. "군대가 명령을 따를 수 없다는 사실을 모르고서, 장군이 공격이나 퇴각명령을 내리는 경우이다. 이로써 장군은 군에 족쇄를 채우는 것이다"(Ⅲ. 13).

책임자는 직원들이 실행에 옮길 수 있는 임무만을 부여해야 한다. 그렇게 하려면 현장에서의 조건, 다시 말해 인적 조건과 물적 조건을 자세하게 알아야 한다. 경영자는 임무를 하달하기 전에 직원들이 그 업무를 해낼 수 있는지 어떤지를 검사해야 한다. 임무를 해결하려면 사람들은 특정 능력, 그 부분에 대한 조예, 전문지식이 필요하다. 직원들은 이런 능력을 가지고 있는가? 영업능력이 뛰어난 직원에게 개발업무를 주면 이는 아무런 의미가 없다. 직원은 실패할 것이며 전쟁에 손해를 입히게 될 것이다. 하지만 이때 책임이 있는 사람은 직원이 아니라 자신의 재원을 올바르게 투입하지 못한 경영자이다. 바로 여기에서 오해가 자주 발생하며, 회사의 일상을 들여다보면 더욱 복잡 미묘할 때가 많다. 중요한 것은, 경영자는 직원들의 능력을 자세하게 알고 그에 맞는 업무를 주는 것이다. 그와 같은 경우에 직원들은 동기를 부여받고 열정적으로 일에 몰두하지만, 그렇지 않은 경우 경영자는 승리를 위태롭게 할 뿐이다.

두 번째 위험. "특수한 상황을 신뢰하지 않고서 장군이 군의 세부적인 행

정에 개입할 경우이다. 이로써 장군은 병사들을 혼란에 빠트린다"(Ⅲ. 14).

기업이란 협회도 아니고 종교단체도 아니며 가족이나 단골손님들의 모임도 아니다. 기업에는 질서가 잡혀 있어야 한다. 손자는 느슨한 리더십을 반대했고 자의적인 행동, 뒤죽박죽, 목표가 없는 것도 반대했다. 전쟁 중인 군대, 경제라는 과정에 들어가 있는 기업은 분명한 목표를 가진 형태이고 이 목표에 다른 모든 것이 종속된다. 잘 돌아가는 기업이라면 규칙, 규정, 그리고 목표를 달성하고 직원들의 단결에도 유용한 공정의 순서를 잘 알고 있을 것이다. 팀장 한 사람이 다른 사람들보다 더 많은 자유를 누리면 불확실, 시기심, 한정된 성과만이 결과로 나타난다. 보상과 지원은 이를 받지 못하는 사람도 이해하고 받아들일 수 있을 정도로 합당해야 한다. 투명하게 관리하고 수용한 규칙을 유지하면 이로써 질서와 동기도 만들어진다. 분명하게 정의된 목표와 전략을 따른다는 점에서 기업의 관리는 다른 단체의 관리와는 본질적으로 다르다. 기업에는 전문가적인 조건들이 지배적이다. 이와 같은 방향설정이 없고 관리에도 투명함이 없으면, 직원들은 불안해하고 행동도 잘 못한다.

세 번째 위험. "상황에 적응해야 하는 원칙을 신뢰하지 않고 전략적인 전술에 개입할 경우이다. 이로써 장군은 병사들의 신뢰를 뒤흔들어놓는다"(Ⅲ. 15).

규칙과 규율이 정해져 있더라도 상황에 따라 적절한 행동을 해야 할 필요는 있다. 이 말은 보상이나 처벌과 관련시킬 수 있다. 또한 특별한 환경에서 개인의 행동과도 관련시킬 수 있다. 적이 야영지 바로 앞에 있으면 일상의 리듬은 바뀌게 된다. 장교들은 질서를 주어진 여건에 맞게 운용해야 한다. 경영자는 상황에 맞게 규칙을 없앨 수도 있어야 한다. 그렇게 해야만 경영자는 직원들의 혁신력을 동원할 수 있다. 그리고 이런 직원들은 경영자가 경쟁 회사들과 설득이라는 전쟁을 치를 때 필요한 사람들이다.

직원들은 회사의 가장 중요한 재산이다. 하지만 회사의 성장에 책임을 지는 사람은 경영자이다. 오늘날에는 많은 것이 변하는 것처럼 보인다. 경영자라는 사람이 회사를 망하게 하여 많은 배상금을 지불하고, 직원이라는 사람은 사회보장금을 받으려고 실직을 한다. 경영자에게는 어떤 책임이 있고, 직원들에게는 또 어떤 책임이 부여될까? 많은 회사들은 직원들을 배려하는 행동들이 회사 외부에 광고의 효과가 있다고 믿는다. 그리하여 이런 고백이 광고 팸플릿을 장식하곤 한다. 하지만 유감스럽게도 회사의 일상에서 그와 같은 배려는 실천되지 않는다. 이는 어느 날 엄청난 비용을 유발하고, 승리는 저 멀리로 사라진다. "하지만 군이 당황하고 신뢰를 갖지 않으면, 이웃의 군주가 위협하게 될 것이다. 그리하여 군은 무질서해지고 승리의 기회는 사라진다"(Ⅲ. 16).

🐎 장군은 다섯 가지 전제조건을 충족시켜야 한다

경영자는 이제, 어떻게 하면 승리를 거둘 수 있는지 안다. 손자(Ⅲ. 17)는 다시 한 번 승리를 거둘 수 있는 다섯 가지 전제조건을 요약했다.

첫 번째 전제조건. "장군은 언제 전쟁의 전망이 좋을지 언제 그렇지 않을지를 알아야 한다"(Ⅲ. 17).
정확한 시점이란 주식의 매도와 매수 때에만 결정적으로 중요한 것이 아

니다. 전략을 실행에 옮길 때 역시 정확한 시점은 중요하다. 전략은 정확해야 하고 충분히 생각해야 하며, 만일 잘못된 시점에 실행으로 옮기면 효과가 나타나지 않을 수 있다. 특히 놀라고 당황한 순간에 짠 전략은 늘 그렇다. 이런 전략의 경우에는 타이밍이 가장 중요한 기준이다. 물론 경쟁자에게 그 전략이 알려져서는 안 된다. 그렇지 않으면 승리는 이미 사라져버린 셈이 되므로 전쟁을 하지 않는 편이 훨씬 낫다.

두 번째 전제조건. "장군은 장점과 약점을 적절하게 투입할 줄 알아야 한다."

모든 것을 할 수 있는 사람은 어떤 회사에도 없다. 경영자의 중요한 임무는 직원들의 능력을 알고 그들에게 알맞은 업무를 위임하는 것이다. 이렇게 하면 직원들에게 동기부여도 되고 실제로 성과도 매우 좋다.

세 번째 전제조건. "장군은 군의 모든 계급에게 목표를 선서토록 해야 한다."

이와 같은 충고도 오래된 지혜이다. 경영자들은 항상 직속 관리자들하고만 목표를 함께 선서하는 데 익숙해져 있다. 이 선서를 한 관리자들은 필요하다고 생각이 되면 부하직원들에게 선서에 대해 전해줄 수 있다. 이렇게 되면 소식은 조각조각이 나버린다. 그리하여 직원들은 매우 다양한 말을 듣게되는 것이다. 직원들은 경우에 따라서 공동의 목표가 무엇인지 모를 수도 있다. 그와 같은 경우에 회사는 큰 기회를 허비하는 것이며, 동기를 부여하고자 하는 시도는 마치 먼지처럼 공기 속으로 사라져버린다. 모든 직원들이 회사의 전략적 목표에 대해서 알고, 그 목표를 추구할 때 자신에게 배당된 역할을 정확하게 정의할 수 있어야 한다. 모든 직원은 행동할 때와 승리를 거두었을 때도 동참해야 한다. 직원들과 상관들의 임무와 책임을 기록해 둔 피라미드 모양의 그림이 있다.

나는 아직도, 이케아(Ikea)가 독일 시장에서 어떻게 자리를 잡았는지 잘 기억하고 있다. 당시에만 하더라도 이케아에서 일하는 모든 직원들이 회사의 목표를 알고 이를 가슴에 새겨두고 있다는 사실이 사람들에게 매우 인상적이었다. 모두가 회사의 목표를 위해 함께 일하는 것 같았다. 모두들 고객의 비위를 맞추고자 했고 물론 이로써 돈을 벌고자 했다. 이것이 이케아를 성공하게 만들었다.

네 번째 전제조건. "장군은 적보다 준비를 더 잘해야 한다."

준비에 관해서는 이미 다루었다. 준비만큼 중요한 것이 바로 인내심이다. 많은 회사들은 전략과 조직개편에 관해 알리고 나서 엄청나게 서두른다. 그러면 실행에 제동이 걸릴 수 있는데, 출발신호를 적시에 보내지 않았기 때문이다. 오늘날에는 인내할 줄 아는 경영자가 거의 없다. 우리 시대의 슬로건은 바로 서두름이다. 하지만 서두르다 보면 아주 큰 실수를 저지르게 된다. 그러면 승리를 쉽게 경쟁자에게 넘겨줘야 한다.

다섯 번째 전제조건. "장군은 탁월한 군사적 능력을 소유해야 한다. 그의 군주는 장군에게 자유 재량권을 베풀어야 한다."

이 말은 경영자에게는 무슨 뜻이 될까? 전문적으로 능력이 있고 리더십이 강하며 자신의 임무에 해당되는 범위 안에서 자유롭게 행동할 수 있는 자는 성공할 것이라는 말이다. 회사는 경영자에게 어떤 자유를 줄까? 경영자는 필요한 재원을 마련할 수 있는 자유가 있을까? 아니면 어떤 직원들이 경영자 소속이라고 인사부가 정해주는 것일까? 경영자의 자유는 관료주의의 골짜기보다 위에 있을까 아니면 그 반대일까?

이로써 모든 직급에는 다음과 같은 사실이 유효하다. 즉, 경영자는 직원들

의 능력에 대해서 명확히 알아야 한다. 만일 경영자가 직원들의 능력에 맞게 업무를 배분해주면, 이로써 직원들은 자유와 재원을 가지고 업무를 독자적으로 행해야 한다. 경영자는 언제라도 그들을 지원할 수 있어야만 한다. 하지만 작업단계마다 강요해서는 안 된다.

손자는 이렇게 생각했다. 적당한 시점을 알고, 자신의 재원을 목표에 맞게 투입할 수 있으며, 직원들을 동원할 줄 알며, 준비를 잘하고서 기다릴 줄 알고 행동의 자유를 가진 경영자는 이길 것이라고 말이다. 자신의 장점은 물론 약점도 모르고 경쟁자에 관해서도 아무것도 모르는 경영자는 자신의 회사를 불행하게 만들지 말고 차라리 집에서 잔다나 깎는 것이 낫다. 자신의 회사는 아주 잘 알지만 경쟁과 시장에 대해서 모르는 사람은 도박꾼이다. 이런 경영자는 행동을 할 때 조심해야 한다. 의심이 들 경우에는 행동을 시작하기 전에 전문적 지식이나 시장 지식을 얻을 수 있도록 자문을 구하는 것이 낫다. 자신에 관해서는 물론 경쟁에 관해서 광범위한 지식을 가진 경영자는 자신을 행복하다고 평할 수 있다. 그런 경영자는 경쟁을 전혀 두려워할 필요가 없다(Ⅲ. 18).

🦫 모공편과 관련된 인용문

전략적인 계획은 가치가 없다. — 만일 사람들이 우선 전략적인 비전을 가지고 있지 않다면 말이다.

- 존 네이스비츠(John Naisbitt, 1930), 미국의 미래연구가.

전략적 비전이란, 사람들이 도달하고자 하는 것에 대한 분명한 모습이다.
- 존 네이스비츠(John Naisbitt, 1930), 미국의 미래연구가.

생각만으로는 아무 것도 움직일 수 없고, 목표를 겨냥한 실용적인 생각만이 그렇게 할 수 있다.
- 아리스토텔레스(Aristoteles, 기원전 384~322), 그리스의 철학자.

머릿속에서만 연주되는 만족감이 있다: 생각.
- 가브리엘레 보만(Gabriele Wohmann, 1932~), 독일의 여성 작가.

생각은 인간이라는 종이 갖는 가장 큰 즐거움이다.
- 베르트 브레히트(Bert Brecht, 1898~1956), 독일 작가이자 연출가.

생각은 모든 작업 가운데 가장 어려운 작업이다. 아마 그래서 생각에 몰두해 있는 사람들이 소수일 것이다.
- 헨리 포드(Henry Ford, 1863~1947), 미국 실업가, 포드 모터 컴퍼니의 설립자, 1903~
  1919년과 1943~1945년에 포드 자동차 회사 회장 역임.

단순하게 생각한다는 것은 신의 선물이다. 단순하게 생각하고 단순하게 말하는 것은 신이 주신 이중의 선물이다. 생각하고 말하기가 단순해지도록 사람들은 사물을 깊게 봐야 한다.
- 콘라드 아데나우어(konrad adenauer, 1876~1967), 독일의 정치가(기민당), 1949~
  1963년 독일 초대 수상.

최고의 진리들은 항상 단순하지 않은가? 예를 들어 십계명도 단순하지만, 그런데도 그것은 수천 년을 존속한다.

- 앙드레 코스톨라니(Andre Kostolany, 1906~1999), 미국의 주식투자자, 헝가리 출신의 칼럼니스트이자 저자.

04 전술_ 형편(形篇)
승리를 거둘 수 있는 전술은
실수를 막아주고 위험도 제거한다

승리와 패배의 책임은 장군에게 있고, 회사의 성공에 대한 책임은 경영자에게 있다. 그가 손가락으로 다른 사람을 지적한다고 해서 책임을 전가할 수 없다. 그와 그의 행동은 승리와 패배에, 사업상의 성공이나 손실에 결정적이다. 실패든 성공이든 그에 대한 책임을 떠안을 준비가 되어 있다면, 그는 성공적인 행동에 대한 월급을 챙겨가도 된다.

손자는 말했다. "지혜로운 전사는 쉽게 승리를 획득한다. …… 그는 실수를 방지함으로써 전투에서 이기는 것이다. 그가 실수를 방지하는 가운데 승리는 확고해지는데, 왜냐하면 적은 이미 그전에 패했기 때문이다"(Ⅳ. 11, 13). 영웅심, 힘, 적당한 시점에 떠오르는 현명한 계시가 중요한 게 아니라, 승리를 얻는 게 중요하다. 그러니까 전술을 탁월하게 선택함으로써 말이다.

개인의 용기도 물론 필요하다. 경영자의 용기란 적극적인 참여, 규율과 열정을 쏟는 능력이 될 수 있겠다. 그러니까 전쟁이 끝날 때까지. 하지만 용기만으로 모든 것이 해결되지는 않는다. 경영자는 실수를 해서는 안 된다. 이는 매우 까다로운 요구사항이다. 이런 요구사항은 충족될 수 있을까?

CEO를 위한 손자

어쩌면 우리는 손자의 말을 빌려, 경영자는 우선 모종의 전제조건을 갖추어야 한다고 요구할 수 있다. 가령 지능, 지식, 경영이론에 대한 지식 같은 것들이다. '탁월한 군사적 능력'(Ⅲ. 17)은 뛰어난 리더십으로 이해할 수 있으며, 사실 뛰어난 리더십이 없으면 경영방법에 관한 모든 지식은 아무 소용이 없다. 그러나 그것만 있으면 실수하지 않고 일할 수 있다는 보장이 있을까? 어떻게 하면 그렇게 될 수 있을까?

自 자신을 공격하지 못하게 한다

손자의 요구, 즉 되도록 실수를 하지 말라는 요구에 딱 들어맞는 전략이 있다. 이 전략은 이름도 있는데, '제로 - 실수 - 전략'이라고 한다. 이 전략에는 숨겨진 난관이 있는데, 사람들은 이 전략을 항상 이용할 수 없다는 점이다. 왜냐하면 실행하는 데 비용이 많이 들고 이윤의 손실을 가져오기 때문이다. 만일 사전에 안전이 보장되어 있고, 인간의 생명이 상실될 위험이 있으며, 이윤을 추구하는 자유 시장의 관점에 지배받지 않고 비용을 고객에게 전가할 수 있으면 그때는 제로 - 실수 - 전략을 사용할 수 있다. 아주 좋은 예가 핵경제이다. 핵발전소의 건설, 가동과 유지에는 바로 그와 같은 제로 - 실수 - 전략을 따르는데, 어떤 실수든 그 지역을 폐쇄된 구역으로 만들어버릴 수 있기 때문이다. 그와 같은 경우에 사람들은 안전과 성공을 위해 좋은 충고도 많이 듣고 조심스럽게 투자한다. 여기에서 안전과 성공을 위해서라는 말은, 시스템들이 여분으로 설치되어 있다는 뜻이다. 제1시스템이 더 이상 작동하지 않으면 사람들은 자동적으로 잉여 시스템을 가동할 수 있다. 이와 같은 안전장치기술은, 여러 개의 여분 시스템을 연달아 가동시킴으로써, 이론적으로 계속 개량할 수 있다. 그렇기는 하지만, 누가 여분에 드는 비용을 지불하는가? 여분비용을 전기세로 부과할 수 있고 전기세는 어느 정도 가계로부터 즉각 거두어들일 수 있는 한, 사람들은 제로 - 실수 - 전략을 따를 수 있다. 하지만 전기 공급이 경쟁관계에 있게 되면 시장 조건도 변한다. 그러면 고객들은 더 싼 공급자에게로 이동할 것이다. 심지어 독점업자는 비용을 내려야 하고, 여분의 비용은 이제 거두어들일 수 없게 된다. 어떤 경쟁 상태든 여분을 포기하게끔 강요한다. 경우에 따라서 이런 상황은 안전을 위협할 수 있다.

제로 - 실수 - 전략은 또한, 후속적 재정 부담이 많이 생기는 그런 분야에 투입되면 의미가 있다. 다리 건설에 이 전략을 적용해보면, 만일의 실수를 인지하고 이를 줄이기 위해, 다리를 건설하기 위한 통계학적 계산을 이중으로 해야 할지를 사람들은 깊이 고민하게 될 것이다.

경영자는 중요한 활동을 여분으로 실행하라는 결정을 할 수 있다. 이렇게 함으로써 사건이 터진 다음에 들어가는 비용을 막을 수 있다. 물론 전체 비용은 올라간다. 한 명의 경영자는 어느 정도의 위험을 허가할 수 있을까?

만일 회사를 하나 인수하여 기업연합에 소속시키고자 하면, 좋은 충고도 듣고 두 명 혹은 그 이상의 전문가들에게 평가를 요청하고 이를 비교해야 한다. 만일 공급계약을 중국어로 체결해야 한다면, 두 명의 번역가에게 계약서를 번역하도록 하고, 두 사람의 번역이 서로 차이가 나면 이를 상세하게 토론하는 것이 아마 더 나을 것이다.

만일 사람들이 제로 - 실수 - 전략을 제대로 실행하고 싶으면 우선 과제의 리스크부터 분석해야 한다. 경영자는 자신의 작업과제 뒤에는 어떤 위험이 숨어 있는지를 알아야 한다. 그는 여분이 얼마나 비싼지를 알아야 하는 것이다.

여분은, 즉 이중 작업은 직원의 우수성 혹은 추가로 투입한 사람의 우수성에 달려 있다. 그 사람이 자격 있고 믿을 만하면 할수록, 그만큼 이중 작업의 필요성이 줄어든다. 왜냐하면 위험이 줄어들기 때문이다. 따라서 여기에서 또다시 직원의 능력이 중요하다.

하지만 여기에서 한 걸음 더 나아가보자. 제로 - 실수 - 전략에 근접하기 위해 직원들에게 어떻게 이중 작업을 시킬 것인가? 경우에 따라 핵심 능력에 해당하는 분야에는 직원을 여러 명 투입함으로써 단 한 사람의 전문가에게 맡기지 않도록 한다.

제로 - 실수 - 전략은 까다로운 과제이다. 그리고 이처럼 수준 높은 요구는 항상 필요하지도 않다.

손자는 이렇게 말했다. "지혜로운 전사는 자신을 공격할 수 없는 위치에 가서, 적을 때려눕힐 수 있는 기회를 기다린다"(Ⅳ. 14). 이런 사람은 전략과 전술에 관해 생각을 하며, 한 단계씩 앞으로 나아간다. 그는 위험이 일어나지 못하게 하고 특정 전술을 결정하고 나서 공격한다. 따라서 그는 자신의 구상을 검사해서 상대에게 지는 일이 없도록 한다. 오늘날의 경영세계에서도 그와 같은 방법론이 있다. 제외 - 전략은, 결정의 상황에는 항상 여러 가지 대안들이 있다고 본다. 경영자는 어떤 대안을 선택해야 할까? 그는 제외시킴으로써 선택을 하는 것이다. 그는 가장 실패할 것 같은 대안을 제일 먼저 제외하고 배제한다. 제외 - 전략은 이른바 '마지막으로 남게 되는' 하나의 대안으로 사람들을 이끌어간다. 이 제외 - 전략에 따르면, 마지막에 남는 대안이 적절한 해결책이다. 그것을 선택해야 하는 것이다. 이는 1차원적인 과정이 아니다. 이 과정은 적의 움직임에 달려 있다. 따라서 매번 상황을 고려해 새로운 선택을 해야 한다. 그렇듯 선별의 전략은 경우에 따라서 계속 진행되는 과정이 된다.

왜냐하면 이제 충고의 뒷부분이 나오기 때문이다. "…… 적을 때려눕힐 수 있는 기회를 기다린다"(Ⅳ.14). 그러므로 제외 - 전략은 실행과 연계해서 봐야 한다. 경영자는 적을 이기기 위해서 적당한 기회를 인식하고 이를 이용해야 한다.

🈺 요구사항을 너무 까다롭게 설정하지 않는다

실수를 방지하고 자신을 공격하지 못하게 하라고 손자는 가르쳤다. 물론 이는 매우 많은 비용이 들어가는, 완벽을 지향하는 요구이다. 하지만 이것이야말로 손자의 성공이 감춰둔 비밀이었을지도 모른다. 어쩌면 이것이 성공을 거두는 사람들의 비밀일 수도 있다. 즉, 다른 사람들보다 더 철저하고 세심하게 일하고, 더 신중하게 행동하는 것 말이다. 어떤 사람은 '전략적인 사고'를 통해서 그렇게 할 수 있을 것이고, 또 어떤 사람은 실수를 전혀 하지 않을 만큼 자신은 완벽하지 않다는 인식을 갖게 될 것이다. 따라서 이런 사람은 실수를 염두에 둬야 한다. 그렇다면 이런 사람은 손자와 반대의 입장에 있을까? 반드시 그렇지는 않다. 손자는 우선 경영자의 자세에 대해 호소하는 것이다. 경영자는 가능하면 실수 없이 일을 하겠다는 수준 높은 요구를 자신에게 해야 한다. 이런 요구가 충족되지 않는다는 점을 알아차리게 되면 사람들은 오히려 가능하면 철저하게 일을 하려고 노력하게 된다.

경영자는 끊임없이 자신의 시각, 자신을 헌신할 각오를 갈고 다져야만 한다. 온몸을 바치겠다는 굳센 의지는 많은 에너지를 내포하고 있다. 손자는 정복자들의 돌진하는 힘을 깊은 계곡 밑으로 떨어지는 우레와 같은 물소리에 비교했다. 전쟁의 힘, 실행의 힘은 모든 장애물을 싹 쓸어버릴 수 있을 만

큼 커야 한다.

결정을 하고 행동을 할 때 너무 시간을 지체하는 경영자들이 참으로 많다. 하지만 적절한 결정은 적당한 시점에 내려야만 한다. 무엇이 경영자를 머뭇거리게 만드는 것일까? 그들은 아직 결정을 내리기에 충분하지 않다고 느끼는데, 결정을 내릴 수 있을 만큼 충분한 정보가 없기 때문이고 지금 내린 결정이 잘못된 결정이 될까봐 두려워하기 때문이다. 하지만 바로 그와 같은 머뭇거림이 실수일 가능성이 있다.

충족시킬 수 없는 요구라면 어떻게 하나? 어쩌면 사람들은 요구사항의 수준을 낮추거나, 어느 정도의 위험을 감수해야 할 것이다. 실수 없이 일한 사람이 승리를 거둔다는 손자의 말은 맞는 말이다. 하지만 사람들은 실수가 없었다는 점을 나중에 가서야 알게 된다. 그리고 아무런 결정을 내리지 않았기 때문에 아무것도 하지 않는 사람은 어떠한 경우에도 진다.

이로부터 실용적인 '80 대(對) 20 전략'이 나왔다. 이 전략에 따르면 사람들은 실수를 하나도 범하지 않으려고 노력하는 것이 아니라 80퍼센트만 완벽해도 만족한다. 가령 어떤 구상을 수립할 때이다. 사람들은 완벽주의로부터 20퍼센트 부족하더라도 이를 받아들인다. 이를테면 일본의 자동차 생산업체들은 바로 이와 같은 전략을 따름으로써 성공을 거두었을 수 있었다.

사람들은 이 전략을 굳이 제로 - 실수 - 전략의 반대라고 이해할 필요는 없다. 어쩌면 경영자가 성공을 거두고 장군이 승리를 거두는 이유는 어느 정도 순간의 솜씨 덕분일 수도 있다. 이들은 준비를 잘하고, 이미 존재하는 실수의 가능성도 알고 있으며, 무엇이 기회이고 무엇이 위험인지도 안다. 그리고 마지막으로 행동해야 하는 순간이 왔다는 걸 안다. 성공을 거둔다는 것은 적시에 출발한다는 의미도 있다. 이때 흔히 100퍼센트 완벽주의는 방해가 된다.

'자전거 주식회사'의 직원 한 사람이 혁신적인 브레이크 시스템을 새로이 개발했다. 개발팀 팀장은 흥분하여 경영진에게 정보를 알렸다. 경영진은 회사에서 최고의 직원들로 구성된 조사팀을 투입했다. 그런데 불행하게도 최고의 직원들은 다른 직원들보다 점점 더 할 일이 많아졌다. 어쨌거나 그들은 새로운 브레이크 시스템을 최종적으로 판단할 시간이 없었다. 그리하여 테스트는 다른 팀에 위임되었다. 하지만 이 팀 역시 제대로 작동이 되지 않았는데 책임자를 정하지 않았기 때문이다. 그리하여 새로운 브레이크 시스템에 대해 판단을 내릴 정도가 되기까지 참으로 오랜 시간이 걸렸다. 마침내 외부로부터 결정을 빨리 하라는 압박을 받게 되었다. 즉, 경쟁사가 어느 날 비슷한 시스템을 시장에 내놓았던 것이다. 이제야 비로소 개발품은 필요한 속도를 얻었다. 하지만 많은 시간이 흘러가버렸고 경쟁우위는 이미 남의 얘기가 되어버렸다.

🏯 실행은 모순 없이 진행시킨다

손자는 전술의 개발과 실행은 다섯 단계를 필요로 한다고 가르쳤다. "…… 첫 번째는 측정이고, 두 번째 단계는 계산, 세 번째 단계는 예측, 네 번째는 신중한 검토, 마지막 단계가 승리이다. 땅(구조)은 측정을 낳고, 측정은 계산을 낳고, 계산은 예측을 낳고, 예측은 신중한 검토를 낳고, 신중한 검토는 승리를 낳는다"(Ⅳ. 17~18). 이보다 더 상세하게 서술하면 다음과 같다.

■ 손자에 따르면, 처음에는 분석이 있다. 상대의 능력이 무엇인지 분석하는 것이다. 측정을 통해서든 아니면 대략적인 추정을 통해서든, 모든 중요한 측면에서 자신의 재원도 파악해야 한다.

- 그런 뒤에 계산을 한다. 측정한 개별 결과들을 연관시키고 비용에 관해 전반적인 진술을 한다.
- 계산한 결과를 근거로 해서 기회를 정확하게 고려하고, 위험을 확인한다. 즉, 사람들은 준비를 잘한 것일까, 모든 힘을 투입했는가?
- 앞 단계에서 실수를 범하지 않았다면 다섯 번째 단계, 즉 승리는 거부할 수 없이 따라온다.

오로지 실수 없이 행동하는 최고의 장군들만이 승리한다. 여기에 뭔가 보충을 해야 한다. 즉, 오로지 실수 없고 인내심이 있는 장군들만이 승리한다고 말이다. 일상에서 사람들이 항상 경험할 수 있는 것이 있다. 얼마간의 시간이 지나면 힘이 빠지고, 다른 결정들이 우선순위로 자리를 잡고, 완전한 승리를 얻기도 전에 재원을 빼앗기고, 장군은 너무 빨리 용기를 잃게 되는 그런 경험이다. 흔히 좋은 경영자들도 언젠가 손을 놓는 경우가 있다. 전략의 실행도 대기 중이고, 경영자는 콘셉트를 마련해야 하지만 아무것에도 흥미가 없다. 일만 한 것 같고 아무 것도 받아들일 수 없는 상태가 되는 것이다. 이럴 때 경영자들은 무엇을 할까? 여행도 괜찮고, 납품업자와 고객을 방문해도 된다. 이런 사람들과의 대화는 동료나 직원들과의 힘든 면담과는 달리 훨씬 단순하다. 그렇게 경영자들은 세상을 돌아다닌다. 그런 뒤에 회사에 돌아오면, 자신이 없더라도 회사에는 아무 일도 일어나지 않았다는 사실을 확인할 수 있다. 이는 곧 또다시 여행을 갈 수 있는 계기이기도 하다. 하지만 이런 경영자는 전쟁터에 가서는 안 된다. 이들은 이미 패배했으니까.

실수의 방지는 이미 저지른 실수를 인정하는 것으로 시작한다. 이는 손자와 모순되지 않는다. 경영자는 실수를 인정하지 않으면 자신의 실수로부터 결코 배우지 못한다. 실수를 인정해야만 자기 행동의 결과에 책임을 질 수 있으며, 그렇게 해야만 실수 없이 행동하고 그리하여 승리를 거둘 수 있다.

이는 지극히 단순한 단계로 시작한다. 즉, 경영자들은 자신의 행동과 또 실수에 대한 책임을 떠맡을 준비를 해야 한다. 물론 대단한 행동이나 재난에 해당될 수 있는 행동만 생각할 필요는 없다. 그러나 경영자는 만일 직원들을 아무런 소용도 없는 교육과정에 파견했다면, 이로써 돈과 직원들의 동기조차 낭비한다면 그 책임을 떠안아야 한다. 책임은 아주 작은 것에서 시작된다. 손자는 무슨 말을 했을까? "지혜로운 장군은 도덕적인 법칙을 지키고 방법론적인 규칙을 따른다. 그리하여 승리와 패배의 결정은 그의 손에 있다" (Ⅳ. 16).

경영자는 인격을 바탕으로 도덕적인 권리를 얻는다. 여기에서 중요한 것은 그의 고결함인데, 사고의 일치 혹은 말과 행동의 일치이다. 나약한 경영자를 신뢰할 수 없는 것은 그들의 말과 행동, 요구와 행동이 일치하지 않기 때문이다. 나약한 경영자들은 계획하는 것을 그만두지 못해 끊임없이 계획만 짜고, 계획을 실행에 옮기지 않을 위험에 빠지기 쉽다. 그들은 두려움을 가지고 있고 계획을 실행에 옮겼을 때 개인적으로 책임을 지고 싶지 않은 것이다.

전략과 전술적인 실행과 관련해서 일단 내린 결정은 실행에 옮겨야 한다. 그런데 항상 그렇지가 못하다. 주된 원인은 계획이 순전히 머리에서만 나왔기 때문이다. 이런 계획은 대체로 실수하기 쉽다. 실행에 옮겼을 때의 모든 영향들을 고려하지 않기 때문이다.

이미 첫 번째 계명(계획)에서 이에 관련된 증거를 찾아볼 수 있다. "나의 충고를 듣고 이를 넘어서서 너에게 제공되는 행복한 조건을 모두 이용하라. 너의 계획을 그것에 맞게 바꿀 준비를 하도록 하라"(Ⅰ. 16~17).

🗣 전술과 용기에 관련된 인용문

미국의 대통령 해리 S. 트루먼(민주당원)이 한번은 공화당원에 관해서 이렇게 말했다고 한다. "당신들의 전술은 이런 것이지요. 만일 네가 사람들을 네 뒤로 데려갈 수 없으면, 적어도 그들을 뒤죽박죽으로 만들어라!"
- 미상

어떤 생각이든 특정 순간에 이미 생각했던 것과 이제 어울려서는 안 되며, 현실을 뚫고 나가야 한다. 그래야만 어떤 생각이든 진작될 수 있다.
- 알베르트 아인슈타인(1879~1955), 독일과 미국의 물리학자, 1921년 노벨물리학상 수상.

수영을 배우기 위해 나는 물속으로 들어가야 한다. 그렇지 않으면 나는 아무것도 배울 수 없다.
- 아우구스트 베벨(August Bebel, 1840~1913), 독일의 정치가, 독일 사민당 창당멤버 이자 당수.

가능한 것이 발생할 수 있도록 항상 불가능한 것이 시도되어야 한다.
- 헤르만 헤세(Herman Hesse, 1877~1962), 독일의 작가, 1946년 노벨문학상 수상.

용기 있는 단 한 사람이야말로 바로 다수이다.
- 앤드류 잭슨(Andrew Jackson, 1767~1845), 미국의 정치가, 미국 제7대 대통령 (1829~1837).

1파운드의 용기는 1톤의 행복보다 더 가치 있다.

- 제임스 A. 가필드(James A. Garfield, 1831~1881), 미국의 정치가, 미국 제20대 대통령(1881).

두들겨 맞아서 멍이 든 적이 없는 투사는 싸울 만큼 큰 용기를 내지 못한다. 하지만 넘어질 때마다 다시 일어서는 투사는 커다란 희망을 품고 링에 올라간다.
- 세네카(기원전 4~서기 65), 로마의 시인이자 철학 관련 작가.

용기는 무엇보다 용기를 갖고자 하는 의지에서 나온다.
- 앨런 키(Ellen Key, 1849~1926), 스웨덴의 여성 작가.

05 전쟁의 수행_ 세편(勢篇)
방법론과 멋진 작전 행동으로 승리하라

사람들은 어떻게 승리를 할까? 힘을 모으고, 적당한 시점을 결정하여 모든 힘을 투입하면 된다.

손자는 이렇게 말했다. "엄청난 군사를 지휘하는 일과 작은 군사를 지휘하는 일은 다르지 않다. …… 그것은 분할의 문제이다. …… 그것은 약속한 깃발과 신호의 문제이다. 만일 군대가 적의 돌격에도 손상을 입지 않고 끄떡없이 버티고자 한다면 직접적인 방법과 간접적인 방법을 투입해야 한다. 군대가 마치 숫돌로 계란을 치듯 적을 치고자 한다면, 강점과 약점이라는 방법론을 잘 다룰 수 있어야 한다"(V. 1~4).

이 시점에서 우리는 방법론을 다뤄야 한다. 우리는 어떤 방법으로 승리를 거둘 수 있을까?

🛡 직접적인 작전 행동과 간접적인 작전 행동

당연히 모든 사람은 승리를 원할 것인데 그렇지 않다면 전쟁, 경기, 경쟁을 하지 않을 것이다. 승리를 확보해주는 그런 방법이 있을까? 손자에 따르면 그것은 바로 직접적인 작전 행동과 간접적인 작전 행동을 어떻게 조합하느냐에 달려 있다. "전쟁에서 직접적인 방법은 힘을 하나로 모으는 데 사용되며, 간접적인 방법은 승리를 확보하는 데 이용된다"(V. 5). 손자는 조합의 다양성이 커다란 힘이라고 말했다. 이로써 하나의 방법만 있는 것이 아니라 조합을 통해서 여러 가지 가능한 작전 행동이 있게 된다. "다섯 가지 음밖에 없지만 이로부터 조합된 멜로디는 수도 없이 많아서, 우리는 결코 모든 멜로디를 들을 수 없다. 다섯 가지 색깔밖에 없지만 …… 이로부터 조합된 무늬는 너무나 많아서, 우리는 그 모든 무늬를 볼 수 없다. 다섯 가지 맛밖에 없지만 …… 이로부터 조합된 맛의 인상은 너무나 많아서, 우리는 그것 모두를 결코 맛볼 수 없다"(V. 7~9). 그때그때 상황에 따라 방법을 적절하게 조합한다.

전쟁터를 예로 들어보자. 가장 최근의 이라크 전쟁에서, 미국 전투기는 직접적인 공격방법을 완벽하게 다룰 줄 안다는 것을 보여주었다. 미국인들은 군사적인 우위로 적을 이겼다. 그들은 병사, 물자와 기술에 투자했고 승리를 거두었다. 그러나 너무나 놀랍게도 미국인들은 전쟁을 준비하지 않았고, 사실 직접적인 방법을 잘 다루었지만 승리를 확보할 필요성에 대해서도 전혀 준비하지 않은 것 같았다. 그렇게 하기 위해 필요한 간접적인 방법을 그들은 충분히 잘 다루지 못하는 것 같았다. 그리하여 미국인들은 승리를 확보하는 데 어려움이 있었다. 손자는 우리에게, 직접적인 방법과 간접적인 방법에 통달해야 하고 이 방법들의 순서를 잘 정해야 한다고 가르친다.

經 경영자를 위한 리더십 방법론

이는 경영자에게 무슨 뜻일까? 경영자는 리더십을 발휘할 때 다양한 방법에 통달해야 한다. 지도하는 방식은 업무와 상황에 따라 달라진다. 예를 들어, 고객유치팀을 이끄는 경영자는 아마도, 청산(淸算)팀을 지도하는 경영자와는 다른 방법으로 일을 할 것이다. 공급단계에서 사람들은, 고객의 바람을 충족시켜주고 자신의 회사에 대한 긍정적인 상을 전달해주려고 노력할 것이다. 많은 문제는 직접 가거나 프레젠테이션의 방식으로 해결될 수 있다. 이와 관련해서 직원들은 무엇보다 전문적인 커뮤니케이션 능력을 가져야 한다. 그들은 고객에게 믿을 수 있는 해결책을, 그러니까 총체적인 해결책을 제공할 수 있는 그야말로 만능선수인 것이다. 이와 반대로 청산팀은 실행을 확실하게 할 줄 알아야 한다. 여기에서는 일과 관련된 문제만을 해결하는 것이 우선이다. 그리하여 이런 일을 하는 직원들에게 전문적인 능력은 결정적으로 중요하다. 그들이 내리는 모든 결정은 즉각 실행된다. 그들의 해결책은 모두 작동이 되어야 하는데 그렇지 않으면 팀의 전반적인 콘셉트가 의문시된다.

만일 한 명의 경영자가 기업연합을 세워서 상권을 확장하고, 하나의 회사를 청산해 회사의 규모를 줄이고, 직원들을 해고하는 과제를 맡을 직원들을 자신의 동료로 채용한다면, 그는 분명 다른 방식으로 일을 하게 될 것이다.

임무가 다르면 방법론도 철저하게 차이가 나는 것일까? 경영자는 다른 요구 사항에 적합해야 할까? 어떤 업무는 성공적으로 해내고 다른 업무는 실패하는 경영자가 있을까?

손자는 방법을 표현하는 것이 다를 뿐 기초가 다른 것은 아니라고 주장했다. 탁월한 리더십을 갖춘 경영자는 방법론의 모든 표현을 잘 다룰 것이며 모든 분야에서 입증될 것이다. 그런데 현실에서는 어떠한 상황에서도 성공을 거두는, 그야말로 완벽한 리더십을 소유하고 있다고 주장할 수 있는 경영자는 소수일 뿐이다.

실제로는 그때그때의 경험 폭이 경영자의 특징을 결정짓는다. 따라서 경영자는 잘 모르는 상황에 처할 때보다 자신의 경험을 이용할 수 있는 상황에 처하면 행동을 더 잘하게 된다. 그러나 리더십은 주변상황과는 아무런 관련이 없고 자신을 위한 규율이라고 말한 손자의 말은 맞는 말이다. 만일 경영자가 철저하게 준비하고 조직적으로 진행시키면, 새롭고 잘 알지 못하는 상황에서도 거뜬히 견뎌낼 수 있을 것이다.

🏛 경쟁자는 예측할 수 없고, 직원들은 예측할 수 있는

경영자에게나 회사에 경쟁자가 놀라도록 행동하라고 충고하는 것은 잘하는 일이다. 하지만 경영자와 회사는 직원들이 충분히 예측할 수 있어야 한다. 경영자가 현재의 지시와 지난주의 지시가 일치하기를 원하는지, 전략의 내용이나 방향이 아직도 유효한지에 대해서 직원들이 깊이 생각해봐야 하는 상황에 처해서는 안 된다. 직원들 사이에 불안과 혼란이 팽배하면 동기와 노동시간이 손해를 보게 되며, 회사의 생산량이 감소하여 자본의 손실을 가져온다.

이와는 반대로 리더십 기술의 일부에 속하는 위장 공작은 전혀 다르게 보인다. 우선 수신인과 위장의 정도부터 확정해야 한다. 그러고 나서 자신의 직원들과 조직이 위장을 실행하게 해야 한다. 손자는 이렇게 묘사했다. "위장한 무질서는 질서를 필요로 하고(질서가 있으므로 무질서를 가장할 수 있고 ―

옮긴이 주), 위장한 두려움은 용기를 필요로 하고, 위장한 나약함은 힘을 필요로 한다. 무질서의 배후에서 질서를 가장하는 것은 군의 편성의 문제이다. 두려움의 가면 뒤에서 용기를 가장하는 것은 잠재적인 힘을 전제로 한다. 자칭 나약함을 통해 강한 기세를 위장하는 것은 전술을 필요로 한다"(Ⅴ. 17~18). 따라서 경영자의 임무는, 특정 목표를 달성하기 위해 특정한 적을 특정한 위장에 속아 넘어가도록 조직을 편성하는 일이다. "적을 조종하는 고도의 기술은 전술적 기동 연습으로, 적이 어떤 조치를 취하도록 유인을 하고 적이 덥석 물게 될 뭔가를 제공하는 것이다"(Ⅴ. 19).

'자전거 주식회사'는 미국 시장으로 확장하기를 원하지만 이미 세계적인 자전거 회사가 그곳에 두 개나 있고, 이들은 모든 수단을 동원하여 자신들의 시장점유율을 지키려 한다는 사실을 경영진이 확인하게 되었다. 이미 경쟁사들은 전방에서 특별한 행동을 취하기 시작했는데, 고객과의 관계를 더욱 돈독하게 하고 새로운 회사의 시장진입을 되도록 막기 위한 행동들이었다. '자전거 주식회사'의 경영진은 그런 점을 금방 알아차렸다. 그래도 미국 시장을 계속 조사하게 했고, 공공연하게 시장을 조사하다 보니 경쟁자들의 주의를 사게 되었다. 동시에 사람들은 남아프리카의 시장도 조사했다. 남아프리카도 좋은 시장이 될 수 있다는 사실을 알게 되었을 때 '자전거 주식회사' 사람들은 미국에서 무엇보다 대중에게 호소력이 있는 좋은 행동을 많이 했다. 마침내 경쟁자들은 남아프리카의 시장에 투자하겠다는 '자전거 주식회사'의 결정에 당황하게 되었다. '자전거 주식회사'는 지체하지 않고 결정을 실행에 옮겼다. 경쟁사들은 큰 혼란에 빠졌는데, 결국 남아프리카에서는 가지고 있던 시장점유율을 많이 잃었고 미국에서는 지나치게 세일을 많이 하는 바람에 심각한 문제가 발생하게 되었다.

⑪ 직원들의 잠재력을 불러일으키기 — 적당한 시점에

손자가 말했다. "기세는 팽팽한 쇠뇌와 같으며, 결정은 퇴각의 실행과 같다"(Ⅴ. 15). 그리고 밑으로 내려가면 이런 말이 나온다. "현명한 장수는 공처럼 구르는 기세를 중시하고 개별 병사들에게 많은 것을 요구하지 않는다. 적절한 남자들을 선발해 이들의 기세를 투입한다. 이런 기세는 통나무나 바위처럼 굴러간다. 왜냐하면 통나무와 바위는 평평한 곳에서는 조용히 있지만 비탈에서는 움직이기 때문이다. 통나무와 바위는 네모난 곳에 이르면 움직이지 않고, 둥근 곳에서는 굴러간다"(Ⅴ. 21~22).

손자의 말은 단순하고 인상적이며 명확하다. 경영자는 이로부터 무엇을 배울 수 있을까? 경영자는 직원들의 잠재력을 최고로 발휘할 수 있게 하는 방법을 배운다. 물론 그들의 잠재력을 남김없이 이용하지는 않고 말이다. 그리고 그렇듯 굴러가는 직원들의 잠재력에서 어떤 힘이 나오는지를 보고 경영자는 분명 놀랄 것이다. '돌사태'는 멈추지 않고 힘차고도 정확하게 목표 지점에 도착한다. 경영자는 직원들에게 하나의 목표를 정해주고 직원들을 투입하는데, 가능하면 효율적이고 적당한 투입시점을 정하게 된다.

직원들의 잠재력을, 즉 효율성과 동기를 일깨우고자 하면, 경영자가 저지를 수 있는 가장 큰 실수와 대면하게 된다. 손자는 이와 같은 실수를 세 번째 계명에서 이미 얘기했다.

손자는 이렇게 처방했다. 경영자는 적합한 직원들을 선발해야 한다(이 말은 필요한 능력을 갖춘 직원을 의미한다). 경영자는 그들의 힘을 조합하고 그렇게 함으로써 개인에게 과도하게 요구하지 않는다.

직원선발과 능력의 조합에 관해서는 이미 언급했다. 그래도 직원들에게 과도한 요구를 할 가능성이 남아 있다. 손자는 현실적으로, 개별 병사에게 너무 많은 것을 기대해서는 안 된다고 했다. 어떤 사무실을 관찰하더라도 다른 직원에 비해서 에너지가 충전해 있는 직원이 눈에 띈다. 어떤 사무실이든 다양한 장점과 약점을 지닌 직원을 발견할 수 있을 것이다. 경영자는 기존에 있는 장점을 어떻게 하면 적절하게 투입할 수 있을지 자신에게 물어봐야 한다. 그는 사람들을 바꾸기 시작해서는 안 된다. 그는 사람들의 개성을 받아들여야 한다. 적극적인 사람은 적극적인 채로 내버려둬야 한다(이때 말하는 '적극적'이라 함은 '효율적'이라는 뜻이 아니다. 직원들도 활동을 하면서 쓸데없이 정력을 소모할 수 있다). 서두르지 않는 사람은 또 그렇게 유유하게 살도록 내버려둬야 한다(이때 '유유한'이라는 말은 '비효율적'이라는 뜻이 아니다. 직원은 서두르지 않지만 탁월하게 자신의 일을 해낼 수 있다). 직원들이 가장 좋은 성과를 낼 수 있고 과도하게 요구받지 않게 투입할 수 있을지가 문제이다. 만일 이 일이 성공하면, 예를 들어 적극적인 직원과 서두르지 않는 직원이 서로 보완하여 능력 있는 팀을 탄생시킴으로써 경영자는 자신의 임무를 완수하고 동시에 직원들에게 동기도 부여하게 된다.

이 자리에서 동기부여가 무슨 뜻인지를 다시 한번 강조하고 넘어가야겠다. 상사가 해주는 인정은, 말로 하든 혹은 물질적으로 하든 당연히 동기부여에 기여하지만, 진정한 동기부여란 작업과제 속에 들어 있다. 작업과제가 직원의 몸에 맞춘 듯이 꼭 맞는다면 가장 이상적이다. 그러므로 경영자가 직원들에게 적합한 일을 지정해주려면 좋은 충고를 받아들여야 한다. 한편으로 일은 까다로워야 하고, 다른 한편으로 직원이 그 일을 해낼 수 있어야 한다. 만일 우리가 회사에서 승자를 키우고 싶다면, 성공적으로 해결할 수 있으며 일을 하는 가운데 스스로도 발전할 수 있는 업무를 직원에게 줘야 한다. 이는 물론, 경영자가 직원(그들의 능력과 경험)과 작업과제를 잘 알고 있다는 조건이 전제가 되어야 한다.

'자전거 주식회사'의 구매부에는 아주 훌륭한 직원이 많다. 각자는 특정 구매 분야에 책임을 지고 있다. 어떤 직원은 페달을 구매했고 또 어떤 직원은 변속기를 구매했다. 각자는 자신의 업무에 몰두했고 그리하여 부서 전체의 과제가 무엇인지에 관해서는 관심도 갖지 않았다. 각자는 자신의 생각에 따라 작업장을 최적화해나갔던 것이다. 하지만 그 누구도 자신의 업무에 만족하지 않았다. 이 부서는 외국 지사의 일도 담당하고 있었기 때문에 몇몇 직원은 외국 지사의 대부와 같은 역할을 했다. 구매부의 직원은 모든 구매 분야의 전반에 걸쳐 외국 지사를 지도해야 했다. 그 때문에 직원들은 어쩔 수 없이 다른 구매 분야에도 관심을 가져야 했는데, 외국의 동료들이 그 분야에 관해서 문의를 했기 때문이다. 이런 방식으로 구매부 직원들은 다루는 작업의 범위가 넓어졌고 이를 새로운 도전으로 보게 되었다. 작업은 예전보다 더 다양해져서 직원들은 더 재미있었고, 직원들의 동기도 강화되었다.

손자에 따르면 경영자는 직접 칼을 들지 않고(물론 그도 칼을 쓸 줄 알지만), 결정을 내린다. 너무 자주 자신의 칼을 빼어 들어 직원들이 활동할 여지를 전혀 주지 않는 경영자도 많다. 그러므로 경영자는 뒤로 물러서서, 책임져야 하는 업무를 직원에게 요구하는 것이 매우 바람직하다. 경영자는 새롭고 미처 몰랐던 직원들의 에너지를 사용하지 않은 채 방출시키는 경우가 많다. 경영자가 정말 잊어서는 안 될 사실이 있다. 즉, 직원들은 전투에서 가장 중요한 힘이다. 결판이 날 때까지 싸우는 자들이 바로 그들이기 때문이다.

전쟁을 치르는 방법도 여러 가지이며 협상을 끌어내는 데도 여러 가지 종류가 있다. 경쟁자들을 다루는 방법도 다양하며 직원들에게 전투를 시작하는 임무를 주는 방법도 여러 가지가 있다. 그러나 직원들을 강하게 만드는 방법은 딱 한 가지밖에 없다. 즉, 전쟁터에 서게 되었을 때 직원들은 경영자로부터 절대적인 신뢰를 얻고 있어야 한다.

'자전거 주식회사'에서 일하는 직원들은 전쟁을 치러본 경험이 많다. 구매부에서 '전쟁'이란 납품업자와의 협상을 의미한다. 경험 있는 직원들은 체크해야 할 목록을 만들어두었는데, 여기에는 무엇을 주의해야 하는지 자세하게 나와 있다. 목록은 초대, 손님맞이, 좌석배치, 접대로 시작된다. 만일 납품업자들이 편안하다고 느끼면, 계약에 관한 대화가 신속하고도 막힘없이 오고 간다. 그러면 직원들은 되도록 납품업자들이 깊이 생각할 시간을 주지 않는다. 이를테면 속도를 내는 것이다. 대화의 마지막에 이르면 가격이 문제로 등장한다. 받아들이느냐, 그렇지 않느냐? 그런 뒤에 서명을 하고, 계약이 완료된다. 마지막으로 서로 존경을 표하고 헤어진다. 납품업자들은 비록 가치 이하로 판매하더라도 머리를 꼿꼿하게 세우고 자전거 회사를 떠나야만 했다. 구매부 직원들은 자신들이 계약 체결을 한 것이 회사에서 인정받았다는 사실을 안다.

현명한 경영자는 힘을 적절하게 이용할 줄 알고 적당한 순간에 행동을 취할 준비를 하기 때문에 승리를 거두게 된다. 손자는 이렇게 말했다. "공처럼 구르는 기세는 통나무나 바위처럼 굴러간다. 왜냐하면 통나무와 바위는 평평한 곳에서는 조용히 있지만 비탈에서는 움직이기 때문이다. 통나무와 바위는 네모난 곳에 이르면 움직이지 않고, 둥근 곳에서는 굴러간다. 훌륭한 전사의 기세는 산에서 밑으로 떨어지는 둥근 바위의 중압감과 비슷하다. 그만큼 기세가 등등하다"(Ⅴ. 22~23).

🈯 세편과 관련된 인용문

사람들은 필요하다고 확신하는 어떤 것을 하고자 하는 소망이 있다. 이런 소망을 갖도록 허락해주는 것이 리더십이다.

- 밴스 패커드(Vance Packard, 1914~1996), 미국의 언론인이자 신문방송학자.

관리자는 자신보다 더 많이 아는 직원들이 있다는 사실을 인정해야 한다. 전문지식을 가지고 있는 직원에게, 권력은 있지만 낡은 지식을 가지고 있는 상관은 비극적인 사건이다. 따라서 관리자는 전문적인 분야의 경우 전문가 직원을 따라가도록 해야 한다.

- 루츠 폰 로젠스틸(Lutz von Rosenstiel, 1938~), 독일의 경제심리학자.

목동이 되려면 두 가지 방법이 있다. 하나는 양들의 뒤를 따라가면서 몰아주고, 돌을 던지고, 고함을 치면서 압박을 가하는 것이다. 하지만 좋은 목동은 그렇게 하지 않는다. 그는 앞서 가고, 노래를 부르고, 즐거워하며, 양들이 그의 뒤를 따라간다.

- 미상

직원들이 자신의 능력을 십분 발휘할 수 있는 일을 주도록 하라. 그들에게 필요한 모든 정보를 제공하라. 무엇을 달성해야 할지를 분명하게 설명해주라. 그러고 나서 그들을 가만히 내버려두라.

- 로버트 워터먼(Robert Waterman, 1936~), 미국의 기업 컨설턴트.

관리자란 계획을 수립하고, 지시를 내리고, 작업이 완료되는 것을 지켜봐야 한다.

- 파킨슨(Cyril Northcote Parkinson, 1909~1993), 영국의 역사학자이자 언론인.

나는 개인적으로 아무것도 고안하거나 발명하지 않았다. 단지 사람을 발굴하고 그들이 함께 발견하도록 애썼을 뿐이다.

- 필립 로젠탈(Philip Rosenthal, 1916~2001), 독일의 기업가이자 정치가, 기업 설립자
  필립 로젠탈의 아들, 1958~1981년 로젠탈 유리와 도자기 주식회사의 회장.

06 자신의 장점과 적의 약점_ 허실편(虛實篇)
조건을 기록한다
— 이를 통해 성공한다

만일 우리가 전쟁의 조건을 규정하고, 행동을 정하고 적을 조정하는 데 성공하면, 우리는 결정하는 위치에 있게 된다. 손자는 여섯 번째 계명을 다음과 같이 시작한다. "전쟁터에 먼저 가서 적을 기다리는 사람은 느긋하게 전쟁에 임한다. 마지막에 전쟁터에 도착해 서둘러야 하는 사람은 지친 상태로 전쟁터에 나간다. 그 때문에 현명한 전사는 적의 의지를 압박하지, 적이 자신의 의지를 압박하도록 허용하지 않는다. 현명한 전사는 적에게 미끼를 놓아서 다가오게 만들 수 있다. 그리고 적에게 손해를 입혀서 멀리 보낼 수 있다. 만일 적이 여유가 있다면 현명한 전사는 이를 방해할 수 있다. 만일 적이 충분한 보급품을 갖고 있다면 적이 굶어 죽게 할 수 있다. 만일 적이 야영지를 세웠다면 위협하여 멀리 쫓아낼 수 있다. 현명한 전사는 적을 급히 몰아낼 수 있는 장소에 나타난다. 또한 현명한 전사는 적이 예상하지 못한 장소에 갑자기 나타나기도 한다"(Ⅵ. 1~5). 물론 이와 같은 방식은, 사람들이 신속하고 유연하며 자신과 적에 대해 많이 아는 경우에 성공한다.

🏛 더 빠른 자가 승자가 된다

이 말은 매우 당연하게 들린다. 그렇지 않다면 많은 기업들이 시장에서 1등이 되고자 하는 전략을 따르지 않을 테니까 말이다. 기업은 해당 시장에서 1등이나 2등 정도는 되어야 실제로 돈을 벌게 된다. 그 밖에 다른 모든 회사들은 돈을 벌 수 있기 전에, 우선 1등을 따라잡기 위해 많은 돈을 투자해야 한다.

첫 번째로 전쟁터에 나타나는 사람은 아주 큰 장점을 가진다. 그는 영역을 익히고 자신의 위치를 구축할 수 있다. 때문에 2등은 지쳐서 도착해 경쟁의 단점을 갖게 되는 것을 감수해야 한다. 물론 2등은 1등과의 차이를 제거할 수 있지만 그렇게 하려면 재원을 더 많이 투입해야 한다. 항상 그렇듯 1등은 장점을 갖는다.

이는 비즈니스계에서 굳이 대단한 전략적 주제에만 해당되는 것이 아니라 작은 주제에도 해당된다.

경영자는 회사 안의 싸움에서는 물론 회사 밖의 싸움에도 이렇게 해야 한다. 즉, 경영자의 임무는 경쟁회사와의 싸움에서 1등이 되려고 노력하는 것이다. 하지만 그는 회사 내부에서도 1등이 되어야 하는가? 그렇게 하면 그는 자신의 위치를 확고하게 다질 수 있다. 조직개편을 할 때 준비팀에서 함께 일하는 경영자는 최고의 기회를 갖게 된다. 작업팀에서는 가장 좋은 아이디어를 활발하게 내놓는 사람이 주인공이 된다. 만일 경영자가 결과, 효과, 방향의 전환을 제일 먼저 알아차리면, 1등을 차지할 수 있을 것이다.

많은 기업의 경우를 보면 결정의 과정이 매우 길다. 아이디어가 나와서 실행에 옮겨질 때까지 몇 년이 걸리고 흔히 몇 십 년이 걸리기도 한다. 그러니 어떻게 시장에서 1등이 될 수 있겠는가? 또한 경영자들이 자신의 뜻을 관철할 때까지 걸어가야 하는 길은 거의 관료적이다. 그래서 많은 경영자들은 고르디우스의 매듭(=어려운 문제)을 단숨에 끊어버리려고 시도한다. 하지만 도대체 고르디우스의 매듭이란 어디에 있단 말일까? 특정한 장소에서 발견할 수 있는 것이 아니다. 전투계획이 만들어질 때까지 얼마나 많은 경영자가 결정하는 과정에 묶여 있어야 하며, 하나의 투자를 위해 얼마나 많은 서명이 필요한가? 경쟁자와 전쟁을 치르기 위해 필요한 모든 서명을 받을 수 있을 만큼 시간은 충분한가?

'자전거 주식회사'의 개발부에서 일하는 직원 한 명이 새로운 바퀴통을 발명했다. 이 발명의 장점은 마모가 되지 않는다는 점이었다. 직원은 우선 발명품을 사장 앞에서 소개했다. 사장은 열광했고 위원회를 소집하여 새로운 바퀴통을 소개했다. 평가 과정에서 판매부의 의견을 물었다. 판매부는 고객을 유치할 수 있는 설득력 있는 장점을 발견하지 못했다. 그러고 나서 생산부의 의견을 물었다. 그들은 발명품으로 제품을 생산할 경우 원가가 많이 올라갈 것이라 예측했다. "생산 과정도 바꿔야 하고, 새로운 바퀴통을 만들기 위한 재료도 구입해야 합니다"라는 의견이었다. 그러니 지금까지 하던 방식대로 생산하는 것에 비해 원가가 더 높아지게 될 것이라는 말이었다. 특히 서비스를 담당하는 직원들의 저항이 심했다. 마모되지 않으면 부속품을 이제 판매할 수 없다는 뜻이 아닌가? 발명한 직원은 수리가 필요 없는 바퀴통으로 총매상과 이윤을 축소하려고 하는가? 직원들은 지금까지 익숙했던 제품을 고집했다. 이런 식으로 결정은 계속 지연되었다. 발명품을 검사하고 또 사람들은 이것에 관해 깊이 생각을 했다. 사람들은 그야말로 이 문제에 열중했으나, 어느 날 경쟁회사가 마모되지 않는 바퀴통을 시장에 선보였고 이는 기술적인 혁명으로 칭송받게 되었다. 광고는 커다란 성공으로 이어졌고, 경쟁회사의 총매상은 놀라울 정도로 올라갔다.

그제야 '자전거 주식회사'는 뒤늦게 자사의 발명품을 시장에 내놓았으나 시장에서는 2등이었다. 사람들은 마모되지 않는 바퀴통과 경쟁회사를 동일하게 간주했던 것이다. 시장에서 적당한 위치에 서기 위해서 엄청난 돈을 쏟아 부어야 했다. 그런데도 '자전거 주식회사'는 2등으로 머물렀고 발명가는 경쟁사로 옮겼다.

더 빠른 사람이 승자가 된다. 오래 걸리지 않는 결정구조와 민감한 직원들이 속도를 내게 해준다.

讓 더 유연한 자가 승자가 된다

손자는 말했다. "만일 어떤 전술이 승리를 거두는 데 도움이 되었다면 우리는 이 전술을 다시 사용해서는 안 된다. 우리는 항상 상황에 맞는 새로운 전술을 세워야 한다"(Ⅵ. 28). 그리고 또 이렇게 말했다. "물은 땅에 맞추어 흘러간다. 그렇듯 전사도 자신의 전술을 적의 태도에 따라 정해야 한다. 물이 일정한 형태가 없듯이 전쟁 상황도 같을 때가 없다. 뛰어난 장군은 적의 태도에 따라 전술을 세움으로써 승리한다"(Ⅵ. 31~33).

유연성은 그 자체로 가치가 있는 게 아니다. 잘못 이해하면 유연성은 줏대가 없는 상태로 변질될 수 있고, 방향 감각이 없는 모습으로 해석될 수도 있다. 따라서 유연성은 비전과 목표와 이정표라는 구조 안에 자리를 잡는다.

비전은 바꾸면 안 되고, 목하의 현실에 따라 정해서도 안 된다. 또한 비전으로부터 파생되는 목표들도 조심스럽게 관리해야 한다. 향후 5년 동안 중국 시장에서의 총매출을 30퍼센트 더 향상시키는 것을 목표로 정한 조직이 단기간에 미국으로 방향을 선회해서는 안 된다. 그와 같은 유연성은 불신을 안겨준다.

유연성은 무엇보다 이정표의 차원에서 노력해볼 가치가 있다. 이쯤에서 사람들은 이런 질문을 할 수 있다. 즉, 유연성 없이 목표에 도달할 수 있냐고 말이다. 왜냐하면 개별 행동은 주변 환경에 따라 달라지고, 이 주변 환경이라는 것이 지속적으로 변하기 때문이다. 물론 기업은 그에 따라 가능하면 유연하게 대응해야 한다. 그런데 이 유연성은 회사의 이사진에게서 나올 수 있는 것이 아니라 작업 차원에서 이행되어야 한다. 이 말은, 경영자는 어느 정도 유연성을 장려해 직원들을 지원하고 인도해야 한다는 뜻이다. 변화를 두려워하고 그래서 유연해질 자세를 취하지 않는 직원들이 매우 많다. 바로 이때 경영자가 나서서 두려움을 덜어주고 준비된 자세를 장려해야 하는 것이다.

만일 고객 한 명이 잠시 회사를 방문하면 직원들은 작업계획을 바꿔서 고객에게 충분한 시간을 투자해야 한다. 생산 과정에서 꼭 필요한 부품이 적시에 생산되지 않으면 생산 과정을 유연하게 조정하고 바꿀 필요가 있다.

이와 같은 의미에서, 건전한 수준의 유연성을 가지고 행동하는 기업은 목표와 이정표를 적시에 달성하게 되는 것이다.

'자전거 주식회사'는 창사 50주년을 맞이하여 대대적인 행사를 계획했다. 아시아에 있는 공장에서는 이 날을 기념하여 새로운 세대를 위한 마운틴 바이크를 생산하고 행사기간에 판매할 예정이었다. 제품이 생산되고 품질검사도 무사히 통과하여 배에 실었다. 독일에서는 행사 준비가 한창이었다. 그런데 회사의 이사진에게 불행한 소식이 전해졌는데, 마운틴 바이크를 실은 배가 가라앉았다는 것이다. 재정적인 손실이야 보험을 통해 충당할 수 있었지만 파티를 망칠 수는 없었다. 그리하여 회사의 이사진은 창고에 보관된 모든 자전거를 창사 50주년 파티가 열리는 날에 20퍼센트 싼 가격으로 판매하기로 결정했다. 파티는 큰 성공을 거두었고 고객들은 자전거를 구입하기 위해 몰려왔다. 이후 '자전거 주식회사'의 이름이 모든 사람들의 입에 오르내렸다.

🏵 단결하는 자가 승자가 된다

손자는 단결의 중요성을 이렇게 설명했다. "우리는 적의 안전 상태를 탐구하지만 우리 스스로는 보이지 않게 함으로써 우리의 힘을 모을 수 있다. 반면에 적의 힘을 분산시켜야 한다. 적이 뿔뿔이 흩어지는 것과 반대로 우리는 하나로 뭉친다. 둘이 만나면 우리는 강하고 적은 약하다. 막강한 우리의 힘으로 적과 겨루면 적은 분명 열세에 몰린다"(Ⅵ. 13~15).

단결하면 강해진다는 것을 안 사람은 굳이 손자만은 아니다. 다섯 명의 직원을 데리고 일하는 공장 주인은 비교적 단결을 잘 이뤄낼 수도 있다. 하지만 복잡한 조직에서는 매우 어렵다. 회사 밖으로는 언론담당부나 광고부가 단결심을 일깨울 수 있을 것이다. 그러나 회사 내에서의 단결, 손자의 말을 빌리자면 기세를 보여주는 방법은 무엇일까? 실제로 회사 내에서는 복잡한 조직들이 싸워야 한다. 단결 과정이 밑에서 시작할까, 아니면 위에서 시작할까? 단결 과정은 양쪽에서 일어나는 과정이다. 특히 각각의 팀에서의 단결과, 이른바 회사의 '전방'에서 일하는 직원들 사이에서의 단결이 매우 중요하다. 직원들이 서약을 하게 하여 공통적으로 생각하고 행동하는 팀을 만드는 것이 경영자가 해야 할 중요한 임무 중 하나이다.

경영자도 동료 경영자들과 함께 서약을 하고 단결의 힘을 인지하여 팀에 소속되어야 한다. 단결은 하나의 과정과 같다. 즉, 직원들은 단결의 힘을 체험하자마자 스스로 줄을 서서 단결을 보여주게 된다. 여기에서 사람의 본성은 관리자를 도와 그룹의 단결을 구축하고 이로써 힘을 보여준다.

좋은 관리자란 바로 그와 같은 단결을 이끌어낼 수 있는 사람이다. 오늘날과 같은 비즈니스 세계에서 사람들은 잠재력이 많은 팀과 일을 하려 한다. 온라인 - 커뮤니케이션은 많은 기회도 가져오지만, 손자는 전혀 생각할 수 없었던 많은 문제도 일으킨다. 오늘날의 글로벌 사업전략에서 중요한 점은, 직원들은 지극히 다양한 성향을 가지고 갖가지 언어를 구사하는 다양한 지역의 출신들로 이루어져 있지만 이들이 단결한다는 사실이다.

우리는 이미 마모되지 않는 자전거 바퀴에 대해서 언급했다. 그것은 부정적인 예에 속한다. 회사의 단결에 관한 예로써 다르게 소개할 수 있다. '자전거 주식회사'의 이사진은 많은 고객들이 바퀴통의 마모에 대해 불평을 터뜨렸다는 설문조사를 정보로 얻었다. 고객들은 비싼 자전거를 구입했으나 바퀴통은 대부분 1년 후에 마모되었고 교환해야 했다. 하지만 이 문제로 인해 골치를 썩이는 회사는 비단 '자전거 주식회사'뿐만이 아니어서 경쟁사들도 비슷했다. 그들 역시 좋은 해결책을 제공할 수 없었다. 이사진은 이 문제를 어떻게 해결할 수 있을지 동료들과 토의를 했고 행동계획도 도출해냈다. 개발부서는 마모되지 않는 바퀴통을 개발하라는 주문을 받았다. 최고의 개발자들을 이 문제 해결에 투입할 수 있도록 예산도 편성되어 있었다. 대학과의 공조작업을 통해서 회사는 마침내 원하던 결과를 얻어냈다. 사람들이 이사진 앞에서 해결책을 소개했을 때 이사진은 즉각 발명품이 어떤 것인지를 알았다. 그리하여 그들은 동료들을 불러 모았고 공격적으로 일을 진행하자는 데 의견일치를 보았다. 당장 직원들은 모든 자전거에 마모가 되지 않는 바퀴통을 달았다. 동시에 대대적인 광고 캠페인도 발표했다. 이 행사는 큰 성공을 거두었다. '자전거 주식회사'는 시장 점유율을 10퍼센트나 더 얻을 수 있었다. 경쟁사들이 비슷한 제품으로 시장에 나왔을 때는 이미 늦어버렸다. 어느 정도 시장 점유율을 되찾기 위해 경쟁사들은 가격을 내려야만 했다. 이익을 남긴 자는 오로지 1등뿐이었는데, 바로 '자전거 주식회사'였다.

🈺 적의 약점을 공격하는 자가 승자가 된다

경제계에서 일어나는 전쟁을 서술하는 이야기는 매우 많다. 여러 개의 예 가운데 굳이 하나를 들자면, 에어버스(airbus) 대(對) 보잉(Boeing)의 경우가 있겠다. 사람들은 어떻게 승리를 거둘까? 더욱 향상되고, 더욱 현대적이며, 원가가 저렴한 제품군(群)을 정규적으로 마련해둠으로써 가능하다. 그리고 자신들의 제품이 가진 장점을 시장에 잘 알림으로써 가능하다.

이미 전술에 관한 장에서 손자는 이렇게 강조했다. "우리가 공격당하지 않을 수 있는 가능성은 우리 손에 달려 있고, 적을 공격할 수 있는 가능성은 적의 손에 있다. 훌륭한 전사는 자신이 공격당하지 않게 하지만, 적을 공격할 수 있는 조건은 자신이 마음대로 만들어 낼 수 있는 것이 아니다"(Ⅳ. 2~3). 자신의 장점은 확대하고 적의 약점은 공격하는 것이 중요하다.

분쟁을 버티려면 다음과 같은 장점이 반드시 필요하다.

- 분석력: 이는 준비의 종류로 이해하면 된다. 손자는 항상 이 점을 언급했다.
- 재원관리: 예를 들어 우리는 각각의 기능을 맡아서 하는 많은 직원들이 필요하다. 어떤 임무를 수행할 수 있는 능력이 없음에도 그 임무를 받아 끝내는 것은 치명적이다.
- 전략과 전술: 이 배후에는 투명성과 결과가 숨어 있다. 모든 직원들은 전략을 이해해야 한다. 그들은 의무적으로 전략을 이해하고 이를 실행해야 한다.
- 동기부여와 확신: 경영자는 이것으로 병력을 편성해 단결하도록 만들며, 팀을 짜서 힘을 느끼게 한다.

■ 공개작업: 일을 잘하는 사람은 그 점에 대해 말도 잘할 줄 알아야 한다. 시장에서 인식하는 장점만이 회사에 이익을 가져준다.

만일 자신의 회사가 강해 보이면 상대는 약해 보인다. 그 밖에도 적의 장점과 약점을 자세하게 알고 있으면 매우 유용하다. 회사는 왜 하필이면 경쟁자가 강력하게 버티고 있는 분야에서 포지션을 두고 싸워야 하는가? 손자의 말을 빌려서 달리 표현한다면 이렇다. "전쟁에서도 강자를 피하고 약자를 공격해야 한다"(VI. 30).

경쟁사가 '자전거 주식회사'보다 먼저 마모가 없는 바퀴통을 시장에 선보였다. 이 사실이 알려지자, '자전거 주식회사'는 경쟁사의 장점을 공격하는 것이 좋을지 의논했다. 경쟁사의 품질을 따라가지도 못한 채 많은 비용을 들여 결국 2등이 되는 것이 유리할지 의문이었다. 하지만 바퀴통 분야에서 2등으로 머무는 대신에, 적의 약점을 찾아 다른 분야에서 1등이 될 수도 있다. '자전거 주식회사'는 후자를 선택했다. 그리하여 바퀴통에 대한 자체 노하우는 바퀴통을 연결하는 부품과 조립을 최적화하는 데 사용되었다. 이런 과정 끝에 쉽게 조립할 수 있고 원가도 저렴한 보호 부품이 나왔는데 이 부품은 바퀴통의 수명을 놀라울 정도로 향상시켰다. 이 새로운 발명품은 많은 상인과 최종 소비자의 마음에 들었고, 그리하여 그들은 이 부품을 개선된 바퀴통보다 더 선호했다.

최고의 전략가가 승자가 된다

모든 분쟁에는 몇 가지 기본원칙이 있으며, 물론 손자는 이미 언급했다.

우리는 전략과 전술이라는 주제의 한가운데에 있다. 손자는 무슨 말을 했을까? "그는 적을 급히 몰아야 하는 장소에 나타난다. 그는 적이 자신을 기다리지 않은 곳으로 갑자기 나아간다"(Ⅵ. 5).

따라서 현명한 경영자는 우선, 적이 방어할 수 없는 위치를 선택한다. 이곳은 경쟁자가 상대적으로 약한 지역일 수 있다. 이런 위치 중 하나를 공격하면 쉽다. 현명한 경영자는 경쟁자의 약점에 집중한다. 그는 자신의 위치를 신속하게 바꾸는데, 이렇게 하여 적이 예측할 수 없게 만든다. 그러면 공격은 불발로 끝난다. 현명한 경영자는 진정한 의도를 숨긴 모순적인 행동으로 적을 대면한다. 현명한 경영자는 상황에 따라 전술을 바꿀 수 있다.

적이 반응을 하도록 만드는 경영자는 강한 사람이다. 적의 행동에 반응하지 않을 수 없는 사람은 약자이다. 손자는 이렇게 말했다. "가능한 공격에 대비하여 무장을 해야 하는 자는 약하다. 적에게 무장을 하도록 압박하는 자는 강하다"(Ⅵ. 18). 전략과 전술은 모든 전쟁과 경제적인 분쟁, 개인들 사이의 싸움에도 지배적인 역할을 한다. 어떤 사람도 전략과 전술 없이 삶을 살 수 없고, 이른바 전략과 전술은 돌발적으로 우리에게 발생한다. 그러나 모든 사람이 이를 대가답게 다루지는 못한다. 이는 경영자에게도 해당되는 말이다.

'자전거 주식회사'의 경영진은 상권을 확장하기로 결정했다. 하지만 노동시장에서 필요한 전문지식을 모을 가능성이 없었다. 그리하여 사람들은, 비교적 소규모의 경쟁사를 매입하여 이를 자회사에 통합하기로 결정했다. 이런 결정의 목표는 필요한 전문 인력을 상대적으로 유리하게 얻는 것이었다. 하지만 작은 경쟁회사는 거부했다. 경쟁사의 소유주에게 아주 매력적인 제안을 했지만 대답이 없었다. 마침내 '자전거 주식회사'는 경쟁사의 주요 제품과 매우 유사한 제품을 시장에 내놓고 가격을 엄청나게 싸게 매겼다. 그러자 경쟁사의 총매상은 지속적으로 감소했다. 이로부터 1

년 후, 경쟁자에게 일전의 제안보다 더 열악한 조건으로 인수를 제안했을 때 경쟁사는 이를 마지못해 받아들였다. 가격 경쟁으로 '자전거 주식회사'도 돈이 많이 들었지만 전략적 목표는 달성했다.

 정보를 갖고 있는 자가 승자가 된다

경제계의 경쟁에는 오늘날 또 다른, 새로운 핵심들이 있다. 그중 하나는 정보관리인데, 이를 '지식을 다루는 법'이라고 표현해도 된다. 로마 속담에도 지식과 인식은 힘이자 영향력이고 효능이라는 말이 있다. 또한 사람들은 포괄적으로 정보를 갖고 있어야 올바른 전략도 세울 수 있다. 따라서 경영자에게 정보망은 근본적인 의미가 있다. 대기업을 보면 흔히 정보를 둘러싸고 '경영자들의 게임'이 벌어진다. 변화에 관해 누가 가장 빨리 정보를 얻을까? 결정을 내리는 당사자들과 누가 가장 좋은 관계를 맺고 있는가? '소식통'이라 알려진 집단과 얼마나 좋은 관계를 맺고 있는가? 미리 획득한 정보를 소화해서 이를 통해 더 빨리 반응하고, 변하게 될 조건에 더 신속하게 적응할수 있는 전략이 회사에 있는가?

회사의 정보 흐름과 연결되어 있는 것이 중요하다. 경영자는 이와 같은 정보의 흐름으로부터 변화, 문제, 그리고 이보다 더 중요한 새로운 경향을 잡아낼 수 있다. 정보와 그에 상응하는 지식은 경영자에게 말 그대로 영향력이자 권력을 의미한다.

그러나 회사 내에서의 정보만 중요한 것은 아니며 시장에 관한 정보들도 당연히 매우 중요하다. 대기업들은 전 세계에 걸쳐 다양한 정보를 얻을 수 있는 정보망을 갖고 있다. 물론 이런 정보를 비경제적으로 다루는 기업도 많다. 경영자에게 시장 정보는 흔히 '재산'처럼 다뤄진다. 즉, 조직화된 정보 흐름이라는 것은 없다. 그리하여 중앙에서 평가하고 이를 나눠주는 곳이 없다. 많은 기업은 비밀리에 정보관리를 함으로써 이로부터 이득을 얻는다. 예를 들어 국가안보를 담당하는 국가 기관의 지식을 목표에 맞게 기업에 투입하는, 이른바 실용적인 시도와 같은 것들이 있다.

손자에게도 정보는 매우 중요했다. 그는 말하기를, 장군은 적이 무슨 계획이 있으며 어떻게 군대를 정렬시키고 있고 어떻게 행동하는지를 알아야 한다는 것이다. 이와 같은 지식과 필요한 정보들은 바로 자신의 행동을 위한 기초가 된다.

우리는 오늘날 정보의 시대에 살고 있다. 정보를 얻는 것만으로 충분하지 않으며, 정보의 홍수를 효율적으로 잘 다루는 것도 중요하다. 이와 같은 사고는 손자에게 분명 친숙했을 것이다. 하지만 이런 생각도 한번 해보자. 정보는 우리에게 어떤 의미가 있는지 말이다. 현대와 같은 경제적인 삶에서 정보란 여러 가지 차원을 갖는다.

정보를 더 많이 갖고 있을수록 미래의 사건을 정확하게 예측할 가능성이 더 높아진다. 그러면 사람들은 적어도 미래의 대략적인 모습을 예측해 미래를 미리 실행해보고 경우에 따라 그에 상응하는 안전 대책을 마련할 수 있다.

정보는 중요하지 않은 것으로부터 중요한 것을 구분할 수 있는 가능성을 제공한다. 이로써 사람들은 회사 내에서 목표에 맞춰 적절하게 행동할 수 있다. 물론 회사가 고객들에게, 납품업자들에게 하는 행동에서도 그렇고, 외부와의 다른 관계에서도 그러하다. 바로 여기에서도 충분한 정보는 중요하다. 만일 사람들이 정보를 갖게 되면 파트너를 적절하게 다룰 수 있다.

정보는 회사에만 중요한 것이 아니며, 정보의 도움으로 경영자는 회사 내에서 자신의 사회적 지위를 확고하게 다질 수 있다. 정보에 정통하다는 것은 회사의 핵심에 속한다는 뜻이며 이른바 기득권이라는 의미이다. 따라서 정보는 중요함, 사회적 인정이라는 표현과 동일하다. 회사에서 최고 관리자에 속하는 사람들은 직원들 가운데 1퍼센트 정도이다. 이렇듯 소수의 직원들은 선별된 정보들을 받게 된다. 이로써 정보는 사회적 지위를 굳혀준다.

충분한 정보는 관리자들에게 중요한데, 회사 내에서 자신의 위치와 역할을 확보하고 고객, 납품업자, 공무원들을 대할 때 설득력을 가질 수 있다. 대기업은 작은 기업에 비해서 일련의 장점을 가진다. 하지만 단점도 있다. 여러 가지 단점 가운데 하나는 바로 정보관리 분야에 있다. 대기업에서는 정보를 전달하기가 너무 어려워서 어떤 직원도 자신이 다니는 기업이 생산하는 모든 제품을 훤히 뚫어보지는 못하며, 어떤 기업이 지주회사에 속하는지 그리고 고객들에게 무엇을 제공할 수 있는지를 조망할 수 없다.

그러니 관리자들조차도 자신이 다니는 기업과 자신의 가능성을 잘 모르는 일이 생길 수 있다. 그들은 다른 부서가 자신들이 연구하는 과제와 동일한 과제를 연구하고 있는지도 모르며, 다른 부서가 동일한 납품업자로부터 더 나은 가격으로 제품을 구입하는지도 모른다. 가령 다른 부서에서는 두 명의 판매직원이 고객을 방문하여 이곳에서 서로 친해졌기 때문에 더 싼 가격으로 물품을 구입할 수 있는 것이다. 사실 판매직원들이야 이익 배당을 받을 수 있는 물품만 파는 습관이 있다. 그런데 기업은 더 많은 것을 제공할 수 있다. 많은 기업은, 이와 같은 것이 이용하지 않는 기회라는 점을 알고 있고 이것이 단골 고객이 탄생되는 순간임을 안다. 즉, 그들은 고객에게 기업 전체를 대표한다. 그들은 '고객에게는 한 사람씩'이라는 슬로건에 따라 행동한다. 아이디어는 좋지만 변화를 실행해보면 항상 성공하지는 못한다. 그러면 관리자가 행동을 해야 하는 것이다.

언제나 그렇듯, 정보는 리더십의 문제이다. 정보를 얻은 자가 이기게 된다. 경영자는 자신에게도 정보를 줘야 하고 직원들에게도, 그들이 목표에 맞게 효율적으로 행동할 수 있도록 정보를 제공해야 한다. 손자도 이미, 지식은 힘이며 승리를 보장해줄 수 있다는 사실을 알고 있었다.

본질적인 정보란 자신에 관한 그리고 자신의 회사에 관한 정보이며, 특히 자신의 약점에 관한 정보이다. 왜냐하면 자신의 약점에 관해서 알고 있더라도 힘이 생기기 때문이다. 물론 모든 경영자, 모든 조직은 약점이 있다. 사람들은 약점을 막는 행동을 하기 전에 약점을 감지해야 한다. 자신의 약점을 인식하는 것이 매우 힘들게 느껴지는 경영자들도 많다. 하지만 그런 것이 문제가 되어서는 안 된다. 자신을 인식하는 것을 배울 수 있는 과정은 충분히 있다.

만일 경영자가 충고 따위는 필요하지 않다고 믿는다면, 그때는 심각해진다. 어쩌면 이런 경영자는 직원들을 데리고 이미 틀린 방향으로 가고 있을지 모른다. 그곳에는 반드시 패배가 기다리고 있다. 왜냐하면 경쟁을 할 때는 자신의 힘과 약점을 알고 이를 상대방의 힘과 약점과 비교하는 일이 반드시 필요하기 때문이다(손자의 Ⅵ. 24를 참고하라).

🦐 허실편과 관련된 인용문

세상에는 물보다 더 부드럽고 얇은 것은 없다. 그러나 딱딱하고 굽히지 않는 것을 제압하기 위해 물보다 더 좋은 것은 없다. 약한 것이 강한 것을 이기고 딱딱한 것이 부드러운 것의 밑에 있음을 모두가 알지만, 그 누구도 이런 이치에 따라 행하지 않는구나.

- 노자(기원전 3세기 혹은 4세기)

끊임없이 바람에 흔들려도 확고하고 강하게 서 있는 것은 오로지 나무밖에 없다. 왜냐하면 싸울 때 나무의 뿌리가 확고하고 강하기 때문이다.

- 세네카(기원전 4년~서기 65), 로마의 시인이자 철학 관련 작가.

조직의 목적과 목표는, 사람들의 장점을 생산적으로 만들고 그들의 약점을 중요하지 않게 만드는 것이다.

- 피터 드러커(Peter F. Drucker, 1909~), 오스트리아 · 미국의 저자이자 언론인.

삶에서 가장 성공한 사람은 정보를 가장 잘 얻는 사람이다.

- 벤저민 디즈레일리(Benjamin Disraeli, 1804~1881), 영국의 정치가이자 작가, 1868년과 1874~1880년에 수상 역임.

결국에는 경제적인 모든 과정을 딱 세 개의 단어로 요약할 수 있다. 사람, 제품, 이윤이다. 사람이 제일 앞에 선다. 만일 사람들이 좋은 팀을 가지지 못한다면 다른 두 가지를 가지고 있더라도 뭔가를 시작하기 힘들다.

- 리 아이아코카(Lee Iacocca, 1924~), 미국의최고 경영자, 1979~1992년 크라이슬러 회장.

07 난관 극복하기_ 군쟁편(軍爭篇)
승리를 원하는 자는
전술적인 작전 행동을 능숙하게 해야 한다

사람들은 사업전략을 바꿀 때 구체적이며 항상 예견할 수는 없는 상황·문제·장애를 만난다. 사람들은 그런 것들을 전략적인 작전 행동으로 대처해야 한다. 손자는 이렇게 말했다. "장군은 군을 소집한 다음에, 여러 가지 요소들을 차례로 결정해야 하고 이를 전체로 엮어야 한다. 그런 뒤에 장군은 가장 어려운 임무라고 할 수 있는, 이를테면 전략적인 작전 행동을 마련해야 한다. 이때 그는 돌아가는 길을 지름길로, 단점을 장점으로 탈바꿈시켜야 한다. 자신이 나중에 출발하기 위해서는 미끼로 적을 유인하고, 길을 돌아가더라도 그 장소에 더 일찍 나타나는 것, 바로 여기에서 우회로와 지름길의 기술이 증명된다"(Ⅶ. 2~4).

그때그때마다 성공을 약속해주는 여러 가지 가능성 가운데 이제 선택을 해야 한다. 즉, 따로 행진할 것인지 함께 행진할 것인지, 신속하게 혹은 천천히 앞으로 나아갈 것인지, 적절한 커뮤니케이션 수단을 마련하고, 동맹군을 찾고, 먼 길 혹은 가까운 길을 갈 것인지 등이 그런 선택이다.

🈁 미리 예견하지 못한 것을 계획한다?

우리는 아름다운 전략들을 개발했고 우리의 행동을 그것에 맞춘다. 이제 머피의 법칙이 등장한다. 즉, 실패할 수 있는 일은 실패한다. 혹은 사람들이 생각했던 것과는 다른 결과가 나온다. 가령 고객이 다른 경쟁사를 선호하거나 납품업자가 너무 늦게 부품을 납품하거나 제품의 공정이 멈추어버린다. 우리가 채용하기로 결정한 지원자가 마지막 순간에 거절을 한다. 이런 것에 대해 우리는 반응을 해야 하고 우리의 행동도 조정해야 한다. 우리는 합의했던 전략을 충족시킬 수 있을 정도로 우리의 행동을 적절하게 할 수 있을까? 이렇게 하려면 특별한 방책이라도 있을까? 상응하는 경험을 가진 경영자라면 예견할 수 없는 상황에 처하더라도 훨씬 더 적절하게 반응할 수 있다. 이런 사람은 애초부터 그와 같은 영향에 대비하고 있다. 예를 들어 정확한 시점에 부품을 납품하지 않는 납품업자는 항상 있다. 사람들은 그와 같은 경우를 대비하여 어느 정도의 부품을 확보해둬야 한다. 혹은 납품업자와 계약서를 작성할 때 상당 액수의 위약금을 정해서, 납품업자가 적극적으로 납품시기를 지키도록 하면 된다. 그러면 납품업자가 자신이 할 수 있는 모든 것을 동원해 납품시기를 지킬 것이라고 봐도 된다. 또는 생산과정 도중에 납품업자의 작업 정도를 체크하고 그가 납품시기를 지킬 수 있을지에 주의를 기울인다. 이렇게 하면 실제로 부품이 필요한 시점 이전에, 납품업자의 상황이 어떠한지를 충분히 점검할 수 있다.

장애는 늘 예기치 않게 등장하는데, 계획할 때는 고려하지 않았기 때문이다. 하지만 일반적으로 이렇게 생각하면 된다. 항상 비슷한 어려움이 생긴다고 말이다. 그러므로 사람들은 그런 어려움을 미리 대비하고 대책을 마련할 수 있다.

'자전거 주식회사'와 거래하는 납품업자들 가운데 납품시기를 지키지 않는 사람이 한 명 있었다. 그래서 '자전거 주식회사'의 직원들은 이 납품업자와의 거래를 중단하겠다는 통고를 해야 할지 아닐지 여러 차례 고민했다. 그러나 품질이 최고였고 가격도 매력적이어서 거래를 중단할 수가 없었다. 마침내 '자전거 주식회사'는 납품업자와 합의를 보았는데, 즉 납품업자가 판매위탁품 창고(완충장치로써)를 가동시킨다는 합의였다. 납품업자는 자신이 비용을 감당하여 '자전거 주식회사'에 창고를 하나 마련하고, 이곳에 정기적으로 물건들을 공급했다. 이렇게 하여 '자전거 주식회사'는 필요할 때마다 부품을 가져올 수 있는 창고가 생겼다. '자전거 주식회사'는 이 창고에 특별히 비용을 들일 필요가 없었고 납품업자와의 불편함도 이제 과거의 일이 되어버렸다.

예기치 못한 상황을 다루면서 사람들은 무엇을 배울 수 있을까? 어떻게 그것에 대해 반응해야 할까? 손자에 의하면 사람들이 따라야 할 몇 가지 기본원칙이 있다.

모든 행동의 방향은 동일해야 한다. 그래야 개별 행동을 합하면 막강한 화살 같은 행동이 된다. 이 말은 경영자에게 다음과 같은 의미가 된다. 즉, 경영자는 직원들을 전체로 묶어야 하고 납품업자들도 이와 같은 질서체계에 포함시키도록 애써야 한다는 뜻이다. 또한 고객을 교육할 수도 있는데, 고객의 권리와 의무를 규정한 세부적인 계약서를 통해서이다. 만일 이와 같은 계약서를 가지고 있다면 고객이 제기하는 장애물에 대해 회사는 건설적으로 대응할 수 있다.

감독수위는 적절해야 한다. 회사의 간부들은 항상 관리기능을 줄이려는 시도를 한다. 부서들을 통합하면 적어도 한 명의 관리자와 한 명의 여비서를 줄일 수 있다고 기뻐한다. 그러면 새로운 관리자는 두 배로 늘어난 직원들을 관리해야만 한다. 이렇게 되면 정보문화가 열악해지고 직원교육과 재교육이 소홀하게 될 위험이 생긴다. 부서의 정보문화가 열악해지면 질수록, 직원들이 교육을 잘못 받으면 받을수록 자체 조직의 장애물은 더 늘어난다. 따라서 직원들을 감독하는 수위는, 일상의 장애를 빨리 만날 수 있도록, 직원들이 신속하게 정보를 받아들일 수 있고 이 정보를 즉시 행동으로 옮길 수 있을 정도에 머물러야 한다.

지시는 간단하게 받을 수 있어야 한다. 기본적으로 복잡한 과정을 간단하게 서술해야 한다. 의문이 생기는 경우 단 하나의 지시로 모든 사항을 처리해서는 안 된다. 만일 짤막한 지시를 통해서 모든 행동의 80퍼센트를 충족시킬 수 있고, 모든 직원의 80퍼센트가 그 지시를 이해했다면, 지시가 지니고 있는 목표는 달성된 셈이다. 지시를 다양하게 해석할 가능성이 존재하면 매우 위험하다. 이렇게 되면 직원들은 다른 방향으로 가게 된다. 그리고 직원들은 그렇게 하더라도 아무런 죄책감도 느끼지 않고 지시를 작성한 사람이 죄책감을 갖게 된다.

변화에 대응하는 관리(Change Management). 만일 의도했던 행동이 계속해서 바뀌어야 할 경우에 이렇게 한다. 유감스럽게도 많은 규정과 지시는 의도된 행동과 관련하여 오랫동안 유지될 수 없는데, 왜냐하면 주변이 변하고 장애물이 끊임없이 행동을 좌절시키기 때문이다. 그러므로 기업과 직원들은 신속하고 유연하게 반응해야 한다. 새로운 정보는 직원들에게 신속하게 전달되어야 하는데, 그렇게 해야 직원들은 그에 맞게 행동할 수 있다. 기업은 변화에 대해 준비를 하고 있어야 한다. 오늘날의 경영언어로는 '체인지 매니지먼트'라고 부른다. 이와 같은 관리로 기업은 복잡한 변화를 다루려는 시도를 한다. 많은 기업에서는 변화관리를 도입하는데, 너무나 많은 변화가 일어나고 있어서 어쩌면 끊임없는 변화 속에서 경영을 해야 하기 때문이다. 사람들은 경영하는 법을 배웠고, 손자가 말하듯 이제는 '의도적으로 조작된 혼란'을 관리하고자 한다.

'자전거 주식회사'의 사람들은 회사 전체를 망라하는 컨트롤 툴(control tool)을 도입했다. 이 시스템을 완전히 설치할 때까지 거의 1년이 소요되었다. 이제 회사 전체가 네트워크로 연결되었고 회사의 모든 활동은 모든 직원에게 알려지게 된다. 만일 납품업자가 납품기일이 지체될 것이라고 연락하면, 이는 즉각 온라인에서 재고계획에 영향을 준다. 만일 판매부 직원이 대량주문과 관련하여 주문 가능성이 낮아질 것이라고 보고하면, 즉각 생산 계획에 반영된다. 그런데 실제로 이와 같은 절차는 홍수와 같은 후속변화를 몰고 왔다. 모든 직원들은 끊임없이 변화에 관한 보고에 몰두했다. 각자는 변화에 관련된 보고에 반응을 했고 이로써 또 다른 변화를 만들어냈다. 네트워크 시스템은 최적의 효과를 내야 했지만 사실은 '자전거 주식회사'를 거의 붕괴상태에 빠지게 했다. 마침내 회사 사람들은 이 시스템에 모종의 장치를 부착했는데 이것은 모든 변경사항을 기록하되 정해둔 시간에만, 가령 일주일에 한 번만 온라인에 나타나도록 하는 저장 장치였다. 변화 가운데 많은 사항은 이미 진부한 것이었다. 그리하여 직원들은 다시 자신의 임무에 집중할 수 있었다.

🎖 작전 행동을 결정짓는 요소: 시간관리

손자는 모든 준비와 변화는 항상 시간이 필요하다는 사실을 지적했다. 만일 대규모 그룹이 출발하면 도착은 지연될 수 있다. "군 전체가 앞으로 나아가면 유리한 위치에 너무 늦게 도착하게 된다. 날렵한 부대만 먼저 앞으로 가면, 보급부대와의 연결이 끊어진다"(Ⅶ. 6). 따라서 사람들은 사전에 여러 가지 가능성을 따져봐야 한다. 물론 다양한 방식으로 그렇게 할 수 있다. 사람들은 좀 더 근본적으로 계획을 세우고, 일어날 수 있는 난관을 연습해보고, 예방 차원에서 그에 따른 작전 행동을 해보는 것이다. 아니면 다른 방식도 있다. 사람들은 애초부터 여분의 시간을 고려할 수도 있는데, 그러면 약간 지체하더라도 지장을 받지 않는다. 또한 목표도 점검할 수 있다. 이미 선발부대가 목적지에 도착했다면 목표는 달성된 것일까? 그러니 지나치게 서둘러 선발부대부터 보내는 것은 항상 좋지만은 않다. 군대에서는 그렇게 행동하면 쉽게 지치게 만든다고들 한다. 다른 한편으로 선발부대를 파견하는 것은 의미심장할 수 있다. 사업과 관련해서 생각해보면, 그와 같은 '선발부대'는 새롭게 시장을 개척해야 하는 나라에 이미 사무실을 하나 임대해서 그 나라 사람들과 최초로 접촉을 시도할 수 있다. 위험하고 문제를 일으킬 수 있는 경우는, 선발부대가 행동을 취하기 시작하지만 능력이 부족해서 실행할 수 없을 때이다.

요금을 지불하여 전체 프로젝트를 빨리 추진하는 일은 손자에게는 목적에 부합하지 않는 것으로 보인다. 지나치게 서두르면 실수도 더 잘 생긴다. 손자는, 군대가 먼 지역을 빨리 행진하면 어떤 일이 생기게 되는지 서술했다. "힘센 자들은 앞에서 행진할 것이고 약한 자들은 뒤에 남게 되므로, 군인들의 10분의 1만이 목표지점에 도착하게 된다"(Ⅶ. 8). 지나치게 서두르면, 전체 군인들이 서로 찢어지게 되고 병사들은 소그룹으로 무리를 지어 차례로 목적지에 도착할 위험이 있다. 이렇게 되면 군대는 지극히 위험한데, 쉽게 공격을 받을 수 있기 때문이다.

오늘날과 같은 경영세계에서는 그 누구도 약속기한의 지체나 부족한 생산 능력으로 인해 당황하는 일이 생겨서는 안 된다. 시간관리는 매일 해야 하는 업무에 속한다. 선형(線形)계획도와 생산능력곡선도 일상의 업무에 속한다. 이런 것들은 군대가 정시에 목적지에 도착할 수 있게 해주고, 자동차 한 대가 정시에 생산 공장을 확실하게 떠날 수 있게 해준다. 선형계획도도 변화를 받아들인다. 하지만 어떤 것도 자동으로 일어나지는 않는다. 변화를 기입하고 변화로부터 나오는 결과를 평가해야 하며, 대응조치를 내려야 한다. 선형계획표는 체력이 강한 남자들과 약한 남자들이 그들의 적성에 따라 투입되고 그렇게 함으로써 제품과 목표달성에 공동으로 참여할 수 있도록 짜여 있다.

팀워크와 전체적인 사고

위에서 이미 인용했던 손자의 관찰은 하나의 경고로 이해할 수도 있고 팀 워크를 옹호하는 입장으로 이해할 수 있다. "힘센 자들은 앞에서 행진할 것이고 약한 자들은 뒤에 남게 되므로, 군인들의 10분의 1만이 목표지점에 도착하게 된다"(Ⅶ. 8). 한편으로 우리는, 많은 회사가 팀을 지지한다는 소리를 듣지만, 실제로 보면 강한 자들에게 집중되어 있다. 주도적인 실력자들을 원하는 것이다. 경영자는 엄청난 돈을 벌고 전반적인 책임도 떠안는다. 하지만 직원들이 없다면 경영자가 일을 시작할 수 있겠는가? 직원들과 보조를 맞추지 않는다면, 경영자는 무엇을 경영할 수 있겠는가? 함께할 유능한 직원들이 없다면 경영자는 존재하지도 못한다.

이와는 반대로 전체가 전쟁을 준비하는 군대는, 몇몇 유능한 자가 전투를 결정하고 다른 사람들은 기회가 되면 슬쩍 도망치는 군대보다 승리를 거두기가 훨씬 수월하다. 팀을 만들고 그 팀을 유지하는 임무는 경영자의 임무 가운데 가장 중요하다(Ⅶ. 2와 비교하라). 만일 회사가 직원들을 잘 뽑았다면 그들을 믿고 맡길 수 있다. 회사는 직원들을 어떻게 투입하고, 어떤 직원에게 어떤 임무를 맡길 수 있는지, 어떤 문제를 해결하기 위해 어떤 직원을 채용했는지를 잘 안다. 따라서 팀이 흩어지지 않도록 애를 써야 한다. 전쟁터에 대포를 끌고 갔는데 정작 포병을 데려가지 않았다면 대포가 무슨 소용이 있겠는가?

진정한 힘은 바로 전체에 있으며 승리를 보장해주는 것도 역시 전체에서 나온다. 손자의 말에 따르면, 보급도 전체에 포함된다. 기업세계에 적용하면 그것은 간부진인데, 이들의 지원은 실력자들이 생각하는 것보다 훨씬 더 중요하다. 손자는 이렇게 기록했다. "군대는 수송부대가 없으면 패배한다. 군대는 비축식량이 없으면 패배한다. 군대는 보급품이 없으면 패배한다."

수송부대에 관한 지적은 매우 독특하다. 과연 오늘날의 경영자들 가운데 누가 '수하물 운반차'나 수송체계에 관해서 생각을 하겠는가? 많은 경우에 판매에만 극도의 관심이 쏠아질 것이다. 그러나 판매부가 고객과 계약을 맺을 때, 계약이 효율적으로 실행되도록 물류(物流)도 정해둬야 한다. 그러므로 판매부장은 물류도 살펴야 한다. 혹은 또 다른 예로 조직개편을 들 수 있다. 즉, 많은 경영자는 전략을 세우고 이를 즉각 알리는 습관이 있다. 그들은 마치, 자신의 결정과 통보로 이미 일은 진행되고 금세 새로운 조직이 하나 생겨나는 것처럼 생각한다. 하지만 얼마 후면, 조직담당 부서는 물론 경리과도 원하는 시간 내에 조직개편을 실행에 옮길 수 없다는 사실을 확인하게 된다.

그러면 최고의 경영자는 일보 후퇴해야 한다. 그는 그냥 수하물 운반차를 잊었던 것이다.

'자전거 주식회사'는 자주 조직개편을 해야 했다. 또한 조직을 개편한 후에도 조직개편이 어떤 결과를 가져왔으며 비용은 어느 정도 들었는지에 관해서 확실하게 알 수 없었다. 한번은 아주 진부한 이유로 인해 조직개편이 실패한 적이 있었다. 새로운 경영자가 새로운 조직개편 구상을 내고 그것을 실행하라는 지시를 내렸다. 그러자 경리과 팀장은 이사진에게 다음과 같은 점을 알렸다. 우선 사업연도 동안에는 모든 비용을 전환할 수는 없으며, 또한 구조개편 후에는 현재와 과거의 자료를 숫자상으로 비교할 수 없다는 사실을 이사진이 분명히 알고 있어야 한다는 것이었다. 또한 적어도 기계로는 못한다는 것이었다. 손으로 작업을 할 경우 대략 다섯 명이 필요하다고 했다. 그러자 이사진은 예전의 조직을 그대로 두기로 결정했다. 생생한 회사의 자료를 과거의 자료와 비교하는 것은 새로운 경영자가 원하는 조직개편보다 더 소중했기 때문이다.

만일 경영자가 팀과 함께 전략을 변형하고자 한다면, 자신의 팀에 필요한 전문가들이 있어야 한다. 팀원들은 변화시킬 업무가 특수한 도전임을 믿어야 한다. 만일 새로운 나라에서 새로운 제품을 구입하고자 하면 사람들은 이 나라에 정통한 경험 많은 구매자가 필요하다. 대중 앞에서의 프레젠테이션과 강연이 중요하다면 사람들은 이를 준비하는 걸 가르쳐주는 트레이너가 필요하다. 이런 일을 하는 직원들이 자신의 팀에 반드시 있을 필요는 없고, 지식과 노하우를 돈을 주고 구입하면 된다. 그렇듯 필요한 전반적인 지식을 갖추었을 때 사람들은 승리를 거둘 수 있다. 손자는 이런 것을 어떻게 표현했을까? "우리는 조건을 잘 알지 못하는 나라로 군을 이끌고 갈 수는 없다.

그 나라의 산과 숲, 위험과 우회로, 늪과 습지대를 잘 모른다면 말이다"(Ⅶ. 13).

독일수상 후보자였던 에드문트 스토이버(Edmund Stoiber)는 2002년 선거전을 위해 능력 있는 사람들로 팀을 구성했다. 이는 아주 좋은 아이디어였는데, 이런 식으로 유권자에게 능력을 더 잘 보여줄 생각이었다. 그런데 아무도 예상하지 못한 재난, 즉 홍수가 일어났던 것이다. 그런데 후보자의 팀에 환경을 담당하는 전문가가 없다는 사실이 갑자기 드러났다. 자신의 팀에 모든 전문가들을 거느린 자만이 이긴다는 사실은 선거전 전략가들에게 잘 알려져 있었다. 사태가 너무 갑작스럽게 일어났기에 환경이라는 능력은 후보자가 담당해야 하는 분야가 되어버렸다. 선거전의 결과는 굳이 말하지 않아도 알 것이다.

🈁 미리 숙고해두는 편이 낫다!

전술과 관련해서 손자는 구체적으로 충고를 했다. "우리는 불처럼 약탈하거나 산처럼 조용히 서 있다. 우리의 계획은 밤처럼 어둡고 투명하지 않으며, 우리의 돌격은 천둥과 같다. …… 한 발자국도 미리 철저하게 계산해서 뗀다"(Ⅶ. 17~19, 21). 이 말들에는 얼마나 많은 지혜가 숨어 있는가! 2,500년이나 되었지만, 이 말들은 오늘날에도 여러 가지 대안 가운데 고민해서 나오는 최상의 전술이 될 수 있다.

'자전거 주식회사'에서는 조직개편이 모종의 전통으로 자리 잡았다. 회사는 어느 정도의 규모가 되면 끊임없이 조직개편 필요할 수도 있다. 하지만 그와 같은 상황에 처하게 되자 사람들은 조직개편이 항상 객관적으로 좋은 해결책은 아니며, 그때그때의 경영자가 지닌 주관적인 인식의 복사판이 된다는 사실을 깨달았다. '자전거 주식회사'의 경영자 한 사람은 함부르크, 뒤셀도르프, 베를린에서는 이제 엔지니어링 업무가 이루어지지 않으므로 모든 것을 공장이 있는 뮌헨에 집중시켜야겠다고 결정했다. 이런 결정은 정확하게 1년 동안 유효했고, 다음번 경영자는 엔지니어링 업무를 열 군데로 분산시켜서 진행해야 한다는 결정을 내렸다. 또 1년이 지나자 다른 경영자가 들어와서 엔지니어링 업무의 대부분을 인도로 옮길 것을 결정했다. '자전거 주식회사'의 이사진은 시간이 지나자, 그와 같은 발상들은 깊이 생각한 결과도 아니며 매번 경영자의 주관적인 경험을 반영할 따름이라는 사실을 깨닫게 되었다. 어떠한 경우에도 직원들의 의견을 물어보지 않았다. 어쩌면 직원들이 좋은 해결책을 제안할 수도 있었을 텐데 말이다. 게다가 그때그때 조직에 속해 있던 직원들은 자신이 속해 있는 조직이 쓸 만한 조직이라는 것을 증명할 시간조차 없었다. 그러므로 이제까지와는 다른 새로운 조직개편을 시작하는 것이 좋을 것이었다.

손자에 따르면 조직을 바꾸기 위해 사람들은 질문 목록을 작성해야 한다. 조직개편은 다음과 같은 고민을 먼저 해야 한다.

- 경제적 환경과 사회적 환경은 어떠한가? 오늘날의 조직형태가 적절한가, 아니면 변화해야 하는가? 만일 변하지 않으면 어떤 효과가 있는가? 사람들은 변화로부터 어떤 결과를 기대하는가?
- 역사적으로 어떻게 발전했던가? 어떤 원인과 고민이 오늘날의 조직이 되도록 했는가? 기존의 조직형태가 효과를 증명할 수 있을 만큼 충분한 시간을 주었는가?
- 우리는 어떤 인적자원을 가지고 있는가? 우리는 조직개편으로 직원들

을 지원하고 동기를 부여할 수 있는가, 아니면 조직개편을 통해 많은 직원들과 이들이 가지고 있던 지식까지 상실할 위험이 있는가?

■ 조직개편이 어느 정도의 비용이 드는지(가령 비정상적인 퇴직규정과 관련해서 드는 비용) 우리는 상상할 수 있는가? 조직개편의 단계가 우리의 사업성과에, 특히 결과에 어떤 영향을 줄지 우리는 상상할 수 있는가?

■ 직원들의 동기 상실이 실책으로 이어지고, 이로 인해 비용이 더 들지 않을까? 주문이 들어오지 않아 더는 고객유치를 하지 못하는 것은 아닌가? 경험은 많지만 동기를 잃어버린 직원들이 회사를 떠났기 때문에, 전문적인 지식을 새로 구축하려면 어마어마한 비용이 들게 된다.

🏛 동기부여와 자신의 힘을 현명하게 다루기

전체성과 통일성은 승리를 위해 중요하며, 손자는 이를 분명하게 말했다. "공과 북, 군기와 깃발로 군대의 주의를 특정 지점으로 움직일 수 있다. 군대가 이와 같은 방식으로 하나가 되면, 용감한 자도 홀로 돌진할 수 없고 겁쟁이도 홀로 뒤에 남을 수 없다. 이렇게 대규모 군사를 움직일 수 있다"(Ⅶ. 24~25). 지도자와 경영자는 중요하지만, 이들도 다만 전체의 일부이며 혼자서는 승리를 거둘 수 없을 것이다.

또한 힘을 유지하는 것도 중요하다. 손자는 적의 활력과 동기도 금세 사라질 수 있다는 사실을 알았다. 직원들이 좌절했을 때 그들이 다시 활력을 찾고 최고의 성과에 관심을 갖게 하려면 많은 노력과 작업이 필요하다. 손자의 말을 인용해보자. "적이 아직 먼 곳에 있을 동안 목적지에 도착하고, 적이 애쓰고 고생하는 동안 여유 있게 그들을 기다리고, 적이 굶는 동안 잘 먹는 것.

바로 힘을 현명하게 다루는 방법이 그 안에 있다"(Ⅶ. 31).

　많은 경영자들은 직원들의 능력을 계속 유지하는 것이 어렵다는 사실을 과소평가한다. 직원들에게 지속적으로 용기를 주는 일은 다른 사람들에게 위임할 수 없다. 이것은 경영자가 맡은 핵심적인 과제이다.

　동기부여에 대해서는 많이들 쓰고 또 말도 한다. 하지만 도대체 동기부여란 무엇일까? 손자에게는 몸이 편안하도록 배려하는 일도 동기부여에 속한다. 오늘날과 같은 경제생활에서 이것은, 이성적으로는 임금을 지불하는 것을 의미하며, 초과근무를 한 직원들을 집으로 퇴근시켜 다음날 정상적으로 일할 수 있게 하는 것도 역시 동기부여에 속한다. 또한 직원들의 정신적인 안정을 어느 정도 살피는 일 역시 동기부여에 속한다. 회사가 자신을 진지하게 받아들인다는 느낌을 직원 모두가 가질 수 있게 하는 것도 역시 그러하다. 회사의 분위기를 공개적으로 하고 두려움을 느끼지 않도록 만드는 노력, 온갖 목표들 가운데 긍정적인 정신 하나를 만들어내는 일, 승진기회와 교육을 받을 수 있는 기회를 제공하는 것도 동기부여에 속한다. 그리고 필요한 경우, 적시에 공평하고 적절하게 비판하는 것도 동기부여이다.

　'자전거 주식회사'는 구조조정에 들어갔다. 3,000명의 직원들이 회사를 그만두거나 회사의 일부를 매각해야 했다. 그러고 나서 핵심 사업에만 집중할 계획이었다. 이사진은 직원들의 기분이 그다지 좋지 않다는 정보를 듣게 되었다. 그리하여 이사진은 가족의 날을 정했다. 토요일의 하루를 정해서 직원들의 모든 가족을 초대했던 것이다. 각 부서는 직원들과 그 가족에게 동기를 부여하기 위해, 가족 단위에 적합한 놀이, 강연, 쇼를 선보이기로 했다. 하지만 이사진은 소수의 가족들만 초대에 응한 것을 보고 매우 놀랐다.

동기부여란 '문만 활짝 여는 정책'으로는 충분하지 않다. '마음을 활짝 여는 정책'이 훨씬 더 필요하다. 물론 경영자는 심리학자도 아니고 마음을 달래주는 전문가도 아니다. 그러니 그런 것을 요구하면 과도한 요구라고 생각할 경영자들이 많을 것이다. 그러나 실제로, 직원들은 어떤 문제를 상사와 의논해야 하고 어떤 문제는 개인적으로 해결할 문제인지를 구분할 줄 안다. 경영자는 모든 전문적인 문제를 한꺼번에 해결하지도 못하며 해서도 안 되지만, 시간을 들여 경청을 해야 한다. 모범적인 상사 앞에 가면 직원도 자신의 좌절감을 드러낼 수 있는 가능성이 있다. 거꾸로 상사는 이런 기회가 없었다면 모르고 넘어갔을 새로운 정보를 얻어야 한다. 이런 정보는 전략과 전술을 짤 때 참으로 중요할 수 있다. 경영자가 실제로 매우 모범적이라면 그는 직원들을 일으켜 세우고 그들을 강하게 만들 것이다. 경영자는 직원들을 강하게 만들면 만들수록 자신의 팀이 전투력도 더욱 강해지고 의지도 더욱 강해질 것이라는 사실을 안다. 바로 여기에서 우리는 동기부여의 핵심을 발견한다. 동기부여는 무엇보다 작업내용에 의해서 결정된다. 직원이 까다롭기는 하지만 자신의 힘으로 해결할 수 있다고 생각하는 작업과제를 맡았다면 그것은 동기부여가 된다.

전쟁터에서 자신의 힘을 현명하게 잘 다룰 수 있는 법에 대해 손자는 아주 구체적으로 설명했다. "군대를 운용하는 규칙은 산 위에 있는 적을 공격하지 말고 그들이 산 밑으로 내려올 때 가로막지 말아야 한다. 도주하는 척 흉내를 내는 적은 공격하지 말고, 투지가 투철한 병사들은 공격해서는 안 된다. 적이 미끼를 던지면 물어서는 안 된다. 군대가 집으로 돌아가면 이를 멈추게 해서는 안 된다. 만일 적을 포위하면 도망칠 수 있는 길을 열어줘야 하고, 절망하는 적을 지나치게 몰아붙여서는 안 된다"(Ⅶ. 33~36).

경영자가 시장에서 경쟁을 할 때 그리고 조직관리를 할 때 이와 같은 손자

의 말로부터 어떤 점을 배울 수 있을까? 경영자는 손자의 충고를 다음과 같이 적용하면 될 것이다.

- 현재 자회사보다 더 나은 제품, 더 나은 시장지식과 더 나은 고객관리를 하는 경쟁사에 싸움을 걸지 않도록 주의하라.
- 경쟁자가 어떤 시장에서 물러날 암시를 보낸다면, 그를 추적하지 말라. 이미 처리된 어떤 것에 힘을 투자한다는 것은 아무런 의미가 없다.
- 빠져나갈 길이 없는 경쟁자를 계속 압박하는 것은 지나치다. 공격하지 않더라도 문제는 스스로 해결된다.

이와 같은 방식으로 사람들은 무엇보다 과도하게 힘을 소비하지 않을 수 있고 자신의 힘을 잘 관리할 수 있다. 비록 오늘날에는 경영자가 갖춰야 할 덕목으로써, 좋은 시기가 올 때까지 기다리는 태도는 매우 과소평가를 받고 있지만 말이다.

誤 변화에 대한 욕망

승리를 거두고 싶은 사람은 전략적인 작전을 잘 다루어야 한다. 전략적인 작전은 예외 없이 상황의 변화로부터 나온다. 효과는 미미할 수도 있고 어마어마할 수도 있다. 따라서 변화는 항상 우리가 해야 할 작업 대상이다. 비록 우리가 변화를 원하든 원치 않든, 변화를 선호하든 그렇지 않든 말이다.

변화는 그 자체로는 아무런 가치가 없다. 그러니 경영자는 항상 변화에 대한 개방성과 신중함 사이를 깊게 고민해야 한다. 이와 관련해서 가장 좋은 본보기는 바로 의사이다. 의사는 새로운 치료방법에 대해 개방적이어야 하지만, 현존하는 방법과 비교했을 때 훨씬 나은 성과를 약속해줄 경우에 한해서 투입할 것이다.

손자의 충고는 모두 변화와 관련이 있다. 예를 들어 그는 이런 말을 했다. "전쟁터에서 입으로 전하는 말은 잘 전달되지 않을 수 있다." 이는 문제이며 해결책을 찾아야만 한다. "그리하여 징과 북을 사용한다. 그리고 평범한 물건들은 주의를 끌기 힘들다. 따라서 군기와 깃발을 사용한다." 이렇듯 개별 해결책은 변화와 상관이 있다. 이는 경영자에게, 한편으로는 항상 변화에 개방적으로 대응하고 직원들을 변화에 동참시켜 그와 같은 개방성을 분명히 보여주라는 뜻이다. 하지만 다른 한편으로 경영자는 변화의 한계도 알아야 한다. 변화는 그에 대한 대가를 치르게 한다. 만약 대가가 너무 비싸면, 사람들은 변화와 거리를 둬야 한다.

어느 날 '자전거 주식회사'의 최고 경영자 한 사람이 이렇게 알렸다. "우리는 조직을 개편할 것이며, 200명을 해고하고 나머지 직원들에게 동기를 부여할 것입니다." 물론 이런 일은 생기지 않았다. 그러나 누가 200명에 속하고 누가 속하지 않는지를 아는 사람은 아무도 없었고, 직원 모두가 동기를 잃었다. 노동조합이 움직이기 시작했고 소소한 전쟁이 일어났지만 이로 말미암아 회사는 마비가 되었다. 사람들이 감수성을 조금 더 동원하고, 준비를 조금 더 잘 했더라면 다른 해결책을 찾을 수도 있었을 것이다. '자전거 주식회사'는 이 문제를 전통에서 벗어난 방식으로 해결했다. 즉, 이사진은 책임 있는 경영자를 해고했고, 직원들이 좋은 아이디어로 참여할 수 있는 '지속적 개선프로그램'을 발의했다.

경영자들은 직원들을 배려하는 의무도 있다는 사실을 잊어서는 안 된다.

손자는 항상 강조했다. 자신의 이익을 위해서라도 모든 직원들을 전쟁터로 이끌고 가는 것이 중요하다고. 직원들은 전체 속에서 강함을 느낀다. 그리고 전체는 직원들이 강하기 때문에 강한 것이다. 따라서 강한 힘은 배가 된다.

사람들은 유연성을 기회로 파악해도 된다. 한편으로, 주변 환경의 변화, 경쟁자의 변화, 자신이 몸담고 있는 조직의 변화를 인지하고 승리를 굳히기 위해 그것에 반응하는 것은 경영자에게 기회이다. 다른 한편으로 개방적으로 변화를 인지하고, 팀 안에서 일을 한 뒤에 전체로서 반응하는 것은 직원들에게 기회이다.

🉠 군쟁편과 관련된 인용문

우리는 실력 있는 피아니스트와 바이올린 연주가가 연주를 할 수 있는 하나의 오케스트라이고자 한다. 음악회가 끝난 뒤에 우리는 새로운 회원을 더 늘렸다.
- 올라프 글란츠(Olaf Galnz), 독일의 최고 경영자, 글란츠 주식회사 회장.

무슨 일이 잘못 될 수 있으면, 언젠가 한 번 그 일은 뒤틀어진다.
- 머피의 법칙, 작자 미상.

올바른 사람들과 함께 일을 하고, 그들을 존중해주고 동기를 부여해줘야 한다. 지속적인 성공은 팀으로 움직여야 가능하다.
- 클라우스 슈타일만(Klaus Steilmann, 1929~), 1999년까지 슈타일만 GmbH & Co. KG의 경영자.

바람이 불지 않아서 최강의 힘도 서서히 꺼져 가는 경우가 얼마나 많은지.

- 제레미아스 고트헬프(Jeremias Gotthelf, 1797~1854), 본명은 알베르트 비치우스 (Albert Bitzius), 스위스의 수필가.

다른 사람들 안에 불을 붙이고 싶은 것을 네 안에서 훨훨 타게 해야 한다.

- 아우렐리우스 아우구스티누스(Aurelius Augustinus, 354~430), 위대한 철학자, 신학자.

나는 매일 세 가지 질문을 나에게 던진다. 첫 번째, 나는 생각과 행동으로 다른 사람들에게 부족함을 보였는가? 두 번째, 내 친구들의 신뢰를 악용했는가? 세 번째, 나 스스로도 제대로 파악하지 못하는 것을 다른 사람들에게 가르치려고 노력했는가?

- 자사, 공자의 손자.

08 유연성은 차이를 만든다_ 구변편(九變篇)
전쟁에서 결정적인 장점을 가지려면, 상황에 따라 결정을 내릴 수 있어야 한다

손자는 그의 여덟 번째 계명에서 전략적인 다양성을 다루었다. 그는 다양한 상황에서 사람들이 어떻게 행동할지에 관한 충고를 해준다. 이때 유연하게 반응하는 것이 매우 중요하다. 손자의 말을 인용해보겠다. "여러 가지 전술의 장점을 알고 있는 장수는, 자신의 군을 거느릴 줄 아는 사람이다. 이를 모르는 장수지만 지형을 잘 알고 있을 수 있다. 이런 장수는 자신의 지식을 실행에 옮길 수가 없다"(Ⅷ. 4~5).

상황은 변하고, 이로써 전략을 변형하기 위한 전술도 바뀐다. 지도자와 팀원들의 유연성이 탁월하면 할수록 행동하기가 훨씬 수월하다.

행동에서의 유연성이란, 특정 활동을 하지 않는다는 의미가 된다. "네가 가서는 안 되는 길이 있고, 공격해서는 안 되는 군대가 있으며, 포위해서는 안 될 도시가 있다. 적과 다투면 안 되는 위치가 있고, 따르지 않아야 할 군주의 명령도 있다"(Ⅷ. 3).

그리고 지식을 실행에 옮길 수 있는 능력은 결정적으로 장군 혹은 경영자의 개인적인 특징에 달려 있다.

반응에서 행동으로

순수하게 이론적으로 보면 이 문제는 분명하다. 즉, 한 사람은 행동하고 다른 사람은 반응을 한다. 실생활에서는 행동과 반응이 전혀 구분되지 않는다. 어떤 개별 활동이 행동하는 것이고, 어떤 개별 활동이 반응하는 것인지를 깊이 생각해봄 직하다. 그야말로 행동에 속하는 것도 반응에 부합한다. 항상 자극하는 것이 있다.

'자전거 주식회사'는 타이완에서 대규모 주문을 받는 데 성공했다. 하지만 타이완에 있는 하청업자로부터 부품을 20퍼센트 구입하는 조건이었다. 이 조건은 그리 큰 문제는 아니었는데, 사실 타이완에서도 좋은 품질의 부품을 납품하는 납품업자들을 발견하기란 어렵지 않았다. 하지만 실수를 범한 점은, 프로젝트 관리를 독일에서 하게 되어 있어서 타이완에는 방문만 할 수 있었던 것이다. 그러니 프로젝트 관리를 타이완으로 전환할 여력이 없었다.

2년 후에 타이완 관공서로부터 편지가 한 장 도착했는데, 타이완으로 분산하겠다던 계약조건의 불이행에 대해 불평하는 내용이 들어 있었다. 편지는 회사의 임원들에게 전달되었다. 프로젝트를 관리하던 이들은 이전을 추진하려는 식의 반응을 보였다. 프로젝트 팀장은 문제를 해결하기 위해 직원 한 명을 타이완으로 파견했다. 이런 과제를 위해서 회사는 항상 가장 실력 있는 직원을 뽑았지만, 이 직원은 문제를 살펴볼 시간조차 없었다. 타이완에 도착해서도 그는 다른 프로젝트를 도와달라는 요청을 받았다. 그는 이메일을 통해서 전 세계의 일을 했다. 프로젝트 관리자들은 또다시 이 임무를 당당할 직원을 한 명 요청했다. 이사진은 처음에 타이완에 파견했던 직원으로부터 아무런 결과를 얻지 못했다는 사실을 바탕으로 인원 보충을 금지했다. 그리하여 문제는 해결되지 않았다.

이 경우에 애초부터 단호한(그리고 옳은) 행동을 했더라면 나중에 가서 순전히 반응을 위한(그리고 잘못된) 반응을 막을 수 있었을지 모른다. 물론 행동의 정당함은 결정적으로 중요하다. 정당한 행동과 반응은 두 가지를 전제로 한다. 즉, 능력과 역량이다. 많은 경영자들은 명령을 전달하는 데 익숙하다. 위의 자전거 회사 예에서도 경영진은 주문을 받아서 직원들에게 임무를 나누어 주었다. 대부분의 경우에 이로써 일이 끝나는 것이 아니다. 경영진은 임무에 상응하는 재원을 준비해두거나 또는 내어줘야 한다. 이것이 바로 위에서 인용했던 손자의 말이다. "여러 가지 전술의 장점을 알고 있는 장수는, 자신의 군을 거느릴 줄 아는 사람이다"(Ⅷ. 4). 이런 맥락에서 볼 때, 계약서에서 특정 지역을 지정하여 일정량의 부품을 구입하겠다는 조건을 수용하여 경쟁자를 물리친 경영자는 성공적으로 계약의 이행에도 힘을 써야 한다는 뜻이다. 따라서 원래 자신의 계획에서는 예견하지 못했다 하더라도 경영자는 전략을 변경해야만 한다. 그렇게 해야만 그는 성공적으로 군을 거느릴 수 있다.

🟤 책임감 있고 반대할 수 있는 리더십

손자는 설사 그것이 오늘날이라 해도 폭발력 있는 주장을 펼쳤다. 그는 이렇게 말했다. "네가 …… 따르지 않아야 할 군주의 명령도 있다"(Ⅷ. 3).

이는 기업의 세계에는 특히 맞는 말이다. 우리는 책임을 떠맡는 경영자가 필요하다. 그들은 직원들을 이끌어가고 동시에 회사 소유자들의 요구를 막아줄 수도 있어야 한다. 경영자들이 찬성과 반대를 고민하고 결정해야 하는 상황은 항상 있다. 두 가지 종류의 시나리오가 있다. 즉, 첫 번째 시나리오는 전문가들의 갈등을 담고 있다. 이사진은 주문을 받아들일 준비가 되어 있지 않다. 경영자는 이와 같은 주문이 회사의 성과를 본질적으로 향상시킬 수도 있다고 생각한다. 이와 같은 경우에 경영자는 자신이 가진 설득력을 총동원 해야 한다. 만일 그가 이사진을 설득하지 못하면 복종하거나 결과에 책임을 져야 하고, 경우에 따라서는 회사를 떠나야 한다. 두 번째 시나리오는 타인의 회사를 신탁 받은 사람의 갈등을 담고 있다. 이사진은 결산에 관한 규정을 좀 더 관대하게 해석하기를 원한다. 경영자는 이에 동의하지 않는다. 그와 같은 경우에 경영자는 이사진에 맞서야 한다. 경영자의 반대가 성공할 경우도 많지만 해고되는 경우도 많다. 이는 오래전부터 흔히 볼 수 있는 의무와 양심 사이의 갈등이자, 복종과 책임감 있는 결정 사이의 갈등이다.

장군은 언제 포기하는가? 위로도 밑으로도 갈 수 없을 때 그는 포기한다. 그렇듯 모든 장군이 독립적이지는 않다. 또한 장군이나 경영자도 가족이 있고 의무가 있다. 그러므로 이들은 소득에 의존하고 그것에 종속된다. 모든 경영자는 자신의 종속성을 분명하게 알고 있어야 한다. 독립성은 그에게 얼마나 값비싼 대가를 치르게 하며, 그에게 어떤 가치가 있을까? 론 서머(Ron Sommer, 독일 텔레콤 주식회사의 회장이었다. ─ 옮긴이 주)가 텔레콤에서 쉽게 떠날 수 있었던 것은 재정적으로 안정되어 있었기 때문이다. 그가 맺은 계약은 그에게 안정적인 보상을 확보해주었다. 다른 많은 경영자, 특히 중소기업의 경영자는 당연히 그렇지가 않다. 그래서 이런 중소기업의 경영자가 결정을 내리는 것은 더욱 힘들다.

"병술은, 적이 쳐들어오지 않을 것이라고 우리에게 가르치지 않고, 적을 맞이할 준비를 하라고 가르친다. 적이 공격하지 않을 가능성을 가르치지 않고, 우리의 위치를 적이 공격하지 못하도록 가르친다"(Ⅷ. 11). 이 말은 경쟁 사와의 경쟁에 적용해도 되고 자회사 소속의 직원들이 경쟁할 때도 적용할 수 있다. 물론 손자는 이런 분야까지 고려하지는 않았지만 말이다. 하지만 손자의 말은 사전에 종속성(의존성)을 생각하고, 자신의 (반드시 재정적일 필요는 없는) 행동을 미리 준비해두는 것이 좋다는 충고이다.

경영자가 가진 위험한 특징

손자에 따르면 패배는 우선 장수의 책임이다. 이런 의미에서 손자는 위험한 경영자의 다섯 가지 특징을 제시했다.

1. 파괴를 낳는 만용
손자는 전쟁이란 목적 자체가 아니라고 거듭 주장했다. 전투를 벌이지 않는 전쟁을 그는 가장 좋아했다. 모든 것 혹은 가능하면 많은 것을 파괴하는 것이 전쟁의 목적이 아니다. 전쟁의 목적은, 더 향상되기 위해, 더 많은 매상을 올리기 위해, 더 좋은 결과를 내기 위해 권력을 넘겨받는 것이다. 적의 회사든 나의 회사든 이것을 파괴하는 게 목적이 아닌 것이다.

2. 포로로 전락하는 비겁함
회사가 비겁하면, 경쟁자들이나 여론을 조성하는 집단 혹은 정치에 불필요할 정도로 심하게 끌려다니게 된다. 경영자가 자신의 상관에게 반대하지 못하면 이것이 바로 비겁함이다. 경영자가 실수를 인정하지 못하고 이로부터 배우지 못하면 비겁함이 될 수 있다. 만일 경영자가 직원들의 말을 듣지 않으면 그는 비겁하거나 멍청하다.

3. 쉽게 상처받고 흥분 잘 하는 기질

가령 사람들의 모욕에 쉽게 자극을 받을 수 있는 경영자라면, 이를테면 쉽게 흥분하는 성향이라면 이런 경영자는 실패한다. 자신을 통제하지 못하는 경영자는 실패한다. 경영자는 자극에 주의해야 하고 근거 있는 비판에는 마음을 열어야 하지만, 선동되어 평정을 잃어버려서는 안 된다. 오늘날 우리는 감정적인 안정과 좌절감의 순화에 대해 얘기한다.

4. 굴종하는 경향이 있는 명예심

물론 경영자는 회사와 자신을 동일시해야 한다. 하지만 만일 그가 겸손과 잘못 이해한 의무감으로 인해 (경우에 따라서 너무 서둘러) 복종하는 태도를 취하고, 개인적으로 더는 책임을 질 수 없으나 반대할 용기도 없다면, 이는 매우 위험하다.

5. 병사들에게 지나치게 주의를 주는 세심함

경영자라면 당연히 직원들의 행복을 염두에 둬야 한다. 하지만 직원들이 접하게 되는 모든 어려움을 제거해줄 수는 없다. 그리고 경영자는 자신의 직원들이 처하게 되는 모든 상황에서 도움을 제공할 수도 없다. 성인인 직원들은 상당한 정도의 책임을 스스로 진다. 최소한 그 정도에 해당하는 업무를 할당받아야 한다.

그리고 손자는 이 장을 다음과 같이 끝맺었다. "이것이 장수의 다섯 가지 죄인데, 이들은 장수의 적합성을 파괴한다. 만일 군대가 패배하고 그들의 장수가 죽음을 당한다면, 그 원인은 분명 이 위험한 특징 중에서 하나일 것이다. 그 때문에 위험한 특징을 잘 생각해보는 게 중요하다"(Ⅷ. 13~14). 따라서 전문적인

능력이 사용될 수 있을지 어떨지는, 우선 인격적 자격(soft skills)이 결정을 한다. 그러므로 경영자들의 특징 가운데 위험한 특징은 고려해봐야 한다. 경영자를 채용할 때는 물론이고 패배한 뒤에 그가 실시한 전술을 비판할 때도 말이다.

🔤 경영자를 위한 오류관리

손자에 따르면, 장수는 어떤 실수도 해서는 안 된다. 이와 같은 요구를 조금 더 자세하게 관찰하기 위해, 어떤 구상 같은 것이 있는가?

제품과 관련해서는 제로 - 실수 - 전략이 있는데, 현실에서는 대체로 돈으로 따질 수 없을 정도로 값진 것이다. 또한 결과가 전혀 없는 것보다 80퍼센트라도 나오는 게 더 낫다고 말하는 80 / 20 전략도 있다.

하지만 경영자의 작업숙련도를 어떻게 추정할 수 있을까? 경영자는 결정을 내리고 의사소통을 한다. 따라서 만일 경영자가 결정을 내리지 않고 의사소통도 하지 않는다면, 반드시 실수를 하는 것이다. 그러나 경영자가 결정을 하고(만일 틀린 결정을 내리면) 커뮤니케이션을 하더라도(만일 본질적인 내용에 대해서 의사소통을 하지 않으면), 그는 실수를 할 수 있다.

그와 같은 실수를 어떻게 평가할 수 있을까? 경영자도 자신의 일을 품질이라는 기준점으로 평가해야 한다. 만일 그가 결정을 내리면, 이런 결정의 효과를 검사할 수 있는 시스템을 마련해둬야 한다. 만일 경영자가 의사소통을 하면, 자신의 의사가 어떻게 전달되었는지를 피드백해주는 시스템을 이용해야 한다.

경영자가 직원들에게 수준 높은 요구를 하면, 자신에게도 그런 요구를 해야 한다. 가령 그가 자신을 위해 품질보증 장치를 설치하는 것도 그런 요구에 속한다. 이런 장치는 경영자를 지원하고 규칙적으로 작업 단계를 검사하며 계획과 비교한다. 경영자가 그와 같은 시스템으로 일을 하더라도 실수를 범하겠지만, 그는 실수를 좀 더 빨리 인지하고 교정할 수 있다.

경영업무를 위한 우수한 품질보증 시스템을 도입하면 일관성 있는 경영자는 실수를 전혀 하지 않는 문턱까지 신속하게 갈 수 있다. 조금 더 자세하게 표현하자면, 그런 시스템을 가지고 일하는 경영자는 실수를 빨리 인지하여 그에 상응하는 반응을 할 수 있는 문턱까지 갈 수 있다는 뜻이다.

실수로부터 배우고 두 번 다시 그런 실수를 하지 않는 것이 이상적이다. 실수가 인식되면, 이 실수는 품질보증 프로세스에 입력되고 고려되어야 한다. 마지막에 가면 프로세스는 실수가 없어질 것이다.

경영자는 오류관리를 잘 해내야 한다. 손자는 이렇게 적었다. "적에게 손해를 입혀 적이 꼼짝도 못하게 하라. 적에게 불쾌한 일을 제공하여 이 일에 몰두하게 하라. 적들을 조종하기 위해 미끼를 던지라"(Ⅷ. 10). 경영자는 물론 적에 의해 시험에 빠진다. 그는 그와 같은 시험을 인지하고 이에 대해 적절하게 반응해야 한다. 경영자는 지나치게 바쁜 업무에 시달리고, 고객, 납품업자, 직원들의 요구로 인해 쫓긴다. 이런 경우에 경영자는 자신의 품질보증 프로세스를 따르는 데 필요한 시간을 낼 수 없다. 이는 그가 실수를 쉽게 저지를 수 있다는 뜻이다.

인격상의 어떤 특징으로 인해 실수가 생길 수 있다. 그러므로 모든 사람은 자신의 능력, 자신의 우수성이 요구에 적합한지 어떤지를 비판적으로 따져봐야 한다.

많은 기업은 잘 고안해낸 직원 평가 시스템을 구비하고 있다. 대체로 직원들의 능력과 성과를 일 년에 한 번 평가하고 그로부터 기대하는 작업수준과 비교한다. 만일 능력과 요구수준이 일치하지 않으면 사람들은 교육, 특수과

제, 작업임무의 전환을 통해서 향상될 수 있다. 이런 것들은 그 사이 대기업에서는 관례가 되었고 많은 중소기업에서도 실행되고 있다.

직원들이 경영자를 평가하는 제도는 아직까지 일반화되어 있지 않다. 물론 양측은 개인적인 대화를 통해 많은 질문들을 설명할 수 있다. 만일 상사와의 대화가 시스템으로 이용되면, 사람들은 구조(질문과 대답)를 통해 그리고 익명성을 통해 매우 유익한 인식들을 얻을 수 있다. 나중에 직원들과 상사가 토론해보면 특정 주제에 관해(직무위임, 칭찬과 꾸중, 직원들의 발전 가능성 등등) 완전히 다른 평가(경영자와 직원들의)가 나올 수 있다. 이런 것을 매우 중요하게 생각하는 경영자는 매우 중요한 인식을 얻을 수 있고 이로부터 결론도 끌어낼 수 있다. 하지만 그와 같은 시스템은 한계가 있다. 즉, 경영자는 열린 마음을 가져야 하고, 수용할 준비가 되어 있어야 하며 자기 반성적이어야 한다. 그래야만 이 시스템은 직원들을 만족시켜줄 수 있고("사장님이 내 의견에 관심이 있어!") 경영자에게도 자각될 수 있다("직원들이 결정권을 더 많이 가지기를 원하다니, 나는 그런 생각을 해본 적이 없는데 말이야.").

'자전거 주식회사'의 사람들은 상사와의 대화라는 장치를 도입했으나, 이는 관리 자급 직원들에게 상당한 혼란을 가져왔다. 이제 직원들은 갑자기 비판을 해도 되고, 직속상관이 그 비판을 듣게 되었다.

대화는 매우 다양하면서도 예기치 않게 흘러갔다. 예를 들어 어떤 관리자는 경영진의 권유에 따라 심리 상담을 받아야 할 정도로 나쁜 점수를 받았다. 또 다른 관리자는 직원들이 일관성 있는 지도를 원한다는 사실을 알게 되었다. 지금껏 그는 모든 직원들에게 올바르게 행동하려고 노력했다. 대화를 나눈 뒤에 그는 자신의 지도 스타일을 바꾸었고 직원들로부터 환영을 받았다.

'자전거 주식회사'의 경영진은 1차 대화를 끝낸 뒤, 상사와의 대화는 좀 더 나은 행동을 위해 중요한 초석이라는 생각을 갖게 되었다. 이사진조차 이 프로세스에 따랐다.

기본질문에 대해 다시 한번 생각해보자. 제로 - 실수 - 문화를 이루기 위해 직원들과 상사 사이의 대화는 도움이 될까? 당연하다. 이런 대화를 통해서 결정과 의사소통은 관리자와 직원들의 시각에서 평가된다. 모든 개선은 오류를 완전히 없앨 수 있도록 내딛는 발걸음이다.

ⓘ 군쟁편과 관련된 인용문

카살스(Pau Casals i Defillo, 1876~1973, 스페인 출신의 첼리스트)는 루돌프 세르킨과 함께 베토벤 소나타를 연주하라고 나에게 요구했다. 우리는 흥분하여 대충 연주했지만, 카살스는 계속해서 소리를 질렀다. "원더풀!", "최고입니다!" 연주가 끝나자 그는 나를 안았고, 나는 하루 종일 고민을 했다. 어떤 실수도 잡아낼 수 있는 카살스가 왜 그렇게 열광했는지를 말이다. 몇 년 후에 나는 그를 파리에서 다시 만났다. 그래서 나는 마음을 굳게 먹고 그때 해주었던 카살스의 칭찬이 의심스럽다고 고백했다. 카살스는 자신의 첼로를 받더니 그때의 소나타 중에서 몇 가지 박자를 연주했다. "이 자리에서 당신은 그 운지법(運指法: 악보 위에 숫자로 표시된)으로 연주하셨지요? 그리고 여기, 활을 켜 올렸지요?" 나는 그렇다고 대답했다. "바로 그것입니다." 카살스가 말했다. "그게 바로 놀라운 일이었지요, 나는 지금도 당신에게 감사하고 있어요. 실수를 세는 것은 멍청한 사람들에게 맡기도록 해요."
 - 그레고르 퍄티고르스키(Gregor Piatigorsky, 1903~1976), 러시아 태생의 미국 바이올리니스트, 스페인의 첼리스트이자 지휘자이며 작곡자인 파블로 카살스와의 첫 만

남에 대해.

경험이란 맞춤일이다. 그래서 경험을 한 사람에게만 맞다.
- 카를로 레비(Carlo Levi, 1902~1975), 이탈리아 출신의 의사이자 작가이자 화가.

내가 경험한 목록 가운데 가장 위쪽에 있는 인식은, 사람들은 불쾌한 일을 그냥 피해갈 수 없다는 것이다.
- 헨리 포드(Henry Ford, 1863~1947), 미국의 실업가, 포드 모터 컴퍼니의 설립자,
   1903~1919년과 1943~1945년에 포드 자동차 회사의 회장 역임.

실수를 하고서도 이를 교정하지 않는 사람은 또 다른 실수를 저지른다.
- 공자(기원전 551~기원전 479), 중국의 철학자.

실패를 한 사람은 더 똑똑해진다. 그런데 왜 사람들은 더 똑똑해진 자를 해고해야만 할까?
- 호르스트 울리히(Horst Ullrich), 소니 독일시장의 판매 사장이자 경영진.

실수는 삶을 구성하는 성분이다. 그러니 사람들은 실수를 막을 수 없다. 다만 실수로 인해 너무 많은 대가를 치르지 않기를 바라고, 동일한 실수를 반복하지 않기만을 바랄 수 있다.
- 리 아이아코카(Lee Iacocca, 1924~), 미국 톱 경영인, 1979~1992년에 크라이슬러의
   회장.

만일 어떤 사람이 실수를 전혀 하지 않으면, 나는 그게 좀 이상하다고 볼 것이다.

그것은 지나치게 안전만을 생각한다는 증거니까.

- 헤르만 와그너(Hermann Wagner), DEC(Digital Equipment Corporation, 미국 기업)
  경영자.

나는 사람들에게, 실수를 저지르는 것은 정상이라는 느낌을 주려고 시도하고, 심
지어 실수를 저지르는 것이 매우 중요하다는 느낌을 주려고 노력한다.

- 제임스 버크(James Burke), 미국의 최고 경영자, Johnson & Johnson의 회장.

일을 하는 사람은 실수를 한다. 일을 많이 하는 사람은 더 많은 실수를 한다. 두 손
을 무릎 위에 올려놓고 있는 사람만이 실수를 하지 않는다.

- 알프레드 크룹(Alfred Krupp, 1812~1887), 독일 기업인, 프리드리히 크룹 회사 설립
  자 의아들.

우리는 작동되지 않을 것이라는 점을 찾아내면서, 뭔가 작동되는 것을 흔히 발견
한다. 실수를 결코 하지 않는 사람은 발견도 결코 하지 않을 것이다.

- 새무얼 스마일스(Samuel Smiles, 1812~1904), 스코틀랜드의 작가이자 사회개혁가.

09

실현하려는 노력_ 행군편(行軍篇)

좀 더 주의 깊고
모범적인 리더십으로 승리하기

군대가 출정했다. 장수는 지형의 모든 장점을 이용하고, 반대로 장애물과 어려움을 차단하고자 한다. 이때 그는 생각 없이 행동을 해서는 안 되며 적의 행동을 고려해야만 한다. 그는 자신의 힘을 몇 가지 점에 집중시켜야 한다. 이 단계에서 사용할 수 있는 행동지침은 단순하고 분명해야 하며, 모두가 이해할 수 있어야 한다.

실제로 손자는 이 장에서 매우 구체적인 처방전을 내놓았다. "야영지는 지대가 높고, 햇빛이 드는 땅에 정해야 한다. 강 위쪽으로 올라가서 적과 싸워서는 안 된다. …… 늪지대를 건널 때는 있는 힘을 다해 서둘러 건너도록 하라. 늪지대에서 적을 만나면 물과 수초 근처에 머물고, 등 뒤에 나무를 둬야 한다 ……"(Ⅸ. 6~8).

이 글을 읽으면, 실전과 관련해서 너무나 상세한 충고를 해주는 탓에 시기심이 느껴질 정도이다. 충고는 경험한 사람이 구체적으로 해주는 말이다. 사람들이 이런 충고를 잘 따른다면 대체로 승리를 거둘 것이다. 오늘날의 경영자는 매우 다양한 경영 서적을 접할 수 있다. 하지만 경영 서적에서 따르기만

하면 반드시 성공을 보장해주는 처방전을 발견할 수 있을까? 아마도 없을 것이다. 그러나 손자 시대의 현실은 우리가 추측하는 것보다 훨씬 복잡했을 것이다. 오늘날의 경영자가 처해 있는 다양하고 복잡한 현실은 더욱 복잡하므로 그의 생각과 실행력이 그만큼 중요하다. 물론 경영자가 후배들에게 전해주는 경험은 중요하고 도움이 된다. 그러나 사람들은 그런 경험을 전수받아 그대로 실행한 것이 아니라 자신의 경험과 연결하고, 이로부터 얻어낸 인식을 과거에 사용하고 오늘날까지도 모두를 위해 남겨놓았다.

🏅 중간 관리자급에서 경험을 전해주는 자

경영자는 이미 실재와 멀리 떨어져서 이제 일반직원들에게 구체적이고 중요한 경험을 전달해줄 수 없다. 그래서 그들은 이런 임무를 수행할 하부구조라고 할 수 있는 신뢰할 만한 직원들이 필요하다. 여기에서 중요한 기능을 담당하는 자들은 팀장급으로, 중요한 경험을 전달하는 중간 관리자이다. 이들은 구체적인 상황에서 충고를 할 수 있는데, 윗사람에게는 물론이거니와 아래 직원들에게도 그러하다.

직장생활을 하면 항상 구체적인 상황이 문제가 된다. 이런 상황에 처하면 언젠가 결정을 내려야만 한다. – 필요할 경우 – 만일 경험을 가진 사람에게 물을 수 있다면, 그는 아주 행복한 위치에 있다. 많은 복잡한 대규모 프로젝트가 손실을 입고 진행되는데, 이는 경험을 가진 자가 없기 때문이며 경험 있는 멘토가 있어야 짊어질 수 있는 그런 막강한 책임이 젊은 경영자에게 맡겨지기 때문이다. 최근 몇 년 동안 "서열을 평평하게 하자"라거나 "직급을 줄이자"라는 것이 유행했다. 아이디어는 옳다고 하더라도, 실무에 적용하면 경험이 많은 중간 관리자들을 극단적으로 솎아버리는 결과가 된다. 결과적으로 경영자들이 관리해야 하는 범위가 넓어져서, 충고하고 지원해줄 시간이라고는 없게 된다. 훗날 관리자가 될 사람들은 스스로 알아서 해야 하는 것이다. 만약 그들이 기초적인 방법을 발견하게 되면 매우 감사할 것이다.

직원들의 문제를 해결해주는 것이 경영자의 임무가 아니다. 아무런 까닭 없이 우리가 성숙한 직원들을 필요로 하는 것이 아니다. 성숙한 직원들은 함께 생각하고, 자신이 책임질 줄 아는 과제를 떠맡아 가능하면 이 과제를 해결하고 동시에 상사에게 피드백을 준다. 그리하여 상사는 그에 상응하는 반응을 할 수 있게 된다. 물론 책임을 스스로 지려는 사람들보다 다른 사람들에게 책임을 안겨주는 사람들이 더 많다.

스스로 이런 책임을 떠맡고, 역시 그런 책임을 지려는 준비가 되어 있고 그럴 능력이 있는 직원들을 발견하여 채용하는 것은 경영자의 임무에 속한다. 이는 하루아침에 이뤄지는 것이 아니며, 또한 자동적으로 작동되는 것도 아니다. 이런 직원들은 연습을 시키고 교육도 시키며 충고도 해줘야 된다.

관리자가 될 사람은 창의적이고 건설적인 생각을 하고 문제를 해결하려는 쪽으로 방향을 정해서 일을 한다. 여기에서 그들에게 필요한 것은 연습과 충고이다. 필요한 경험적 지식을 이해하기 쉽게 전해주는 사례연구는 어떨까?

'자전거 주식회사'에서도 후진을 어떻게 교육해야 할지 고민에 빠졌다. 물론 사람들은 직장 내(training on the job) 교육을 시켰다. 그리고 직원들을 학원이나 코스과정에도 보냈다. 하지만 그들은 자신이 하는 작업에 방향을 맞추어 준비를 했던가? 그렇지가 않았다. '자전거 주식회사'는 비교적 오랫동안 한 대학에 자문하고, 그런 뒤에 회사의 일상을 관찰하여 사례연구를 해달라는 의뢰를 했다. 이와 같은 사례연구와 관련해서 모범적인 답안도 있었다. 실무 교육을 받은 직원에게 팸플릿을 나누어주었고 이들은 개별 사례를 팀으로 작업했다. 참여한 직원들에게 설문조사를 하자, 그들은 이와 같은 학습방식을 통해 작업을 더 잘 준비할 수 있었다고 답했다.

🏮 충고를 창의적으로 전환하기

경험이 있는 자의 충고가 새로운 상황에서 쓸모가 있는지를 검사해볼 수 있다. 예를 들어 사람들은 손자의 충고를 회사의 일상에서 볼 수 있는 구체적인 예와 연관시켜볼 수 있다.

"야영지는 지대가 높고, 햇빛이 드는 땅에 정해야 한다 ……"(IX. 2). 전쟁을 할 때 좀 더 높은 곳에 있으면 더 나은 위치를 점하게 되는데, 조망을 더 잘 할 수 있기 때문이다. 만일 내가 재정적으로 건전한 바탕 위에 있는 탄탄한 회사에서 일한다면, 나는 적과 좀 더 쉽게 싸울 수 있다. 나의 회사, 시장, 고객과 경쟁자들을 조망하려면 지식과 정보가 필요하다. 따라서 경쟁자와 총을 겨누기 전에 우선 자신과 자신의 회사를 강하게 만들어야 한다.

"…… 결코 산을 올라가면서 싸우지 말라"(IX. 2). 위에서 밑으로 내려가면서 싸우는 게 훨씬 낫다는 것은 논리적이다. 높은 곳을 올라가면서 적과 싸우면 불리한 위치에 처하게 될 것이 뻔하다. 만일 내가 나의 작업팀에 질서를 잡아주고 이와 동시에 중요한 업무를 해내야 한다면, 나는 약점을 드러내게 된다. 왜냐하면 나는 내 업무에 집중할 수 없기 때문이다. 그러므로 다른 일도 동시에 해야 하기 때문에 한 가지 업무에 완전히 몰두할 수 없는 상황을 피해야 한다. 적어도 이렇게 두 가지 일을 동시에 함으로써 나쁜 결과가

나올 수 있으면 말이다. 따라서 어떤 업무가 더 급한지를 찾아내고 이 업무를 달성하기 위해 필요한 시간을 투자하도록 한다.

"늪지대를 건널 때는 있는 힘을 다해 서둘러서 건너도록 하라"(IX. 7). 직장생활을 하다보면 여러 가지 덫이 위협이 되는 국면이 있다. 즉, 다른 생각을 하는 상상, 다른 동료의 성공을 진정으로 축하하지 않는 직장동료들, 믿을 수 없는 직원 등이 그런 것들이다. 그와 같은 상황이나 국면을 되도록 빨리 벗어나는 것이 좋다. 믿을 수 없는 직원들은 제거하고, 시기하는 동료들은 화해시키고, 만족하지 않는 사장은 이해하려고 노력하면서 말이다. 어쩌면 한동안 앞에 나서지 않고 배후에 머물면서 자신의 상황을 견고히 다지는 것도 괜찮다. 물론 빨리 중요한 업무에 다시 몰두하겠다는 목적을 가지고.

"마르고 평평한 땅에서는 오른쪽과 등 뒤에 높은 언덕을 두어야 하는데, 그렇게 해야 위험이 앞에 있고 안전함이 뒤에 있을 수 있다 ……"(IX. 9). 직장생활을 할 때도 뒤쪽이 안전한지 아는 것이 중요하다. 만일 내가 업무를 하다가 어려움이 생기면 어떻게 하지? 나는 등 뒤에서 나와 내 일을 다시 일으켜주는 지원군을 가지고 있을까? 불확실한 나라에서 사업을 한다면, 보험이 좋은 해결책이 될 수 있다. 업무를 배정받았는데 전문지식과 관련해서 어려운 문제가 생기면, 기업연합에서 어떤 전문가들이 도움을 제공해줄 수 있는지 아는 것도 좋다. 어떤 업무를 할당받더라도 어떤 연결망, 어떤 보험, 어떤 지원이 필요하게 될지를 깊이 생각해보는 것이 좋다. 사람들은 처음부터 그런 것들을 모두 동원할 필요는 없지만, 그런 것들이 기존에 존재하고 있어야 하며 필요할 때 언제든지 사용할 수 있는 길을 확실하게 마련해둬야 한다.

"숲에서 나무들 사이에 움직임이 보이면, 적이 앞으로 나아가고 있는 것이다 ……"(IX. 21). 고객들 사이에 불안이 감지되면 경쟁자들의 활약 때문일 수 있다. 나는 그런 움직임을 인지할 수 있을 만큼 예민한가? 만일 사람들이 불확실하게 느껴지면, 보통 때보다 더 민감하게 시장을 관찰해야만 한다. 어떤 동요든 잡아내어 이를 알려주는 지진계와 같은 장치를 가지고 있는 것이 좋다.

경영자는 모든 경험을 직접 할 필요는 없지만, 낯선 경험을 이해하고 이를 상황에 맞게 적용하는 법을 배워야 한다.

🌐 직원들이 중심에 서 있다

손자는 이 장의 마지막에 특히 직원들을 주로 다룬다. 즉, 다른 경영자의 직원과 자신의 직원이다. 손자는 관찰을 하고 확정을 짓고, 그러고는 그에 상응하는 충고를 해준다.

이 모든 충고로부터 우리는 기본적인 자세를 알아볼 수 있다. 즉, 손자는 병사들과 직원들이야말로 승리를 위해 결정적인 요소라는 사실을 안다. 따라서 직원들은 특정한 특징을 가지고 있어야만 한다. 다시 말해, 그들은 충성심이 있어야 하고 전문적인 능력을 가지고 있어야 하며, 최고의 교육을 받아야 하고 적절한 작업도구를 갖추고 있어야 한다. 이런 병사들과 직원들을 장수와 경영자는 인간적이고 올바른, 그리고 확고한 원칙으로 이끌어야 한다.

손자에게 이는 당연히 목적 그 자체는 아니다. 직원들에게 뭔가 좀 더 고

상한 지혜를 깨닫게 하거나 자기인식에 도달하게 하는 것이 손자의 목표도 아니다. 병사들과 직원들이 승리를 거두려면 전쟁을 위해 최고로 장비를 잘 갖추어야 한다는 것이 손자의 확신이다.

손자는 – 자신의 군사는 물론 적의 – 병사들의 태도로부터 군대가 전투준비를 하기 위해 어떻게 해야 하는지를 도출해냈다. 손자의 충고로부터 직원을 잘 다룰 수 있는 결론을 도출해 보도록 하자.

"병사들이 창에 몸을 의지하면, 그들이 굶주림으로 나약해져 있는 것이다. 물을 가져오라고 보낸 자들이 먼저 자신들부터 물을 마신다면, 군대는 갈증으로 고통스러워한다"(IX. 29~30). 손자는 병사들(여기에서는 적의 병사들)이 굶주림과 갈증으로 고통스러워하는 것을 알아차렸다. 이 경우에 그들은 당연히 전쟁 준비를 잘하지 못한다. 어쩌면 그들은 승리를 거두기 위한 전쟁에서 중대한 불안 요소일 수도 있다. 만일 자신의 병사들이 굶주림과 갈증으로 고통받는다면, 적시에 재원이나 동기부여와 같은 조건을 마련하도록 해야 한다. 바로 이 같은 조건에서 회사의 강한 힘이 나온다. 경영자는 조건을 시정하기 위해 직원들의 능력과 감수성, 피로하거나 동기를 잃은 기색을 알아차릴 수 있어야 한다.

"너무 잦은 상은, 적이 곤란한 입장에 처했다는 걸 보여준다. 너무 잦은 벌은, 적이 긴급 상황에 처해 있다는 것을 보여준다"(IX. 36). 이것도 역시 회사에 적용해볼 수 있다. 상여금을 지속적으로 올리는 것은, 경영이 불확실하다는 증거이다. 어떤 결과가 나올지는 다들 안다. 많은 상여금은 직원들의 동기를 부여하는 것이 아니라 언젠가 당연한 일로 굳어진다. 어떤 직원도 크리스마스 상여금을 사기를 올려주는 특별한 보너스로 받아들이지 않을 것이다. 그러므로 상여금과 보너스는 이성적인 정도에서 그쳐야 한다.

"군대가 먹기 위해 말을 죽인다면 그들은 식량이 이제 없다는 뜻이다. 병사들이 식기를 치우지 않고 내버려둔다면 그들은 절망하여, 죽을 때까지 방어할 준비를 한다는 뜻이다"(Ⅸ.34). 창고를 다 비우고 궁지에 몰리게 된 병사들은 절망에 빠져 무엇이든 할 수 있게 된다. 그들은 선택할 수 있는 다른 대안이 없는 것이다. 그들은 이기기 위해 혹은 죽기 위해서 싸워야만 한다는 사실을 알고 있다. 절망이 전쟁을 치르고자 하는 동기를 부여하는지 어떤지는, 전술적인 시각에서나 경제적인 시각에서는 불확실하다. 다만 그야말로 극단적인 전쟁 상황에서 사람들은 이와 같은 수단을 택할 수 있다. 회사의 존립이 경쟁을 통해 심각한 위험에 빠진 상태인지를 포착해야 한다. 또한 옳지 못한 경영상의 조치 때문에 막다른 상황에 처해 있는 것이 아닌지 직원들이 의심하는 상황도 알아차려야 한다. 그리고 이런 상황에서 조건을 바꿔야 하는지도 알아야 한다.

'자전거 주식회사'의 이사진은 직원들에게, 손실을 보는 사업을 금지했다. 이와 동시에 관리자들의 월급이 총매상의 증가와 연결되었다. 그들의 월급에서 70퍼센트가 목표달성 여부에 달려 있었다. 그러나 현실에서 그와 같은 목표를 달성하기란 간단하지 않았다. 포화된 시장에서 총매상의 증가는 많은 경우에 오로지 가격을 통해서 달성할 수 있다. 절망에 빠진 관리자들은 자신의 월급을 어느 정도 확보하기 위해 주문량을 조작하게 되었다. 그렇게 해서 얻게 된 주문은 좋은 결과를 낳은 것처럼 보였다. 회계검사관이 지점을 방문했을 때야 비로소 진실이 드러났다. 주문은 모두 상당히 위험한 결과를 담고 있었다. 책임 있는 경영자가 사표를 냈지만, 회사는 이 해에 막대한 손실을 감수해야 했다. 이로써 누구에게도 도움이 되지 않았다.

물론 사람들은 누구나 이기고자 한다. 최고의 목표는 당연히 승리이다. 손자는 장군으로서, 혼자서는 승리를 거둘 수 없다는 점을 알았다. 그는 좋은, 최고의 직원들이 필요했다. 이들은 음식, 음료, 안정, 동기가 필요했다. 이와 같은 의미에서 그는 자신의 직원들을 보살펴주었다.

直員들 개발하기

전쟁을 치르려면 자신의 군대가 강해야만 한다. 강해지려면 군은 교육을 잘 받아야만 한다. 물론 그와 같은 생각을 전투를 시작하기 직전에 하면 너무 늦다. 손자는 이미 평화로운 시기에 군을 교육하고 훈련시켜야 한다는 점을 잘 알고 있었다. 그렇듯 직원들을 되도록 세심하게 선발하고 회사의 요구에 맞게 교육을 시키라는 충고는 경영자에게도 매우 유익하다. 회사에 어떤 능력이 부족하다면 이를 적시에 채워줘야 한다.

"병사들을 인간애로 너와 연결하고 냉혹한 규율로 지도하라. 그러면 승리는 너의 것이 된다. 군사훈련에서 내려진 명령이 항상 실행되면, 군에는 규율이 자리를 잡는다. 그렇지 않을 경우 규율 없이 제멋대로 하는 행동이 전반적으로 퍼질 것이다. 장수가 부하들에게 신뢰를 증명하고 동시에 자신의 명령을 따르기를 주장하면, 양측은 서로에게 도움이 된다"(Ⅸ. 43~45).

오늘날 우리는 다음과 같이 보충할 수도 있다. 직원은 인간적으로뿐만 아니라, 공평하고도 독립적으로 대해야 한다. 그들은 훈련을 받아야 하고 의견, 개선제안, 아이디어를 내놓아야 한다. 직원이 탁월한 자신감을 갖는 것이 매우 중요하다. 성숙한 직원이 필요하다. 이런 직원만이 자신의 아이디어를 내놓는다. 이것은 규율과 모순이 되지 않는다. 성숙한 직원은 당연히 작업지시를 따를 수 있고 따라야 한다. 그와 같은 직원들은 아이디어를 내놓는 일이 자신의 업무와 대립하지 않는다면, 그런 일에 대해 의심을 품지 않는다. 경영자는 이런 직원을 신뢰할 수 있다. 이런 직원들은 함께 공동의 목표를 위해서 행동할 것이다. 독립적인 직원은 자신을 드러내지만 동시에 팀에 소속된다. 경영자는 그런 직원이야말로 자신의 명령도 잘 따르고 책임질 것은 지며 창의적으로 일을 진행한다는 점을 안다. 그러므로 경영자와 직원은 서로에게 이로운 존재가 된다.

독립적인 직원들은 금세 얻을 수 있는 것이 아니다. 그런 직원들은 마술을 통해 만들어지는 것이 아니며 착실한 관리업무를 통해 개발될 수 있다. 독립적인 직원을 얻는 길은 세심한 직원선발에서부터 시작된다. 흔히 입사지원자 인터뷰에서 상사들은 지원자의 말을 듣기보다 많이 하는 편이다. 하지만 상사는 되도록 지원자로부터 많은 것을 들을 수 있도록 노력해야 한다. 새로운 직원을 뽑을 때 평가 센터에 의뢰하여 그들을 테스트해달라고 주문하는 회사들이 점점 늘어나고 있다.

모든 직무는 필요한 경력을 요구하고, 모든 직원들도 특정 업무에 적합한 경력을 갖고 있는지에 따라 평가된다. (드물지만) 이상적인 경우는 두 가지 경력이 서로 일치할 때이다. 만일 그렇지 않으면, 사람들은 직원들을 직업교육으로 개선시켜야 한다. 직원들 대화와 직원들 평가도 바로 이와 같은 과정에 속한다. 중요한 것은 정직함이다. 상사는 비판적인 주제도 얘기할 줄 알아야 한다. 물론 비판하기보다 칭찬하는 것이 더 쉬울 것이다. 그러나 대부분의 직원들은 좋은 의도에서 하는 정직한 비판을 긍정적으로 받아들이며, 과장된 칭찬보다 오히려 더 잘 받아들인다.

'자전거 주식회사'의 경영자 한 사람은 수년 동안 자신의 부서에서 일했던 직원한 명과 작별을 했다. 이 직원은 관리자의 자리에 앉게 되었던 것이다. 경영자는 작별의 연설을 했고 직원에게 몇 가지 충고를 해주었다. 그는 다음과 같이 다섯 가지 충고를 해주었다.

첫 번째: 관리자는 비전을 가지고 있어야 하는데, 바로 그런 비전으로부터 모든 직원이 나아가야 할 방향이 나온다.

두 번째: 관리자는 모든 직원을 예외 없이 진지하게 받아들여야 한다. 직원들의 말을 경청할 준비가 되어 있어야 한다.

세 번째: 관리자는 직원들에게 자유를 허락할 준비가 되어 있어야 한다. 자유롭게 행동할 여지를 가져야만 직원들은 활짝 꽃을 피울 수 있다. 물론 모든 직원이 동일한 자유를 요구할 수는 없으며 그러기를 원치도 않는다. 그러므로 관리자는, 누가 자유를 생산적으로 이용하며 누가 그렇지 못한지를 구분할 수 있어야 한다. 자유를 만들어낸다는 것은 위임을 한다는 의미이다. 위임하고 싶어 하는 사람들은 많지만 이들은 재미없는 일들만 다른 사람에게 위임하려고 한다. 하지만 위임이란, 관리자가 도전을 위임한다는 뜻도 된다. 만일 직원이 매우 복잡한 업무를 떠맡으면, 그에 상응하는 출장도 가게 해야 하는 것이다. 책임감 있는 관리자는 이런 업무를 자신만 독차지해서는 안 된다.

네 번째: 관리자는 직원들을 위해 규칙적으로 스파링의 상대선수가 되어줘야 할 의무가 있다. 직원들은 업무의 진전에 대해서 보고를 하고 관리자는 이 부분에 대해 직원들과 비판적으로 대화를 나누어야 한다. 이로부터 앞으로 어떻게 진행할지에 관한 결론이 도출된다.

다섯 번째: 직원들이 곤경에 처하면 관리자가 이를 적극적으로 처리한다. 하지만 이렇게 하는 경우는 예외이며, 성숙한 직원들은 자신의 업무를 가장 잘 해결할 수 있다.

관리자가 직원들을 관리할 때 이와 같은 다섯 가지 원칙을 따른다면, 곧 동기부여가 된 직원들을 거느릴 수 있다. 동기부여는 훌륭한 리더십을 통해서 생겨난다. 기본

적으로 그것은 어렵지 않으며 관리자가 어느 정도 겸손함을 지니고 있는 한 제대로
작동이 된다.

 행군편과 관련된 인용문

쾌적한 분위기를 창출할 수 있는 좋은 방법은, 회사 사람들에게 되도록 스스로 일
하게 하고 결정은 매우 적게 하라고 하면 된다. 이것이야말로 관리자들을 훈련시
킬 수 있는 가장 좋은 방법이다.
- 파킨슨(Cyril Northcote Parkinson, 1909~1993), 영국의 역사학자이자 언론인.

양손으로(당신의 일을 대신하려고 가져가는 양손) 당신은 자유로운 머리를 얻게
된다.
- 잭 스톡(Jack Stack, 1946~), 미국의 최고 경영자, 오스트리아 제1은행의 자회사인 체
  스카 스포리텔나(Ceska Sporitelna)의 CEO.

리더십을 제대로 발휘하고자 하는 자는, 잘해낼 수 있는 사람들에게 임무를 맡길
수 있을 정도의 이성을 가지고 있어야 하고 그들이 날림으로 일하지 않도록 하기
에 충분한 자기규율을 가지고 있어야 한다.
- 테오도르 루즈벨트(Theodore Roosevelt, 1858~1919), 미국의 정치가, 미국 제26대
  대통령(1901~1909).

경영자로서 내가 얻은 가장 소중한 경험은, 직원들은 기업의 가장 소중한 재산이
며 성공을 거둘 수 있는 가장 소중한 자본이라는 인식이다. 목표로 우리를 이끌고

가는 것은 컴퓨터도, 로봇도, 기술적인 장치도 아니다. 그것은 항상 어떤 아이디어를 실행에 옮기는 사람들이다.

- 베르너 니퍼(Werner Niefer, 1928~1993), 독일 출신의 최고 경영자, 1989~1993년까지 메르세데스 - 벤츠 주식회사의 회장 역임.

진정한 리더는 경영자를 위한 책을 들여다보지 않고, 직원들의 눈을 들여다본다.

- 모니크 지겔(Monique R. Siegel, 1939~), 스위스의 기업컨설턴트.

정직한 사람은 정직한 사람들을 끌어들이고 이들을 붙잡을 줄 안다.

- 요한 볼프강 괴테(Johann Wolfgang von Goethe, 1749~1832), 독일의 작가.

리더십이란 직원들을 적합한 업무에 투입하고, 동기를 부여해 능력을 개발할 수 있는 여지를 만들어주는 것이다.

- 리타 쥐스무스(Rita Suessmuth, 1937~), 독일 여성 정치가(기독교민주당), 1988~1998년 독일 국회의장 역임.

직원들에게 자신의 능력을 몽땅 쏟아야 하는 일을 주라. 그들에게 필요한 모든 정보를 제공하라. 그리고 무엇을 달성해야 하는지를 분명하게 설명하라. 그런 뒤에 그들을 조용히 내버려두라.

- 로버트 워터먼(Robert Waterman, 1936~), 미국의 기업 컨설턴트.

지식에 투자하면 항상 최고의 이자가 나온다.

- 벤저민 프랭클린(Benjamin Franklin, 1706~1790), 미국의 고위 정치가, 저자이자 자연과학자, 1776년 미국 독립선언 서명자.

인격은 아름다운 말로 형성되는 것이 아니라 노동과 자신의 성과로 만들어진다.

- 알베르트 아인슈타인(Albert Einstein, 1879~1955), 독일 · 미국의 물리학자, 1921년 노벨물리학상 수상.

현재의 나는 현재 내가 하는 일이다. 왜냐하면 과거의 나는 과거에 내가 했던 일이기 때문이다.

- 엘리아 카잔(Elia Kazan, 1909~), 그리스 태생의 미국 감독이자 작가.

10

지형학 Ⅰ : 작전 범위_ 지형편(地形篇)

지형을 적절하게 고려하면
전술적인 장점이 된다

손자는 지형학을 연습했는데, 지형의 종류는 공격 전략에 직접적인 효과를 미치기 때문이다. 지형이나 적의 위치가 열려 있으면 사람들은 어떻게 행동할까? 만일 적의 위치가 위험해 보이면, 지형이 접근하기 힘들면, 적의 상황이 아직 미결정상태이면, 너무 좁고 협소하면, 산이 많고 어려워 보이면, 외딴 곳에 있다면? 장수는 이와 같은 조건에 따라서 앞으로의 행동을 결정해야 한다. 바로 여기에 그의 성공과 실패가 좌우된다.

謨 근본(기본) 조건으로서 지형이 의미하는 것

손자는 지형을 여섯 가지 종류로 구분하여, 이를 어떻게 고려해야 하는지 그 원칙을 서술했다. 물론 모든 경제 전략에도, 모든 경쟁에도 한정 조건과 주변 조건이 있는데 이것들이 행동을 결정하며 우리가 '지형'이라고 이해할 수 있는 것들이다.

기업세계에서 두 가지 종류의 지형을 이해하는 방법을 여기에 소개하겠다.

손자는 장점이 안 되는 지형에 대해 이렇게 충고했다. "어떤 방향에서 보더라도 장점이라고는 없는 곳을 먼저 점령했다면, 이런 곳을 바로 불리한 지형이라고 부른다. 우리가 이런 위치에 있다면, 적이 우리를 미끼로 유혹해도 앞으로 나가면 안 된다. 오히려 우리는, 적이 앞으로 움직일 수 있도록 뒤쪽으로 물러나야 한다. 그리고 만일 적이 어느 정도 앞으로 나오면, 우리는 적을 공격할 수 있다"(X. 6~7).

만일 경쟁사와 가격전쟁을 펼칠 결정을 했는데 경쟁사가 어느 정도까지 가격을 내릴지도 모르고, 또 가격을 어느 정도까지 우리와 함께 내릴 수 있는지를 모르면, 우선 한정된 세일가격으로 경쟁을 시도해볼 수 있다. 이로써 사람들은 경쟁자의 반응을 잘 테스트해볼 수 있다. 경쟁자는 어떻게 반응을 하는가? 그는 전쟁을 받아들여서 폭넓게 가격을 내리는가, 아니면 역시 한정된 세일가격으로 행동하는가, 또는 전혀 반응을 하지 않는가? 동시에 우리는 전략적으로 우월하게 반응하려고 경쟁자가 놓아둔 미끼인지를 알아낼 수 있도록 주의를 기울여야 한다.

유럽에 '자전거 주식회사'와 동등한 실력을 가진 경쟁자가 하나 있었다. 그래서 사람들은 직접적으로 경쟁하게 될까봐 잔뜩 걱정을 했다. 경쟁관계에 있는 이 두 회사는 베를린에 각각 가게를 하나씩 운영하고 있었고, 이 가게들은 서로 가까운 곳에 위치해 있었다. '자전거 주식회사'는 우선 제품의 가격을 내리고 경쟁자의 반응을 살폈다. 경쟁자는 금세 반응을 했다. 즉, 경쟁자가 운영하는 가게도 가격을 내렸는데, 그것도 엄청나게 내렸다. '자전거 주식회사'의 직원들은, 경쟁사가 경쟁을 받아들일 것이라는 사실을 알아차렸다. 그리하여 '자전거 주식회사'의 직원들은 다시 가격을 원래 가격으로 올렸고, 그러자 1주일 후에 경쟁사도 따라했다. 전쟁은 제대로 시작

하기도 전에 중단되었다. 지형은 승리를 보장해주지 못했다.

손자는 가파른 지형에 대해서 이렇게 충고했다. "지형이 험한 곳에 네가 적보다 먼저 도착하면, 높고 양지바른 장소를 점령하여 이곳에서 적을 기다려야 한다. 만일 적이 먼저 이곳에 도착하면, 그를 따라가지 말고 뒤로 물러나서 적을 유인하도록 시도하라"(X. 10~11).

전쟁터가 앞에 떡하니 있다. 어떻게 위치를 잡아야 할까? 손자는 지대가 높고 해가 드는 장소를 잡으라고 충고한다. 예를 들어 이 말을 경제에 적용해보면, 아주 지명도가 높은 간행물에 제품광고와 이미지 광고를 하고 제품에 대한 불평을 감추라는 뜻이 될 수 있다. 그리고 나서 경쟁자가 어떻게 반응하는지를 기다리면 된다.

전술적인 결정에 지형이 그토록 중요하듯, 이러한 조건을 추정하고 이용하는 장수의 탁월한 능력이 승리를 결정한다.

🌀 리더의 실수는 회사를 위험에 빠트린다

지도자도 실수를 할까? 오늘날 정치와 경제계에서의 결정권자들은 어떤 실수도 하지 않는 것 같은 인상을 대중에게 줄 때가 많다. 만일 누군가 실수를 하면, 부하 중 누군가의 실수이지 장군의 실수는 아니다. 세계에서 가장 막강한 미국, 그리고 미국의 대통령 부시(George Walker Bush)가 실수를 한다면, 이것도 공식적인 그의 모습에 속할까? 그렇지 않다. 아니, 정반대여야 한다. 즉, 미국의 대통령은 세계의 실수를 인지하고, 그 실수를 교정하기 위해 결정을 내리는 것이다. 대통령 밑에 있는 홍보시스템은 바로 그런 식으로 우리를 믿게 만들려고 노력한다. 세계적으로 잘 나가는 대기업의 회장도 실수를 할까? 아니, 그들은 실수를 하지 않는다. 가끔 장교들, 그러니까 경영자보다 두 단계 아래에 속하는 관리자가 실수를 하는데 그들은 금세 몰락한다. 대기업은 실수를 하는 경영자들을 데리고 있을 수 없는데, 그렇게 하지 않으면 패배하기 때문이다.

손자에 따르면 모든 경영자는 실수를 할 수 있다. "군대를 위협하는 여섯 가지 위험이 있는데, 이는 원래 장수의 태도에서 나온다. ① 주병(走兵, 도주) ② 이병(弛兵, 불복종) ③ 함병(陷兵, 적의 함정에 빠짐) ④ 붕병(崩兵, 기강이 무너짐) ⑤ 난병(亂兵, 무질서) ⑥ 배병(北兵, 패배)"(X. 14). 손자는 이와 같은 실수들을 어떻게 이해했을까? 이는 기업의 일상과 좀 더 자세하게 비교해볼 만한 가치가 있다.

① **도주의 위험** "자신의 부하들을 열 배나 더 강력한 적에게 보내면, 부하들은 어쩔 수 없이 도주하게 된다"(X. 15).

이런 일은 충분히 있을 수 있으며 인간적으로도 이해할 수 있다. 그러나 장수는 그에 대해 준비를 하고 있어야 한다. 그는 적이 어느 정도의 병력을 끌어들일지를 알고 있어야 한다. 병력이 실제로 열 배나 많다면, 장수는 전투를 하러 나가서는 안 된다. 실수는 무엇보다, 경영자가 결정을 할 때 상대를 정확하게 추정하지 않는 데 있다. 경영자는 상대가 어느 정도의 재원을 동원할 수 있는지를 알아야 한다. 예를 들어 소규모 식료품 상인이 가격을 대대적으로 내린다면, 이것은 명백한 실수이다.

사실 그것은 오늘날의 경영자들도 피해갈 수 없는 실수임을 인정한다. 물론 사람들은 이미지를 덜 손상시키려고 흔히 그 같은 패배를 승리로 둔갑시켜 보이려 한다. 의심스러운 이유로 시작한 이라크 전쟁에서도 사람들은 적

을 매우 과소평가했다. 미국의 대통령 부시와 영국의 총리 블레어(Tony Blair)는 아직도 공식적으로, 이 결정은 옳았다고 주장한다.

우리는 '자전거 주식회사'가 베를린에 있는 상점에서 가격을 내렸다는 소식을 들었다. 경쟁자는 전쟁선포를 받아들였다. '자전거 주식회사'의 경영진은, 경쟁자가 허세를 부릴 것이라는 사실을 확신했다. 비록 그들이 베를린에서의 도전을 받아들일 수 있겠지만, 독일 전역에서 그와 같이 반응할 수는 없을 것 같았다. '자전거 주식회사'는 가격을 내렸다. 그러자 경쟁사는 전국에서 가격을 내렸고 '자전거 주식회사'보다 더 많이 내렸기 때문에 '자전거 주식회사'의 이사진은 매우 당황했다. 그래서 '자전거 주식회사'는 일종의 화해의 제스처로 베를린에서 가격을 다시 원상 복귀했다. 경쟁자는 이에 반응을 하지 않았고, 전 달에 비해서 두 배나 더 많은 자전거를 판매했다. 그래서 '자전거 주식회사'는 독일 전 지역에서 다시 가격을 올렸지만 이번에도 경쟁자는 아무런 반응이 없었다. '자전거 주식회사'는 시장점유율을 족히 10퍼센트는 잃었고, 그제야 경쟁자는 가격을 올렸다. 이는 '자전거 주식회사' 이사진의 중대한 실수였을까? 적어도 회사가 외부에 전하는 보고는 그렇지 않았다. 이사진은 언론에 보고하기를, 고객들이 환영하는 그런 소비자 중심의 가격정책이었다고 칭찬했다. 그리고는 마케팅 부서에 일하는 직원 한 명이 해고되었다.

② **불복종으로 인한 위험** "무례한 병사들이 너무 강하고 장교들이 너무 약하면, 불복종이 일어난다 ……"(X. 16).

이런 경우는 사람들이 생각하는 것보다 더 흔하다. 직원들은 강한데 달리 표현하면, 전문적으로 일을 잘하는 사람들이다. 이와 반대로 상사는 사업에 대해 아는 것이 별로 없다. 만일 상사가 그것을 인정하고, 직원들로부터 충고를 들은 다음에 충분히 생각을 하고 결정을 내리면, 문제가 생기지 않는다. 하지만 상사가 사실을 잘 모르면서 직원들의 말에 귀를 기울이지 않고 잘못된 결정을 내리면, 문제는 심각해지는 것이다.

'자전거 주식회사'는 전반적인 사업에 대해서는 경험이 있지만 몇몇 다른 분야는 잘 알지 못하는 경영자 한 명이 있었다. 하지만 그는 이런 사실을 받아들이지 않았다. 그래서 그는 회계와 관련된 잘못된 결정을 내리고 말았다. 그는 직원의 충고도 듣지 않았다. 회계 심사 때 이 실수가 드러났고 그는 끔찍한 힐책을 당했다. 그런데도 그는 바뀌지 않았다. 그러자 직원들이 공개적으로 그를 무능하다고 책망했다.

③ **붕괴(collapse)의 위험** "…… 장교들이 너무 강하고 무례한 병사들이 너무 약하면, 그 결과는 붕괴이다"(X. 16).

이런 상황은 사실 생겨서는 안 된다. 훌륭한 경영자는, 자신의 직원들에게 맡겨둘 수 있는지 직원들이 사건을 장악할 수 있는지를 잘 안다. 그런데도 그렇게 되지 않는다면, 이는 경영자의 실수가 분명하다. 그리고 그에 따르는 결과가 생긴다.

'자전거 주식회사'에 탁월한 전략가인 관리자가 한 명 있었다. 그는 비전도 있었고 전략도 짤 수 있었으며, 이 전략들을 소개하는 데에도 타의 추종을 불허했다. 그러나 그의 전략들이 긍정적으로 받아들여지고 전략을 실현할 수 있는 권한이 그에게 주어지면, 그때에는 꼭 문제가 생겼다. 그의 전략을 실행에 옮길 수 있는 능력 있는 직원들이 그에게 없었던 것이다. 그는 처음에는 직원들에게 동기를 부여하고, 자극을 주고, 열광하게 만들려고 시도했지만 나중에 가서는 포기해버렸다. 왜냐하면 그의 전략을 실행에 옮기는 일이 항상 재난으로 끝이 났기 때문이다. 이제 그는 그런 일을 만들고 싶지 않다. 통과된 전략들은 곧장 그의 책상서랍에서 썩고 있었다.

④ **파멸의 위험** "장교가 불만이 많고 불복종하며, 장수가 공격을 해야 할지 어떨지를 알기도 전에 제멋대로 적과 전투를 벌인다면, 이는 파멸로 이끈다"(X. 17).

사람들은 이와 같은 상황을 다양하게 해석할 수 있다. 가령 이사진이 이해할 수 없는 그런 전술을 팀장들에게 전달함으로써, 팀장들이 잔뜩 흥분하여 불화가 시작되었을 수도 있다. 이는 전문가답지 못한 행동이다. 만일 팀장이 위임을 받은 업무 내에서 행동했다면 다르게 평가받을 수도 있다.

> 베를린에 있는 '자전거 주식회사'의 경영자는 이사진의 지시에 따라 제품의 가격을 낮추었다. 경쟁자는 즉시 이를 따라했다. 경영자는 화가 났다. 그리하여 그는 본사와 의논도 하지 않고 가격을 또다시 내렸다. 경쟁자는 동요하지 않고 가격을 내렸다. 이제 이 일에 대한 말들이 돌았다. 값을 내린 자전거들이 손에서 빠져나갔다. 하지만 '자전거 주식회사'의 경영자는 마이너스로 경영을 하는 바람에, 회사에 큰 어려움을 안겨주었다.

⑤ **무질서에 의한 위험** "장수가 약하고 권위가 없으면 그가 내린 명령은 반대에 부딪히고, 장교와 병사들이 관할권도 없이 좌충우돌하면, 이게 바로 무질서이다"(X. 18).

이는 기업에 일대일로 적용해볼 수 있다.

> '자전거 주식회사'의 회장은 구매부 팀장에게 구매비용을 절반으로 줄이라는 주문을 했다. 즉, 직원들의 절반을 해고하고 구매결과는 20퍼센트 향상시키라고 지시했다. 구매부 팀장은 데리고 있던 직원들 대부분을 해고했다. 이러는 가운데 그는, 다른 회사에 가면 좋은 자리를 얻게 될 유능한 직원들조차 해고해버렸다. 그러고 나

서 남아 있는 직원들과 함께 납품업자들에게 더 많은 압박을 가했다. 하지만 그에게는 필요한 역량이 없었다. 심지어 납품업자들의 행동을 감시할 직원도 이제 없었다. 그리하여 납품업자들은 거리낌 없이 가격을 올려버렸다. '자전거 주식회사'는 성과에 대한 압박이 강해서 제품의 가격을 올렸는데, 이는 또다시 총매상의 손실을 가져왔다. 구매부 팀장은 결국 해고되었다. 그는 상사에게, 그와 같은 지시는 실행할 수 없다는 점을 지적하지 않았던 것이다. 그에게는 안된 일이지만.

⑥ **패배의 위험** "만일 장수가, 적의 힘을 제대로 추정할 수 없어서 나약한 군대를 이끌고 강한 적과 싸우기 위해 전쟁터로 나간다면, 그리고 훌륭한 남자들에게 높은 자리를 주지 않고 시간을 지체하면, 이는 결국 패배로 이어진다"(X. 19).

경영자들에게도 그와 같은 일이 일어날까? 물론이다. 경영의 실패로 회사를 무너지게 하는 경우는 다반사다. 이런 경우에도 경영자들은 대부분 체포되지 않는다. 직원들은 모두 일자리를 잃게 되더라도 말이다.

'자전거 주식회사'에는 경주용 자전거 생산 파트가 있었다. 자격 있는 경영자가 이 파트를 맡게 되었다. 얼마 후에 그는 예전부터 신뢰하던 지인들을 관리자급으로 데려와서 자신의 밑에 두었다. 이때 그는 자신에 대한 충성심을 객관적인 지식보다 더 중요하게 간주했다. 관리자의 위치에는 직원들 가운데 가장 적합한 사람을 골라 임명해야 한다는 기본원칙도 잊어버렸던 것이다. 직원들은 앞으로의 방향에 대한 신호도 받지 못했다. 많은 전략들은 서로 어긋나기도 했다. 얼마 후에 총매상이 뚝 떨어졌다. 결과는 황폐했다. 경주용 자전거 생산파트는 결국 심각한 손실을 입고 경쟁사에 매각되었다.

"이것은 양심 있는 장수라면 철저하게 공부해야 할 여섯 가지 불행이다."
손자는 그렇게 말했다(X. 20). 손자는 다시 한 번, 가령 지형의 종류처럼 전쟁
에 영향을 줄 수 있는 환경이 있는데, 책임이 있는 사람은 바로 장수라는 점
을 강조했다. "지형의 자연적인 여건들은 병사들에게 최고의 동맹군이다. 하
지만 장수의 기술은 적을 제대로 추정하고, 승리를 거둘 수 있는 능력과 난관
과 위험, 떨어져 있는 거리를 정확하게 판단할 줄 아는 능력에 있다"(X. 21).

우리의 경제가 수많은 경영오류로 점철된 이유는 무엇일까? 많은 오류는
공개되지만, 많은 실수는 밖으로 드러나지 않는다. 우리의 경영자들이 충분
히 교육을 받지 못해서 그런 것일까? 그리하여 우리는 또다시, 경영자는 어
떤 사람일까, 라는 질문을 하게 된다. 경영자는 어떤 특징과 능력을 가져야
할까? 많은 경영자들은 수년 동안 일을 잘 해낸 뒤에 승진한 것이다. 실력
있는 전문가라 하더라도 자동적으로 좋은 경영자가 되는 것은 결코 아니다.
좋은 경영자와 나쁜 경영자를 구분하려면 시간이 오래 걸린다. 어쩌면 그들
은 '피터의 피라미드'(Laurence J. Peter. "계급조직에서는 누구든, 무능한 단계까
지 진급하려는 경향이 있다"라는 것이 피터의 원칙이다. 피라미드라 함은 여기에서
계급조직을 말한다. — 옮긴이 주)에서 말하는 무능한 단계에 이르렀는지도 모
른다. 어쩌면 그들의 머릿속에는 명성과 이미지와 권력만이 들어 있고 현실
과의 접촉은 까마득하게 잊고 있는지도 모른다. 어떤 기업에서 생겨나는 오
류의 80퍼센트는 광의(廣義)의 의미에서 경영오류에 속한다. 어쩌면 매년 갱
신해야 하는 경영자 자격증 같은 것을 도입해야 하는 것은 아닐까…….

🎴 회사의 보석과 같은 경영자

손자는 장수의 잘못된 태도로 인해 생겨날 수 있는 위험에 관해서 서술한 뒤에, 장수가 무엇을 통해 탁월해질 수 있는지에 대한 충고를 했다. "명예욕 없이 앞으로 진군하고, 모욕을 두려워하지 않고 퇴각하며, 오로지 나라를 보호하고 군주에게 봉사하겠다는 일념으로 노력하는 장수야말로 나라의 보배이다"(X. 24).

이 말은 무슨 뜻인가? 경영자를 없애버리면 안 된다. 그와 같은 위험은 잘 알고 있을 것이다. 권력은 사람을 부패시키고, 돈도 사람을 부패시킨다. 그리하여 자신은 실수를 하지 않는다고 생각하는 경영자들을 여기저기에서 볼 수 있다. 경영자는 스스로 자신을 평가할 수 있어야 하고, 적시에 물러날 줄도 알아야 한다. 손자에 의하면 이것이 그에게 패배로 여겨져서도 안 된다.

만일 경영자가 말단 직원과 접척하지 않으면 자리에서 물러나야 한다. 경영자는 함께 싸우는 사람들에게 동기를 부여해줄 수 있어야 한다. 어떻게 하면 경영자가 스스로, 이제 더는 동기를 부여할 수 없고, 열광하게 만들지 못하고, 비전이 없다는 사실을 알아차릴 수 있을까? 아무도 이런 말을 해주지 않을 것이다. 어쩌면 모든 사람이 그에게 박수만 보낼지도 모른다. 그는 권력의 우리에 갇힌 것이다.

손자는 여기에서도 또 한 번, 승리는 장수가 병사들을 공동의 임무를 위해 서로 맹세할 수 있게 만드느냐에 달려 있다고 강조한다. 지도자는 어떻게 자신의 책임을 인지하고 이와 동시에 리더십을 증명해 보일 수 있을까? 손자는 한편으로 이렇게 말했다. "병사들을 너의 자식으로 생각하라. 그러면 그들은 깊은 계곡까지 너를 따를 것이다. 병사들을 네가 사랑하는 아들로 보라. 그러면 그들은 죽을 때까지 네 곁에 머물 것이다"(X. 25). 다른 한편으로 손자는 고삐를 너무 느슨하게 해서는 안 된다고 경고했다. "네가 관대하고 마음씨 좋다 하더라도, 권위와 추진력이 없으면 안 된다. 만일 군대를 통제하지 못하면, 너의 병사들은 응석꾸러기 아이들처럼 되어 쓸모가 없어진다"(X. 26).

손자는 또한 진지한 충고를 하나 더 해준다. 길을 가다가 중간에서 서지 말라! 부하들의 능력을 개발하고 제대로 평가하는 것이 중요하다면, 적을 평가하고 '지형'을 평가하는 것도 역시 중요하다는 것이다. "만일 우리가 우리의 병사들이 공격할 준비가 되었다는 것을 알지만, 적이 난공불락이라는 사실을 간과한다면, 이는 절반의 승리이다. 만일 우리가 적이 약점이 있어 공격할 수 있다는 것을 알지만, 우리의 병사들이 공격할 준비가 되어 있지 않다는 것을 간과하면, 이 역시 절반의 승리이다. 만일 우리가 적도 약점이 있어 공격할 수 있고 우리 병사들도 공격할 준비가 되었다는 점을 아는데, 지형의 조건이 공격하기에 불가능하다는 것을 간과하면, 이 또한 절반의 승리일 뿐이다"(X. 27~29).

지도자들의 결정은 항상 복잡해서, 모든 요소를 고려해야만 승리에 도움이 된다. "따라서 적을 알고 너 자신을 알면, 의심할 필요 없이 너는 승리할 것이다. 하늘을 알고 땅을 알면, 승리는 온전히 너의 것이다"(X. 31).

오로지 장수만이, 경영자만이 승리를 위한 막대한 책임을 진다. 이런 점에 대해서는 해석을 하려고 시도할 것도 없다. 손자는 그 무엇보다 분명하게 말했다. "만일 전쟁에서 확실하게 승리할 수 있다면, 군주가 전쟁을 금지하더라도 너는 싸워야 한다. 만일 전쟁이 가망이 없으면, 군주가 전쟁을 명령하더라도 너는 싸워서는 안 된다"(X. 23). 이는 경영자의 반란을 의미할까? 그렇지가 않다. 경영자에게도 비행기 조종사나 의사, 혹은 우주 비행사처럼, 자신만이 책임을 떠안고 행동해야만 하는 그런 상황들이 있다는 것을 의미할 뿐이다. 그는 자신의 상관으로부터 명령을 받아서 비판 없이 실행하는 대신에, 자신의 행동에 대한 책임을 떠안아야 한다.

 지형편과 관련된 인용문

너는 올라가거나 내려가야 하고, / 너는 지배하고 이겨야 하며, / 혹은 봉사하고 패배해야 하며, / 고통스러워하거나 승리의 개가를 울려야 하고, / 모루이거나 망치이다.

- 요한 볼프강 괴테(ohann Wolfgang von Goethe, 11749~1832), 독일의 작가.

사람들이 승리는 선물할 수 있지만, 패배는 항상 자신만이 지녀야 한다.

- 클라우디아 도렌(Claudia Doren, 1931~1987), 독일의 TV 앵커우먼.

한니발, 너는 승리는 이해하지만, 승리를 이용하는 것을 이해하지 못하네.

- 티투스 리비우스(Titus Livius, 기원전 59~서기 17), 로마의 역사가.

효과가 탁월한 권위는 특권을 바탕으로 하는 것이 아니라, 더 많은 지식, 진력과 정력을 바탕으로 한다.

- 파킨슨(Cyril Northcote Parkinson, 1909~1993), 영국의 역사학자이자 언론인.

그와 결혼해서 살았던 시기에 매일 나는, 그가 지도자로서 가장 중요할 지도 모르는 특징을 가지고 있다는 것을 점점 분명하게 알게 되었다. 즉, 자신과 자신의 힘에 대한 동요하지 않는 신뢰였다.

- 재클린 케네디 오나시스(Jacqueline Bouvier Kennedy Onassis, 1929~1994), 미국의
  대통령 부인, 나중에 언론인.

11

지형학 II: 적의 위치_ 구지편(九地篇)

전쟁터에서도 상황을 고려하는 것은 승리에 결정적으로 중요하다

손자는 지형의 조건(앞장) 외에 상황의 구체적인 변화, 특히 적의 위치가 성공과 실패에 결정적이라고 가르쳤다. 이는 기업들 사이의 경쟁상황에도 당연히 적용할 수 있다. 손자는 아홉 가지 상황을 정의했는데, 이를테면 각각 다른 태도가 요구되는 기본적인 위치를 정의 내렸다. 즉, 조망할 수 없는 위치, 동떨어진 위치, 대립하는 위치, 열려 있는 위치, 복잡한 위치, 위험한 위치, 봉쇄된 위치, 포위될 위험이 있는 위치, 혹은 빠져나갈 수 없는 위치.

讓 전략은 A학점, 실행은 F학점 − 이것은 패배를 의미한다

장수는 상황에 따라 다양하고, 그때그때 최고의 전술을 사용해야 할 임무가 있다. 눈으로 볼 수 있는 행동이어야 한다. 말로는 충분하지 않으며, 최근에 볼 수 있듯 시각적인 방법이나 알록달록한 서류철로도 충분하지 않다. 회사에서 일하는 많은 전략가들은 훈련을 받는데, '서류철전투'에서 이기는 연습이다. 이론을 소개하여 성공을 거두었다 하더라도, 실제로 경쟁자들과의 전투에서 항상 성공을 거둘지는 미지수이다. 따라서 모든 경영자는 최소한의 용기, 힘, 결단력을 끌어내어 직원들에게 전달해줘야 한다. 그렇게 해야 팀은 상황의 장점을 이용하고 단점을 극복해낼 수 있다.

계속해서 손자는 이렇게 말했다. "군을 소집하여 위험에 던지는 것, 이것이 바로 장수의 원래 임무이다"(XI. 40). 이때 중요한 것은, 장수가 전쟁터에 함께 가는 것이다. 장수는 군대의 맨 앞에서 창을 들고 싸울 필요는 없지만, 전투의 일부가 되어야 한다.

'자전거 주식회사'에 극단적인 절약프로그램이 하달되었다. 무엇보다 출장비를 25퍼센트 줄여야만 했다. 그리하여 모든 직원들은 비즈니스 좌석에 앉아 출장을 가는 기회가 사라졌다. 이는 많은 불평을 자아냈다. "그러면 출장 안 가면 되지." 직원들은 그렇게 불평을 터뜨렸다. 하지만 모든 출장이 금지될 수는 없었다. 회사의 회장도 이코노미 클래스에 앉아서 출장을 갔다는 소식이 들리자, 직원들의 불평은 놀라울 정도로 줄어들었다.

손자는 이 장에서도 아주 분명하게 표현했다. 전쟁터에서 어떤 상황에 처해 있든, 어떤 위치에 있든 그는 자신의 경험을 동원했다. 예를 들어 손자는 이렇게 말한다. "산지(散地: 분산된 지형, 자기 나라의 영토)에서는 싸우지 말라. 경지(輕地: 적의 땅이기는 하나 깊숙한 곳이 아님)에서는 오래 머물면 안 된다. 쟁지(爭地: 전략상 요지여서 서로 차지하려고 싸우는 곳)는 공격해서는 안 된다. 교지(交地: 평탄하고 탁 트인 땅)에서 적의 길을 가로막으려 하지 말라. 구지(衢地: 전략적인 이 땅은 교통의 요지라 할 수 있다)에서는 동맹군과 함께 하라. 중지(重地: 본국에서 멀리 떨어져 있고, 적의 영토 깊숙한 곳)에 들어가면, 약탈하

라. 비지(圮地: 산림이 험준하거나, 늪지대 등 행진이 불편한 곳)에 들어가면, 계속 행진해 가라. 위지(圍地: 적이 매복해 있을 수 있는 지형)에서는 계략을 사용하라. 사지(死地)에서는 싸워라"(XI. 11〜14).

물론 이런 해결책을 경제적인 문제에 적용할 수 있다. 이에 관한 서적도 많이 있다. 하지만 중요한 것은, 가장 위대한 장수라 할지라도 "대강 훑어보는 자"는 아니라는 점이다. 그 역시 땅의 상태와 같은 사소한 문제에 신경을 써야 한다. 결정을 하기 전에, 완벽한 자료들을 갖기 위해서 세부적인 사항에 관해서도 정보를 받고 있다면 그 경영자는 일을 잘하고 있는 셈이다. 경영자들에게 널리 퍼져 있는 병은, 자신들은 비행 노선에만 관심이 있고 구체적인 착륙 장소에는 관심이 없다고 생각하는 것이다. 그러면 노선은 맞지만, 착륙 장소가 패배를 결정할 수도 있다.

🏛 모든 상황에서 최고로 우수한

손자의 몇 가지 지시사항은 이미 앞 장에서도 나온다. "속도는 전쟁에서 열쇠이다. 즉, 적이 준비하지 못하는 상황을 이용하여, 예기치 않은 길로 접어들어 방어를 느슨하게 할 때 공격하라"(XI. 19).

경험이 많은 경영자라면 이 말을 잘 이해할 수 있다. 어떤 싸움이든 빨리 해야 한다. 전쟁이든 행동이든 오랫동안 지속되면 매일 비용이 늘어나고, 이길 수 있는 전망도 매일 사라진다. 싸울 계획을 짜는 경영자는 신속하게 해야 한다. 어떤 공격이든 강력해야 하고 상대가 깜짝 놀라게 만들어야 한다.

'자전거 주식회사'는 하이테크 자전거를 통해 중국 시장에 진입하기로 결정했다.

전략은 세심하게 준비되었다. 모든 위험요소가 분석되고 또 평가되었다. 마침내 사람들은 결단을 하고 출발했다. 판매는 중국에서 활발했고 구매부서도 생겼다. 거대한 창고도 세웠다. 하지만 이사진은 모든 활동을 조정할 중국 책임자를 지명하는 데 시간을 끌어버렸다. 개별 기능은 중국에서 잘 돌아갔으나, 조정 기능과 의결 기능이 없었다. 책임자들은 활동을 결정하기 위해 항상 한 자리에 모여야 했다. 그 결과 중국에서 일으키려 했던 돌풍은 너무 천천히 일어났다. 그리하여 본토에 있던 경쟁자가 공격에 맞추어 잘 대처할 수 있었다. '자전거 주식회사'는 중국 모험으로 많은 손실을 입었으며 사업도 중단해야만 했다.

손자는, 자신이 이끄는 군을 단결시킬 줄 알고 또 이처럼 일치단결한 군을 잘 유지하는 것이 중요하다고 강조했다. "적지에 들어가면, 다음과 같은 원칙을 주의해야 한다. 적의 영토에 깊이 들어가면 갈수록, 너의 부하들 사이에 연대감은 더 커질 것이고 그러면 적들은 방어하기 더 힘들어진다. 너의 군대가 충분한 비축 식량을 확보할 수 있도록, 풍요로운 땅으로 이끌고 가라. 군사들이 잘 지내는지 보살피고 너무 많은 것을 요구하지 말라. 너의 기세에 집중하고 힘을 아끼라. 너의 군을 항상 움직이게 만들고 훤히 꿰뚫어볼 수 없는 전략을 좇게 하라"(XI. 20~22).

손자는 노련한 전술가이다. 즉, 만일 팀이 처음으로 성공을 거두었다면, 이는 팀 구성원들을 더욱 밀착시켜준다. 이제 이 팀은 사기가 충천하고 연대감으로 뭉쳐서 어떤 것도 해낼 수 있다는 투지가 불타게 된다. 이 시점에서 경영자는 오히려 서두르지 않도록 속도를 줄여야 한다. 그는 직원들이 긴장을 풀고 휴식을 즐길 수 있도록 배려해줘야 한다. 직원들은 좋은 컨디션을 유지해야 하고 일을 떠맡아서는 안 된다. 이때 요구되는 것은 경영자의 보살핌이다. 만일 경영자가 적당한 수준에서 직원들을 배려해주면, 직원들은 열광하기 마련이다. 관리자는 자신이 돌볼 수 있는 만큼만 직원 수를 거느려야 한다. 그는 직원들의 이름을 부를 수 있어야 하고 그들의 약점과 장점을 알고 있어야 한다. 그는 직원들의 생계를 보장해야 하고, 직업상 처해 있는 조건을 잘 돌봐줘야 한다.

중국에서 자리를 잡고자 했던 '자전거 주식회사'의 시도가 실패로 끝났는데도, 그와 같은 행동은 모종의 결과를 가져왔다. 구매부는 중국에서 자리를 잡았고 신뢰할 수 있는 납품업자도 발견했다. 구매부는 납품업자의 품질을 조사했고, 품질이 향상되고 원하는 수준까지 올라갈 수 있도록, 장기적인 행동을 취하고 비용도 들였다. 직원들에게 이 기간은 참으로 힘든 시간이었는데 그들은 좋은 결과를 내려고 주말에도 일해야만 했다. 구매부 부장은 금요일 저녁마다 모든 직원들을 저녁에 초대했다. 저녁을 먹은 뒤에 사람들은 또 맥주를 마셨고 대화를 나누었다. 이렇게 하자 구매부 부장은 매일 현장에서 어떤 문제가 생기는지 직접 알 수 있었다. 직원들은 부장의 관심 하나만으로도 무너지지 않았다. 그들은 혼자 서 있는 것이 아니라는 인상을 받았던 것이다. 그리하여 그들은 강철같이 계속 일을 했다. 이렇게 진력을 다한 결과 좋은 성과가 나왔다. 이제 '자전거 주식회사'의 자전거가 중국에서 부품을 구입한 양이 30퍼센트 증가했다. 이로써 자전거 판매가격은 거의 40퍼센트 가량 내려갔다. 어쨌거나 이렇게 하여 총원가는 12퍼센트 절약되었다. 저녁식사를 사줄 만했던 것이다.

팀이 너무 강력하게 공격을 받으면 전쟁이 그렇게 긍정적으로 끝나지 않을 경우도 있다. 이때도 손자는 다음과 같은 충고를 해준다. "너의 군사들이 도망칠 수 없는 상황으로 몰고 가라. 그러면 그들은 도망가지 않고 살기 위해서 싸울 것이다. 그들은 죽음을 보자마자, 이룰 수 없는 것이 없다. 장교들과 병사들은 할 수 있는 모든 것을 보여줄 것이다. 병사들이 절망적인 상태에 있으면 그들은 모든 두려움을 잊어버린다. 도망칠 수가 없으면, 그들은 굳건하게 자리를 지킨다. 적의 땅에서 이들은 가장 의연하다. 만일 그들이 도움을 전혀 기대할 수 없으면, 그들은 이를 악물고 싸운다. 경고하지 않아도 그들은 항상 깨어 있게 된다. 또한 요구하지 않아도 자신들이 해야 할 일들을 한다. 제재 조치를 취하지 않더라도 그들은 충성심을 잃지 않을 것이다. 그리고 명령을 내리지 않더라도 병사들은 명령을 신뢰할 수 있다"(XI. 23~25).

이와 같은 상황은 경제생활에서 일어나는 사건들과 충분히 비교해볼 수 있다. 직원들이 특별히 어려운 상황에 처하여 탁월한 성과를 내야할 때가 있다. "저들에게 우리가 누구인지 보여주고 말 거야"라는 슬로건을 내걸고 말이다. 이와 같은 표현은 힘과 절망을 동시에 의미한다. 하지만 이와 같은 입장은 목표에 맞게 잘 이끌어가야 성공할 수 있다. 경영자는 반드시 방향을 정해줄 필요가 있다. 회사가 파산했을 때(흔히 경영실패로), 직원들이 회사를 구하기 위해서 끔찍하게 노력하는 모습을 보면 참으로 감동적인 경우가 많다. 그들은 월급도 포기하고, 자신들의 시간을 투자하며, 예전에는 상관하지 않았던 과제를 해결하느라 애를 쓴다. 그들은 회사에 그야말로 진력을 다한다. 이때도 다음과 같은 사실을 다시 주목하지 않을 수 없다. 즉, 만일 누군가 경영의 기능을 떠맡을 수 있을 경우에만 그들은 성공할 수 있다는 사실이다. 그와 같은 경우에는 주로 파산 관리자가 그 역할을 한다.

따라서 압박은 동기를 강화시키는 작용을 할 수 있다. 하지만 경영자는, 적절한 시점에 직원들에게 가하는 압박을 줄일 수도 있어야 한다. 최고로 뛰어난 직원조차도 압박이 지속되면 이를 견뎌내지 못한다. 언젠가 힘이 떨어지고 직원들의 좌절감은 증가하며, 성과도 줄어들게 된다. 마침내 직원은 사표를 낸다(마음속으로만 내거나 실제로 내거나). 그와 같은 상황은 경영자가 좀 더 민감해주기를 요구한다. 즉, 직원들에게 영향을 줄 수 있도록 평온함과 침착함이 요구된다. 그러나 그와 같은 상황에 처하면 경영자는 직원들보다 더 큰 압박감은 아니겠지만, 그들과 비슷한 수준의 압박을 받게 된다. 그는 이와 같은 압박을 견딜 수 있어야 하고, 직원들에게도 압박을 타개할 수 있는 분위기를 전해줄 수 있어야 한다. 이때 경영자에게 필요한 것은 자신을 좀 더 확고하게 지원해줄 책임감 있는 직원들이다. 이와 같은 경우에 오랜 전통이 있는 회사 출신의 직원들은 소규모 회사 출신의 직원들에 비해서 훨씬 더 단순하게 잘한다. 그들은 전통이 아니라, 회사의 이름을 떠받쳐줄 수 있다.

'자전거 주식회사'에서 일하는 젊은 경영자 한 사람이, 납품회사를 하나 인수하라는 지시를 받았다. 젊은 경영자는 이를 위해 전문가들로 구성된 팀을 만들었다. 그들은 어떻게 진행할지를 구상하기 위해 하루 종일 함께 있었다. 마침내 구상이 끝났다. 다음 날부터 회사와 협상을 시작하기로 했다. 젊은 경영자는, 모두들 매우 신경이 곤두서 있다는 사실을 알아차리고는 마지막으로 의견을 조율하기 위해 팀을 소집했다. 납품회사 인수문제로 결성된 팀 구성원들은 자신들의 임무에 열정적이었으나, 그로 인해 자신들에게 어떤 일이 생기게 될지 몰라서 두려워하고 있었다. 그러나 다음 날 아침이 되어 모두들 비행장에서 만났을 때, 잠도 잘 잔 듯했고 컨디션도 좋았다. 그리하여 그들은 출발했고, 그 어떤 것도 그들을 혼란에 빠트릴 수 없었다. 그들은 전문가들이었다.

謀 마키아벨리주의자인 장수

손자는 항상 '이건 장수에게 달려 있다'고 생각했고, 장수라고 해서 조심스럽

게 보호하려 들지 않았다. 그 역시 장수였으니까. "전쟁을 치를 때는 모두가 어느 정도의 용기를 갖게 해줘야 한다. 너는 유리한 지리적 조건과 불리한 지리적 조건에서 항상 최고의 결과를 만들어내야 한다. 경험 있는 장수는 자신의 군대를 마치 한 명의 남자처럼 확고하게 이끌어간다"(XI. 32~34). 그렇게 하는 한 좋다. 이는 현대적인 경영의 기본원칙과도 통한다.

그러나 손자는 전쟁의 또 다른 측면에 관해서도 자세하게 설명했는데, 이를테면 정보를 조작해야 하는 측면이었다. "장수는 자신의 의도를 숨기기 위해서 입을 다물어야 한다. 그리고 부하들이 복종을 잘하도록 만들기 위해 장수는 공명정대해야 한다. 또한 장수는 장교들과 병사들의 눈과 귀를 속일 줄 알아야 하는데, 그렇게 해야 그들은 장수의 계획에 대해서 알지 못한다. 장수는 적이 눈치 채지 못하도록 자신의 행동과 계획을 지속적으로 바꿔야 한다. 야영지를 바꾸고 구불구불한 길로 감으로써, 장수는 적이 자신의 의도를 알아차리지 못하도록 방해해야 한다. …… 장수는 자신의 계획이 드러나기 전에, 병사들을 적의 땅 깊숙한 곳으로 몰아가야 한다. …… 그런 식으로 병사들을 이리저리 몰아서, 아무도 목적지가 어디인지 모르게 해야 한다"(XI. 35~39).

손자가 죽고 수백 년이 지난 뒤, 이와 같은 손자의 생각을 함께 나누고, 갈고 닦으며, 개발하고 글을 남긴 정치가가 있었으니, 그의 이름은 바로 마키아벨리였다.

위에 인용한 손자의 가르침에서 우리에게 적용할 만한 것은 무엇일까? 손자는 여기에서, 경영자는 불편한 과제를 피할 수 없다는 점을 암시한다. 경영자는 직원들을 꾸짖을 수 있어야 하고, 또 직원을 해고할 수 있어야 한다. 더욱 신속하고 구체적이며 객관적으로 이런 과제를 행하면 행할수록, 남아 있는 직원들은 더 잘 받아들이게 된다. 전쟁은 희생자를 요구한다. 경제 전쟁 역시 패배자를 낳게 된다. 해고된 사람, 실직자들이 바로 그런 부류에 속한다. 경영자는 위기상황에서 직원들에게 모든 진실을 말하지 않는 편이 더 나을 수 있다. 그렇게 하면 직원들은 일할 동기도 상실하고 절망하기 십상이기 때문이다. 물론 꼭 그렇게 해야 하는 것은 아니지만 말이다.

전쟁에서 애무과정은 없다

장수와 경영자는 명령권이 있다. 전쟁 상황에서는 따스하게 껴안고 애무하는 과정은 없다. 갈등상황에서는 오로지 명령과 지시만 있을 뿐이다. 손자는 이렇게 말했다. "호전적인 왕은 다음의 원칙을 주의해야 한다. 즉, 만일 막강한 나라를 침공하면 적이 힘을 모으지 못하도록 방해하라. 적이 너를 반대하는 무리와 연합하지 못하도록 적을 위축시켜야 한다. 주변의 군주와 동맹을 맺지 못하도록 만들고, 그들이 강해지지 않도록 만들라. 그 대신에 너의 비밀스러운 계획을 추진하고 적에게 겁을 주어라. 이렇게 하면 너는 적의 도시를 정복하고 그들의 왕국을 무너뜨릴 수 있다. 규칙에 상관하지 않고 상을 주고 체계 없이 명령을 내려라. 그렇게 함으로써 너는, 마치 군대가 한 명의 남자인 것처럼 이끌어갈 수 있다. 너의 행동으로 부하들을 조종하되, 너의 계획을 알려줘서는 안 된다. 부하들을 위험하게 하고, 그들에게 그렇게 해야 유리하다는 말을 얘기해주지 말라. 부하들을 빠져나갈 수 없는 상황에 던져 넣어라. 그러면 그들은 살아남을 것이다. 부하들을 절망에 밀어 넣어라. 그러면 그들은 스스로 살길을 찾을 것이다. 왜냐하면 군대는 비상사태에 처해야만 비로소 결정적인 승리를 거둘 수 있기 때문이다"(XI. 53∼59).

또다시 해석하기 쉽지 않은 구절이 나왔다. 준비는 끝이 났고, 군대는 행

진을 한다. 이제 사람들은 전쟁의 한가운데에 서게 된다. 이제 신속한 행동, 어느 정도 직감적인 행동이 중요한 때이다. 그리고 피를 흘리게 되는 시기이다.

그와 같은 상황에서는 거의 모든 수단이 올바른 수단이다. 어제 어떤 계획을 잡았는지는 중요치 않다. 장수는 오늘 새로운 제안을 하고, 그리하여 사람들은 살기 위해서 이 제안을 따르게 된다. 그들은 절망한 자의 용기와 힘을 가지고 싸운다. 이때 한 가지는 분명하다. 즉, 경영자는 권위가 필요하다는 점이다. 이와 같은 권위를 그는 전쟁 시에 가지는 것이 아니라, 이미 그 전에 가지고 있어야 하고 위기 때는 더 강력해질 뿐이다. 경영자는 따라야할 지시를 내린다. 그러면 부하 직원들은 지시와는 다른 상황이나 조건들을 끄집어내어 반박해서는 안 된다. 그는 책임자이고, 그렇기 때문에 지시를 내릴 수 있는 권리와 의무가 있는 것이다. 경영자는 충고와 제안을 듣고 이를 자신이 내릴 조처에 반영하면 좋다. 하지만 그는 행동할 권위가 있다.

🈶 세부사항, 권위와 관련된 인용문

만일 눈 하나를 감았더라도, 큰 사물은 볼 수 있다. 하지만 두 눈을 크게 뜨고 작은 사물들을 보라. 작은 사물은 성공과 실패 사이를 구분하는 선을 길게 그어놓는다.

- 제이콥 M. 브라우더(Jacob M. Braude, 1896~), 미국의 작가, 해학가.

사람들은 산도 정복하지만 돌 하나에 걸려 넘어진다.

- 게르투르투(Gertrud von Le Fort, 1876~1971), 독일의 여성 작가.

사람들은 산에 걸려 넘어지지 않고, 두더지가 파놓은 흙덩이에 넘어진다.

- 공자(기원전 551~기원전 479), 중국의 철학자.

군대에 요구를 많이 하는 장군일수록, 그의 요구는 더 잘 충족된다.

- 카를 폰 클라우제비츠(Carl von Clausewitz, 1780~1831), 프로이센의 장군이자 군사
  이론가.

어떤 사람이 권위를 가지고 있는지, 아니면 권위 그 자체인지는 매우 큰 차이가
있다.

- 에리히 프롬(Erich Pinchas Fromm, 1900~1980), 독일 출신의 미국 정신분석학자.

효과적인 권위는 특권 위에 세워진 것이 아니라, 더 많은 지식, 진력을 다하는 노력
과 정력 위에 세워진다.

- 파킨슨(Cyril Northcote Parkinson, 1909~1993), 영국의 역사학자이자 언론인.

무엇이 높은 C음인지는 내가 결정한다.

- 플라시도 도밍고(Placido Domingo, 1941~), 스페인의 가수(테너).

12

불을 공격의 무기로_ 화공편(火攻篇)
극단적인 수단을 사용할 때 특히 주의해야 한다

다음에 소개될 두 장은 특히 과거의 전쟁을 세부적으로 다루고 있다. 열두 번째 장은 '화공'이라는 제목이 붙어 있다. 따라서 이 장은 언제 공격을 해야 하고, 이때 어떤 무기를 투입해야 승리를 거둘 수 있는지에 관한 문제를 다루고 있다. 비유적으로 말하면 경영자들 가운데에는 불장난을 좋아하는 사람들이 많고 물론 그들은 불을 잘 놓는다. 이 말은 오늘날에는 대체로, 공격적인 수단으로 경쟁사의 명성과 이미지를 공격한다는 뜻이다. 이는 진짜 불과 같은 효과가 있다. 요컨대 그런 불도 자신의 회사와 경쟁회사를 파괴할 수 있다는 말이다.

講 마지막 희망으로써의 불

공격수단으로써의 불은 전투의 마지막 수단이라고 생각할지 모른다. 불은 가차 없이 파괴한다. 그래서 손자는 왕국의 평화를 위험에 빠트리기 전에 신중하게 생각할 것을 권유한다. 하지만 손자는 불을 투입하는 것도 정당하다고 보며, 불로 공격할 수 있는 여러 가지 가능성을 분류한다. 손자는 이렇게 말한다. "불로 공격할 수 있는 다섯 가지 방법이 있다. 우선 야영지에 있는 병사들을 공격하는 방법이다. 두 번째는 그들의 창고를 공격하는 것이다. 세 번째는 수송대를 공격하는 방법이고, 네 번째는 적의 무기고를 태우는 것이며, 다섯 번째는 적의 부대에 불을 지르는 것이다"(XII. 1).

이 내용을 경영자에게 적용하면 어떻게 될까? 경영자는 경쟁자의 직원들에게 어떤 효과를 미칠 수 있을까? 가장 단순한 해석은 직원들을 스카우트하는 것이다. 그러면 스카우트된 직원들은 경쟁자에게 '불타버린' 직원들이고 더는 존재하지 않는 직원이다. 만일 회사가 직원들을 전망이 없는 싸움터에 내보내거나 직원들에게 풀지 못하는 임무를 주면, 이로써 회사는 자신의 직원들을 불태워버린 결과가 된다.

창고를 불태우면 어떻게 될까? 어쩌면 경쟁자의 제품은 더는 팔 수 없는 것이 되거나, 이른바 싼 값에 처분해야만 하는 제품이 될지도 모른다. 수송대가 불타버린다는 것은, 구매가 더는 이루어지지 않고, 회계는 오류를 범하고, 전략을 짜는 부서는 아이디어를 내지 못하는 것을 의미한다. '무기고'란 경쟁사에게 등을 돌리게 만든 고객이고, '수송수단'이란 사라져버리는 여러 가지 자본을 의미한다.

물론 사람들은 경제생활에서도 불을 투입할 수 있고, 불장난을 할 수도, 평지에 불을 낼 수도 있다. 이는 사람들이 다음과 같은 맥락으로 상상할 수 있는 개념이다. 모든 수단을 동원하여 서로 싸우는데 불도 사용하는 그런 기업들이 있다. 모든 수단 가운데 최후의 수단을 투입하는 것은 분명 최상의 방법은 아니다. 또한 그와 같은 싸움에서 승자가 있다고 상상하기 힘들다.

코카콜라와 펩시콜라 사이의 전쟁을 생각해볼 수 있고, 아디다스와 푸마

사이의 힘든 레슬링도 생각해볼 수 있다. 또한 휴렛팩커드(HP)와 컴팩
(Compaq)의 합병에서 볼 수 있는 다양한 활동도 생각해볼 수 있다.

여기에서 휴렛팩커드와 컴팩의 합병 스토리를 소개하겠다. 2001년 9월에
휴렛팩커드는 최고의 경쟁자 컴팩을 합병하고자 한다고 알렸다. 이는 매우
놀라운 일이었는데, 이 거대한 두 기업은 한창 성공 가도를 달리다가 서로를
관심 있게 보았기 때문이다. 당시의 컴팩은 막 텐덤(Tandem)과 디지털
(Digital)을 인수해서 소화를 시키고 있던 참이었고, 휴렛팩커드는 공격적으
로 서버사업과 새로운 서비스 부서의 구축에 몰두하고 있었다. 두 기업은 서
비스와 시스템통합이라는 양질의 사업을 제공하려는 전략적인 목표를 추구
하고 있었다. 하지만 두 기업은 지금껏 그와 같은 목표로 성공을 거두지 못
했지만, 이번에는 준비를 잘 해서 결국 성공을 거두었다. 그러자 두 기업은
라이벌인 아이비엠(IBM)을 압박하고자 했다. 합병을 비판적으로 바라보던
사람들은 어마어마한 실패를 두려워했다. 게다가 합병은 놀랍게도 지금까지
두 회사가 세웠던 전략과는 반대방향으로 가는 것이었다. 합병에 찬성한 사
람들은, 새로운 기업연합의 규모만으로도 성공은 충분히 보장되는 것이라
강조했다. 합병이 성사되면 기존 고객을 함께 모을 수 있고, 중복되는 부서
의 인원을 줄일 수 있으며 공동으로 구매할 수도 있었다. 하지만 휴렛팩커드
의 상속인 월터 휴렛(Walter Hewlett)이 분명하게 합병을 거부하자, 갈등은 수
면으로 떠올랐다. 무엇보다 그의 걱정거리는 이미 다른 사업에서 내고 있는
손실조차 보완할 수 있었던 프린터 사업에 있었다. 다시 말해 합병이 되면
프린터 사업으로 얻은 이득으로 더 많은 손실을 감당해야 할 것이고, 그러다
보면 휴렛팩커드의 주식이 확실하게 벌어들이던 수입이 완전히 사라질지도
모른다고 걱정했던 것이다. 이로부터 미국과 같은 환경에서도 유례가 드물
었던 사건, 즉 지분소유를 둘러싼 선거전이 벌어졌다. 이 전쟁은 정치가들의

선거전을 본보기로 하여 연출되었다. 마케팅 캠페인과 광고 캠페인을 위해 어마어마한 예산이 동원되었다. 핵심인물들이 선거전에 등장했고 전문가들은 제각각 찬성과 반대의견을 표명했다. 중요한 토크쇼에서는 이를 주제로 논쟁하는 것이 일상사였다. 표 모으기 작전에 투자한 금액이 언급되었다. 즉, 월터 휴렛은 이미 3,200만 달러를 제공했고, 휴렛팩커드는 대략 1억 5,000만 달러를 투입했다. 여기에서 잠깐 비교해보면, 민주당 대통령 후보자 엘 고어(Albert Arnold Gore Jr.)는 선거전에서 1억 2,000만 달러를 동원할 수 있었지만, 그의 적수이자 훗날 선거전에서 승리를 거두었던 부시는 1억 8,600만 달러를 투입할 수 있었다.

논쟁을 서로 주고받는 경우는 없었고, 마치 정치가들처럼 두 적수에게만 관심이 집중되었다. 강인한 실력자의 역할을 맡은 칼리 피오리나(Cara Carleton Sneed Fiorina), 그리고 정직한 백만장자이자 기업문화의 옹호자인 월터 휴렛의 대결이었다. 이 두 사람이 결투를 벌이는 동안, 특히 컴팩사에서 일하던 직원들이 대거 이동을 했다.

투표결과, 피오리나는 '전폭적인 지지는 아니지만, 충분한' 승리를 거두었다고 언론에 밝혔다. 두 파는 불놀이를 했을 뿐 아니라 불을 아주 많이 투입했다. 그리하여 명성도 잃어버렸다. 이제 다 타버린 평야는 다시 일궈내야 한다.

🔥 어떻게 그리고 언제 사람들은 불을 투입할 수 있을까

어쩌면 그와 같은 사건에 가담한 사람들은 불을 다룰 때, 손자가 제시한 규칙들을 고려하지 않았을 것이다. "만일 불로 공격을 한다면, 다섯 가지 가능성에 대해서 준비를 해야 한다. ① 불이 적의 땅에서 일어나면, 즉각 외부에서 공격으로 답하라. ② 불이 났는데도 적이 조용하면, 공격하지 말고 기다리라. ③ 불길이 높게 훨훨 타올랐는데도 공격이 가능하면 공격을 하되, 그렇지 않다면 기다리라. ④ 외부에서 불로 공격하는 것이 가능하면, 내부에서 불이 일어날 때까지 기다리지 말고 유리한 순간을 선택하여 공격하도록 하라. ⑤ 바람이 불어오는 쪽에서 불을 놓으라. 바람을 맞으며 공격해서는 안 된다"(XII. 5~9).

손자는 이와 같은 충고와 조치로 방법을 정해두었다. 이런 가르침은 매우 논리적으로 들린다. 만일 적이 자신의 야영지에서 엄청난 불을 끄느라 정신이 없으면, 그때 공격하면 된다. 그 밖에 또 있다. 즉, 불을 지르면 자신을 태우지 않게 놓아야 하는데, 따라서 바람과 함께 불을 질러야지 바람의 맞은편에서 불을 질러서는 안 된다.

어떤 방식이든 간에, 만일 사람들이 적을 공격하고자 하면, 몇 가지 기본적인 고민이 매우 중요하다. 즉, "너에게 유리할 경우에만 움직이라. 뭔가 이득이 있을 때만, 군을 투입해야 한다. 상황이 그럴 수밖에 없을 때만 전쟁을 하라. 어떤 군주도 재미삼아 군대를 내보내서는 안 된다. 어떤 군주도 기분에 따라 전투를 해서는 안 된다. 만일 너에게 유리하면, 그때 출동하라. 그렇지 않으면 있는 곳에 머물러 있어야 한다. 화가 기쁨이 되고, 분노가 만족감으로 변할 수 있다. 하지만 파괴된 왕국은 다시 일어설 수 없으며, 죽은 자도 다시 살아나지 않는다. 그러므로 현명하고 신중하며 경험이 많은 장수는 조심을 한다. 그렇게 함으로써 왕국은 평화를 유지하고 군을 보호할 수 있다"(XII. 17~22).

모든 경영자는 그와 같은 전쟁을 위해 특별히 신중하게 준비를 해야만 한다. 우선 비전이 있다. 계획한 방법, 불을 놓는 그 방법이 비전에 적합한가?

이 질문에 답할 수 있을 경우에만 목표에 열중해야 한다. 나는 내 목표들 가운데 불을 통해서 달성할 수 있는 목표는 무엇인가? 불의 투입이 특별히 장점이 될까? 이 목표를 달성할 수 있는 다른 가능성은 있을까? 만일 다른 가능성이 있다면 사람들은 이 가능성을 이용해야 한다. 불은 마지막 수단이다.

만일 경영자가 불을 투입하기로 결정했다면 위험분석을 하기 시작해야 한다. 불을 투입함으로써 어떤 위험이 생겨날 수 있을까? 자신의 회사는 그로 인해 어떤 손해를 입을 수 있을까? 위험이 너무 크면, 이로부터 손을 떼야 한다.

'자전거 주식회사'에 새로운 팀장이 들어왔다. 그는 미국에서 왔으며, 명성도 자자한 개선 전문가였다. 그는 부서의 수익을 두 배로 올려야만 했다. 매우 까다로운 목표였다. 이제 무엇을 해야 하나? 원가는 줄이고, 매상과 생산성은 더 올리고 성과가 좋은 주문만 받는다. 그는 단 두 달 동안 팀장으로 일했지만 어찌나 많은 것을 바꾸었던지, 부서 전체가 발칵 뒤집어졌다. 경험 많은 직원들이 좌천되었고, 작업팀들은 해체되었으며, 해고라는 말까지 나왔다. 유감스럽게도 원했던 결과는 나오지 않았다. 매상은 오르지 않았는데, 직원들이 고객에게 집중하지 않고 회사의 불안한 분위기를 극복하는 데 신경을 써야 했기 때문이다. 직원들의 퇴직금을 비롯한 보상금을 많이 지불해야 했기에 비용이 올라갔다. 그리하여 수익은 줄어들 수밖에 없었다. 1년 후에 팀장은 스스로 물러났다. 그는 자신의 업무는 물론 결국 자신마저 삼켜버린 불을 질렀던 것이다.

🥤 가장 중요한 기본원칙: 우선 자신의 회사를 확고하게 해두라

경영자가 불을 투입하게끔 자극하는 것은 무엇일까? 아마도 그것은 중요한 이유가 있기 때문일 것이다. 경영자는 불을 투입한 결과가 비용과 수고를 능가한다는 것을 확신할 수 있을 경우에, 불장난을 시작해야 한다. 그리고 무엇보다 자신의 회사가 아무런 해를 입지 않도록 고려해야 한다.

기업의 역사에는 아주 유명한 전쟁이 있는데, 가히 '불의 폭풍'이라는 목록에 속할 수 있는 전쟁이다. 그것은 바로 코카콜라와 펩시콜라 사이의 전투이다.

우선 콜라의 역사부터 살펴보자. 코카콜라가 맨 먼저 시장에 나와 인기를 얻었다. 모두들 콜라를 원했다. 콜라는 하나의 이미지였고 삶에 대한 하나의 시각이었다. 코카콜라는 시장에서 논쟁의 여지가 없는 위치를 점하고 있었고 좋은 성과도 거두었다. 그리하여 많은 후발주자들은 케이크를 나눠 먹으려고 시장에 등장했다. 이들 가운데 가장 잘 알려져 있고 성공을 거둔 도전자는 바로 펩시콜라였다. 펩시는 코카콜라와 매우 비슷했지만 코카콜라는 여전히 음료수 가운데 1위를 넘겨주지 않았다.

펩시는 시장에서 2등으로 만족하지 않았고 전쟁을 시작했다. 펩시는 청소년들이 좋아하는 이미지를 구축하려고 노력했고 '펩시 - 세대'라는 슬로건을 내걸었다. 이렇게 하여 펩시는 미국의 청소년 전체를 이용했다. 게다가 펩시는 마이클 잭슨이 등장하는 광고를 제작했다. 이런 식으로 펩시는 1등과의 차이를 줄여나갔고, 코카콜라는 자신을 방어해야 했다. 코카콜라도 광고에 투자를 했는데 "오직 이것뿐이야(It's the real thing.)"라는 슬로건을 내걸었다. 하지만 펩시는 기대했던 것보다 더 위험한 경쟁자였다. 처음에 펩시는 콜라를 1리터 병에 가득 채워서 5센트에 팔았던 것이다. 이로 말미암아 새로운 시장부문이 생겼는데, 바로 가격 전쟁이라는 것이 터졌다. 하지만 펩시는 여전히 나쁜 이미지를 벗지 못했고, 그리하여 2류 음료로 간주되었다. 많은 미국인들은 예전과 다름없이 코카콜라를 선호했다.

전쟁은 1985년에 모스크바에서 터졌다. 코카콜라는 그때까지 펩시만 들어가 있던 모스크바에 진입했다. 그러자 펩시는 새로운 캠페인을 벌였다. 즉, 펩시는 푸른색이 되었다. 모든 포장이 변했는데, 로고는 현대화시켰고 밑 부분은 푸른색이었다. 이와 같이 바뀌게 된 아이디어의 배후에는 심리학적인 이론이 깔려 있었는데, 콜라를 마시는 사람들에게 하나의 메시지를 전달해 준다는 것이었다. 즉, 과거(냉전, 소비에트 지배)는 빨간색(코카콜라의 색깔)이고, 반대로 미래는 푸른색(펩시의 색깔)이라는 것이다. 이렇게 하여 또다시 펩시는 1등과의 차이를 줄였지만 코카콜라가 있는 위치까지는 가지 못했다. 코카콜라와 펩시는 점점 정치적인 기회를 이용하는 횟수가 잦아졌다. 그리하여 코카콜라는 1989년에 베를린의 장벽이 무너지자 이를 기념해 콜라 여섯 병이 담긴 팩을 선물로 나누어 주기도 했다.

다른 곳에서 벌어진 두 기업의 전쟁은 더욱 치열했다. 코카콜라는 인권침해로 인해 과테말라에서 고소를 당했다. 이와 같은 행동의 배후에는 펩시의 경영자가 있었을 것이라 추측된다. 살인과 폭동이 일어났다. 코카콜라는 이와는 아무런 상관이 없다고 밝혔다. 하지만 이미지 손상을 두려워한 나머지 이 지역을 펩시에 넘겨주었다. 그렇지만 펩시는 이를 오랫동안 기뻐할 수 없었다. 펩시는 많은 사람들로부터 거부당했고(코카콜라가 반격을 했다), 마침내 이 지역에서 철수하고 말았다.

다른 국가에서도 역시 윤리적이고 정치적인 문제가 생겼다. 많은 정부는 코카콜라가 권력을 인수하는 것을 헤게모니의 정치로 받아들였다. 두 기업의 경쟁이 이와 같은 점을 더욱 부추겼다. 시장을 소리 없이 구축하는 일은 거의 불가능했다.

벨기에서 독극물 스캔들로 인해 전쟁은 또다시 불거졌는데, 이는 코카콜라가 타격을 입은 사건이었다. 병 안에 콜라를 채우는 공정과정에서 오염된 물질이 병 안으로 들어갔던 것이다. 그러자 펩시가 속도를 냈지만, 다른 상표들도 시장점유율을 높일 수 있었다.

백악관을 두고서도 치열한 전쟁이 계속되었다. 존 F. 케네디(John Fitzgerald Kennedy)는 코카콜라 대통령이었고, 린든 존슨(Lyndon Baines Johnson) 대통령 역시 그러했다. 이와 반대로 리처드 닉슨(Richard Milhous Nixon) 대통령은 코카콜라의 고민거리였다. 경쟁사 펩시로부터 기부금을 받았던 그는 당선이 되자 백악관에 있던 자동판매기를 교환해버렸던 것이다. 이렇게 하여 펩시는 백악관으로 진입할 수 있었다.

최근 몇 년 동안은 조용했지만, 두 회사가 이처럼 끊임없이 전쟁을 치를 만한 가치가 있었을까 의문이 생긴다. 코카콜라는 한때 시장점유율이 80퍼센트나 되었지만, 오늘날에는 50퍼센트까지 떨어졌다. 펩시는 한때 2퍼센트였으나 지금은 10퍼센트까지 올라갔다. 승자는 전쟁에 참여하지 않은 제3자들로, 이들은 시장점유율을 엄청나게 끌어올릴 수 있었다. 따라서 불은 두 경쟁자에게는 해를 입혔고 제3자에게는 유용했다. 위험을 정확하게 추정하지 못했던 것이다.

🏛 이미지라는 주제와 관련된 인용문

다른 사람을 어렵게 만드는 자는 그로 인해 자신도 어렵게 된다.

- 세네카(기원전 4~서기 65), 로마의 시인이자 철학 관련 작가.

좋은 명성은 멀리 가고, 나쁜 명성은 더 멀리 간다.

- 세르비아 속담.

사람들은 좋은 명성을 가진 제품만 오래 판매할 수 있다.

- 알프레드 헤르하우젠(Alfred Herrhausen 1930~1989), 독일의 은행전문가, 도이치 은행의 이사진이었으며 1988년부터 회장 대변인.

좋은 이미지도 위험할 수 있다. 즉, "나는 30년 동안 1위였으니 앞으로도 그럴 거야"라고 믿는 자는 착각하고 있는 것이다.

- 에버하르트 폰 퀸하임(Eberhard von Kuenheim, 1928~), 독일의 경영자, 1970~1993년 BMW 회장, 1993~1999년 BMW 감사기관장.

13

첩자 투입_ 용간편(用間篇)

앞선 정보로
비용이 많이 드는 장기 전투를 피하라

　장수의 영감(靈感), 경험과 분석은 목표에 합당한 정보정책을 통해서 보완되어야 한다. 즉, 적에 대한 정보와 적이 의도적으로 흘린 거짓 정보를 모두 입수할 수 있어야 한다. 그리하여 손자에게 첩자의 투입은 전쟁의 기술 가운데 중요한 부분을 차지했다. 손자는 정보 획득이 매우 중요하며, 앞선 정보는 승리에 결정적인 장점이 된다는 사실을 알았다. 그는 첩자를 투입했는데, 자신의 장교들과 병사들 가운데도 첩자가 있다는 사실을 알았다. 그 때문에 그는 자신의 전략도 매우 조심스럽게 다루어야 한다고 수차례 언급했다(열한 번째 계명을 참고하라). 자신의 전략을 너무 공개해서는 안 되며, 설사 자신의 회사에서도 그렇게 하면 안 된다. 전략과 조치가 예상보다 일찍 알려지면 그런 것들은 가치가 없어진다.

🦂 첩자의 실제 세계

첩자의 투입은 경제 전쟁에서도 당연히 일어난다. 모든 경영자는 모든 회사에 경쟁사의 첩자들이 있다는 사실을 알고 있어야 한다. 직원들은 이 회사에서 저 회사로 이동하고 그들의 지식도 가져온다. 경영자는 이와 같은 형태의 첩보에 책임이 있는 경우가 많다. 냉전이 끝나자 이제 산업스파이들이 새로운 전성시대를 맞이한 것처럼 보일 정도였다.

매우 인상적인 예로 오스트프리스란트(작센 주의 북서지방)에 있는 회사 에네르콘(Enercon)을 둘러싼 스캔들이 있다. 이 회사는 풍차의 구상과 제작을 전문으로 한다. 대략 10년 전에, 에네르콘은 E-40 모델을 소개함으로써 경쟁자들을 기술적으로 몇 년 앞서게 되었다. 이 장치는 불티나게 팔렸다. 그리하여 회사는 1994년에 미국 시장에서도 자리를 잡고자 했다. 회사는 성공적으로 고객을 유치했다. 하지만 사업을 시작하기도 전에, 미국 지사의 관리자들은 법원에서 소환장을 받았다. 특허권을 침해했다는 이유에서였다. 고소를 한 것은 미국의 경쟁사로, 케네테크 윈드파워(Kenetech Windpower Inc.)였다. 그러나 제출된 서류들이 에네르콘의 것임이 공판 중에 드러났다. 미국 회사가 스파이를 통해 서류를 구했던 것이다. 심지어 에네르콘 경영자는, 케네테크가 어떻게 풍차 제작용 재료를 구하는지 법정에 출두한 스파이로부터 들을 수 있었다. 이렇게 하여 길고도 긴 법정 싸움이 시작되었다. 에네르콘에 대해 오로지 스파이를 통해 자신을 방어하고자 했던 미국의 경쟁사 케네테크는 이 법정 싸움에서 살아남지 못하고 결국 파산을 신청했다. 그러나 에네르콘도 완전히 패배했다. 즉, 파산절차가 집행된 지 하루가 지나자 워싱턴에서는 특허보호 절차를 거쳐 에네르콘에게 불리한 판결이 내려졌다. 판사들은 특허가 훼손당할 위험이 있으므로 에네르콘으로부터 수입을 금지하라는 명령을 내렸는데, 그 기간이 2010년까지였다. 오늘날까지 에네르콘은 스파이들로 인해 1억 마르크의 매상 손실을 입고 있다. 이 사건에서 특히 논란의 소지가 되었던 것은, 정보를 획득할 때 미국의 정보국인 NSA가 모종의 기여를 했다는 점이었다.

또 다른 예를 들어보자. 유럽의 기업 에어버스는 1994년에 사우디아라비아로부터 60억 마르크에 달하는 주문을 받지 못했는데, 미국의 경쟁사가 미국 비밀정보국의 도움을 받았기 때문이다. 비밀정보국은 에어버스와 사우디 사이에 오갔던 모든 팩스와 전화내용을 보잉사에 넘겨주었다고 한다. 그리고 보잉사는 이를 바탕으로 사우디아라비아에 좀 더 유리한 제안을 하는 데 성공했다.

또 다른 예도 있다. 1995년, 미국에서 일본으로 자동차를 수출하는 문제로 제네바에서 협상이 있었다. 이때 일본의 무역 협상단이 묵었던 호텔 특실이 도청을 당했다고 한다. 매일 아침이면 미국의 협상단장은 일본 측이 지난밤에 나누었던 얘기를 들을 수 있었다. 일본의 회사들조차 이 사건에 관해서더는 언급을 원치 않았다.

예는 또 있다. 얼마 전에 일본에서는 거대 항공회사에 근무하던 직원 세 명이 산업스파이라는 죄목으로 체포되었다. NEC 도시바 스페이스 시스템(NEC TOSHIBA Space Systems)의 직원들은, 신종 위성개발에 관한 정보를 빼내기 위해 '일본 국립 우주개발 연구원(National Space Development Agency of Japan)'의 컴퓨터를 침입했다.

이런 예는 끝없이 나열할 수 있다.

어쨌거나 손자에게도 첩자는 아주 큰 의미가 있었다. 그에게 첩자는 매우 높은 가치가 있었다. 과업을 성공적으로 해낸 뒤에 첩자에게 후한 포상을 내려야 한다고 말했을 정도였으니 말이다. 손자는 그 이유를 다음과 같이 밝혔다. "군사 십만을 일으켜 먼 거리를 행진시키면 많은 사람이 목숨을 잃고 국가재정에 부담을 주게 된다. 매일 들어가는 비용만 하더라도 은 1,000온스가 들어간다. 나라 안과 밖에는 소요가 들끓고, 남자들은 지쳐서 길가에 나뒹굴고, 70만 가족이 생업에 종사할 수 없다. 싸우는 군은 서로 몇 년씩 대치하지만, 승리와 패배는 단 하루 만에 결정이 난다. 이와 같은 상황에서 은 100온스의 포상을 아껴 적에 대한 정보를 얻지 않는 자는, 참으로 비인간적이다. 그렇게 행동하는 자는 부하를 거느릴 자격도 없으며 군주에게 도움도 승리도 안겨주지 못한다"(VIII. 1~3).

첩자의 다양한 종류

손자는 적에 대한 지식, 적이 무슨 계획을 짜고 있는지에 대한 정보는 참으로 소중하다고 가르쳤다. 전쟁과 승리에 결정적으로 중요하다고까지 했다. 당시에는 인터넷도, 컨설팅을 해주는 회사도, 기업연합도 없었다. 손자는 오로지 첩자를 통해서만 정보를 획득할 수 있었다.

여기에서 손자는 흥미롭게도 첩자를 다섯 가지 종류로 분류했다. 즉, 향간(鄕間), 내간(內間), 반간(反間), 사간(死間), 생간(生間)이다.

"향간이란 적국의 국민 가운데 고른 첩자이다. 내간이란 적국의 관리들 사이에 있는 우리의 첩자이다"(VIII. 9~10). 여기에서 손자에게 중요한 것은, 땅과 사람에 대한 정보, 지형과 기후에 대한 정보, 인성과 특성에 대한 정보이다. 이와 같은 정보들은 결정을 하기 전에 사용된다. 경제계 사람들은 이를 스파이라고 보지 않으며, 사실 우리는 많은 정보에 자유롭게 접근할 수 있다. 철저한 인터넷 - 조사는 오늘날 거의 '내간'을 대신한다. 그런데도 사람들은 인간관계를 구축하기 위해 어떤 지방이나 국가에 접촉할 사람들이 필요하다. 회사는 특정 지방과 국가의 일부가 되면 가장 성공적으로 행동한 셈이 된다. 만일 사람들이 그 지방 혹은 그 나라에 관계를 맺을 수 있는 사람들을 구축하고 있으면 가장 좋다. 인간관계를 맺는다는 것은 단순한 직원부터 시장(市長) 혹은 대통령에 이르기까지 해당된다.

"반간이란 적의 첩자인데, 우리가 발견하여 우리의 목적에 이용하는 자이다"(Ⅷ. 11). 손자는 자신의 부하들 사이에서도 첩자들이 활동하고 있다는 사실을 알았다. 그는 그 가운데 몇몇을 발견해서 상황을 반전시켜버렸다. 그리하여 그들은 이제 손자를 위해 일하거나 이중첩자의 역할을 하게 되었다. 오늘날에도 이중스파이는 많이 있으며 그들 중에는 일반적으로 잘 알려져 있는 경우도 많다. 경쟁사와 좋은 관계를 맺고 있는 직원이 있으면 사람들은 이런 직원을 공공연하게 혹은 비밀스럽게 이용하는 것이다. 회사들 [그와 같은 경로(經路)가 이용되는] 사이에 매우 다양한 종류의 경험이 교환되는 일은 다반사이다. 심지어 이와 같은 경로 가운데 하나는 제도화되었는데, 이른바 컨설팅 회사이다. 이런 컨설팅 회사가 지닌 매력 가운데 하나는 다양한 기업구조에 대한 지식을 가지고 있다는 점이다. 만일 사람들이 그와 같은 컨설팅 회사에 시장전략을 세워달라는 주문을 하면, 당연히 시장과 시장참여자에 대한 정보가 이 연구에 스며들어 가게 된다. 주문한 당사자는 이와 같은 사실들로부터 이득을 얻는다. 물론 컨설턴트가 자신의 회사에서 얻게 된 경험은 어떤 형태로든 다른 회사의 연구를 위해 흘러들어 갈 것이라는 점이 딜레마가 될 수 있다. 비밀엄수에 대한 의무는 일종의 미사여구에 지나지 않는데, 사실 누가 한계를 그으려고 하겠는가. 이 점이 바로, 사람들이 이중스파

이와 일을 할 때 만나는 어려움이다.

  "사간은 우리 측에서 활동하는 첩자들인데, 우리가 의도적으로 이들에게 거짓정보를 흘려서 그들이 적에게 전해주도록 한다"(Ⅷ. 12). 손자는 의도적인 거짓정보는 널리 알린다고 한다.

  "생간은 적지에서 돌아오는 자이다"(Ⅷ. 13). 이들은 경쟁회사에 있다가 우리의 회사로 와서 일하는 직원일 수 있다. 회사들 사이에 이동하는 직원은 항상 있다. 이때 직원들은 가장 중요한 재산도 함께 가져오는데, 그것은 바로 경험이다. 이런 종류의 첩보활동을 하려면 회사가 얼마만큼의 비용을 써야 하는지, 이에 관한 조사도 연구도 없다. 아마 상당한 비용이 들 것이다. 만일 사람들이 이와 같은 첩보활동을 금지하고 싶다면, 자신의 회사를 가능한 매력적으로 만들어서, 직원들 가운데 그 누구도 다른 회사로 옮기고 싶지 않게 만들고, 다른 회사의 직원들은 자신의 회사로 기꺼이 오도록 만들어야 한다. 이렇게 하면 항상 새로운 지식의 샘물을 개척하고 새로운 지식이 자신의 회사에 적절하게 흘러들어 갈 수 있다.

  손자는 이렇게 말했다. "이와 같은 다섯 가지 종류의 첩자들을 투입하는 목적은, 적에 대한 지식을 얻기 위함이다. 이때 핵심적인 역할을 맡는 사람은 반간이다. 이 때문에 이들을 가장 주의를 기울여 다루어야 한다"(Ⅷ. 25).

  '자전거 주식회사'의 경영자는 매우 긍정적인 회사분위기를 만들어냈다. 직원들은 이 회사에서 일하는 것에 대해 자부심을 가졌다. 그 결과, 다른 회사로 옮기고자 하는 직원들이 거의 없었고, 헤드헌트들도 성공을 거두지 못했다. 월급도 만족스러웠고 노동조건도 적절했으므로 창의력과 출발의 기운이 샘솟았다. 인사부에서 들려오는 소식에 의하면, 경쟁회사의 많은 직원들이 이 회사에 지원을 했다는 것이다. 이와 같은 상황에서 사람들은 하나의 계획을 세웠다. 이를테면, '자전거 주식회사'는 회사 내에 부족한 지식을 갖고 있는 지원자들을 집중적으로 채용하자는 계획이었다. 그리하여 몇몇 개발담당 엔지니어들을 연구소에 투입했다. 그들은 지식과 경험을 겸비하고 있었다. '자전거 주식회사'가 최초로 마모되지 않는 바퀴통을 개발한 것도 간접적으로 이들 엔지니어 덕분이었다. 회사는 또한 경쟁사에서 일했던 직원들을 판매부에 고용했는데, 이로써 경쟁사의 제품가격과 고객의 구조에 대한 지식을 공유하게 되었다.

목표에 필요한 지식을 습득하는 길은 성공의 기초가 된다. 이와 같은 정보를 어떤 방법으로 얻어야 하는지가 중요하다. 회사가 매력적이면 매력적일수록, 더 많은 지식이 회사에 제공된다. 따라서 결론은 단순하다. 즉, 경영자는 자신의 회사를 잘 보살피고, 노동조건도 최고가 되도록 배려하고, 직원들에게 그에 상응한 창의적인 자유를 제공하면 회사는 다른 회사의 직원들에게도 매력적으로 보인다. 그러면 스파이들은 이 회사에 아주 좋은 정보를 제공하게 될 것이다.

🔅 정보라는 주제와 관련된 인용문

만일 개별 전문가들이 옳다면, 정보는 전략적인 원자재가 된다. 즉, 국가와 경제가 더는 통제할 수도 없고, 그런 정보가 없으면 국가와 경제도 더는 존립할 수 없는 그런 전략적인 원자재 말이다.
- 에드차르트 로이터(Edzard Reuter, 1928~), 독일의 경영자, 1987~1995년 다임러 벤

츠(Daimler-Benz) 회장, 1995~1996년 다임러 벤츠 감사위원.

우리는 올바른 정보를 얻고 있는 것일까? 이 질문에 대한 대답에 따라 인류의 미래
가 달려 있다고 내가 주장하더라도, 이는 결코 과장이 아니다.
- 아놀드 토인비(1889~1975), 영국의 역사학자, 문화 이론가이자 역사철학자.

삶에서 가장 성공한 사람은 정보를 가장 잘 얻는 사람이다.
- 벤저민 디즈레일리(Benjamin Disraeli, 1804~1881), 영국의 정치가이자 작가, 186
8년과 1874~1880년에 수상 역임.

1그램의 정보는 1,000톤의 의견보다 더 중요하다.
- 게르트 바허(Gerd Bacher, 1925~), 오스트리아의 언론인.

필자 후기

지금까지 당신은 손자에 대해 알아보았고, 오늘날의 경영자로서 손자에게 무엇을 배울 수 있는지에 대한 질문에 분명하게 대답할 수 있을 것이다. 많은 충고들이 당신에게 익숙하게 들렸음에 틀림없다. 이제 손자의 가르침을 다시 한 번 주장별로 묶어서, 적절하고도 현대적인 형태로 소개하고자 한다.

13가지 계명을 적용하기 이전에, 경영자들의 행동을 결정하는 세 가지 전제조건부터 충족되어야 한다. 만일 이 세 가지 조건이 주어지지 않는다면, 경영자는 경영을 하지 않는 편이 좋다.

■ **경영자는 위임을 받아야 한다(회사로부터).** 웨스트 포인트(West Point, 미국의 육군사관학교)에 다니는 사관후보생은, 어떤 전쟁이든 전쟁포고를 해야 한다는 점을 배웠다. 한 국가의 정부가 이를 공포해야 하며 장군들은 그에 따른 위임을 받아야 한다. 그리고 경영자는 회사로부터 분명하게 정해둔 사업운영위임을 받을 필요가 있다. 이런 위임을 내리는 사람은 주주, 회사의 감사원, 이사진과 그 밖에 회사를 움직이는 상관들이

다. 위임이 없으면 아무리 최고의 장군이라 할지라도 전투를 할 수 없다. 사업운영위임이 없으면 경영자는 성공적으로 행동할 수 없다.

■ **경영자는 정보를 포괄적으로 접할 수 있어야 한다.** 손자는 결정을 내리기 위해 가장 중요한 전제조건은 바로 정보라는 점을 늘 강조했다. 정보가 포괄적이면 포괄적일수록 결정은 더 좋아진다. 충분히 주의를 기울여서 정보를 획득하고 이를 평가하는 것이 경영자의 최고 의무로 자리 잡아야 할 것이다.

■ **경영자는 위임을 받은 범위 내에서 자유롭게 행동할 수 있어야 한다.** 경영자는 자신이 행동할 옵션을 스스로 선택할 수 있어야 한다. 이에 필요한 자원을 얻을 수 있는 가능성도 당연히 그에게 속해 있어야 한다.

이와 같은 세 가지 조건은 경영자가 성공적으로 행동하기 위해 필요한 기초이다. 우리가 손자의 말을 요약해보면, 경영자의 성공에 결정적으로 중요한 다섯 가지 능동적인 경영을 발견할 수 있다.

■ 경영자는 자신과 회사가 제대로 포지셔닝할 수 있도록 노력해야 한다. 그런데 이것은 혼자서 할 수 없고, 경영의 성공에 따라 좌우된다. 훌륭한 경영이란 회사를 매력적으로 만드는 것이다. 최고로 능력 있는 직원들은 이미지도 좋고 경영을 잘하는 회사에 들어오기 마련이다.

■ 경영자는 정보를 적절하게 다룰 줄 알아야 한다. 누가 어떤 정보를 필요로 할까? 자신에게 필요한 정보는 어떤 것일까? 정보 네트워크는 이미 손자의 시대에도 화두였을 것이다. 경영을 잘한다면 그와 같은 네트워크를 구축하고 투입해야 한다.

■ 경영자가 책임을 지는 영역에서는 중대한 실수를 해서는 안 된다. 경영

자의 경험은 직원들이 하는 노동의 질을 보장한다.

■ 시간관리도 반드시 필요하다. 좀 더 간단하게 말하면, 경영자는 인내심도 있어야 한다. 많은 경영자들에게 이는 가장 힘든 과제 중에 하나 일 것이다. 특히 준비할 때 그러하다. 너무 신속하게 결정하는 것은 좋지가 않다. 물론 너무 천천히 결정하는 것도 역시 좋지는 않다. 그러니 적당한 시점을 정하는 것이 중요하다는 말이다. 하지만 직원들이 이해해주고 신경을 곤두세우지 않으면, 경영자도 인내심을 충분히 발휘할 수 있다. 이렇게 되려면 관리하는 능력이 좋아야 할 것이다.

■ 마지막으로 경영자는 침묵의 달인이어야 한다. 침묵은 정보관리와 관련해서 이를 보충하는 역할을 한다. 납품업자, 고객, 경쟁사, 그리고 직원들조차 모든 계획을 알아야 할 필요는 없다. 바로 이 점과 관련해서 이해심이 있는 직원이 필요하다. 훌륭한 관리능력은 여기에서도 기본이다.

따라서 경영자는 회사의 비전과 장기적인 목표에 속하는 업무를 위임 받아야 한다. 그는 필요한 정보를 사용하고 위임을 받은 범위 내에서 자유롭게 행동할 수 있다. 이제 경영자는 전략을 성공적으로 적용하는 일을 하면 되는 것이다.

① 경영자를 위한 첫 번째 계명: 철저한 준비가 성공의 시작이자 끝이다

경영자는 문제를 해결해야 할 임무가 있다. 해결이란 우선 때려서 제거하는 것이 아니라, 깊이 생각하는 것이다. 다양한 결과를 고려해보고 난 뒤에 결정을 내리면 된다. 경영자는 문제·임무와 관련해서 비전을 개발하고, 이를 여러 개의 목표로 나누어 이정표로 측정해야 한다. 그는 이정표가 있는 곳마다 문제를 해결하면 된다.

② 경영자를 위한 두 번째 계명:
재원을 현명하게 다루면 승리에 도움이 된다

경영자는 혼자서 싸움에 이길 수 없다. 따라서 경영자는 능력을 질적으로 그리고 양적으로 정확하게 잘 준비하도록 해야 한다. 그에 상응하는 조직을 구축하고 직원을 제대로 채용하고 동기를 부여할 줄 알아야 한다. 필요한 재원이 잘 정비되어 있어야 하는데, 그렇지 않으면 싸움을 시작할 필요가 없다.

③ 경영자를 위한 세 번째 계명:
올바른 전략은 승리를 거둘 수 있는 비전에 도움이 된다

경영자는 계획에 따라 일을 하는데, 따라서 장기적인 목표를 고려하여 전략적으로 일을 한다. 여기에서 중요한 것은 정신의 질서이다. 그렇게 해야 자신의 힘을 전략적으로 투입하고 올바른 시점에 싸움을 시작할 수 있다. 경영자는 사건의 논리적 과정을 미리 알고 있어야 한다.

④ 경영자를 위한 네 번째 계명:
승리를 거둘 수 있는 전술은 실수를 막아주고 위험을 방지한다

복잡한 전략이라는 기초 위에 경영자는 전술적인 조치를 개발한다. 물론 그는 머릿속으로 생각만 해서는 안 되며, 일관성 있게 실행해야 한다. 그 때문에 한편으로 경영자는 생각하는 사람이지만, 다른 한편으로 행동하는 실력자가 되어야 하는 것이 중요하다. 그의 사고는 효과가 있음을 보여줘야 한다.

⑤ **경영자를 위한 다섯 번째 계명:**
방법론과 작전 행동으로 승리를 거둘 수 있다

성공을 원하는 경영자는 진력을 다하는 직원들이 필요하다. 통찰력을 실행에 옮기는 능력이야말로 경영자가 지니고 있는 가장 중요한 재능이다. 만일 경영자가 우수한 경영능력과 상황에 맞는 경영방법을 투입한다면, 가장 유능한 직원들이 그와 함께 일하면서 잠재력을 최고로 발휘할 수 있다. 경영자는 이와 같은 직원들을 잘 보살펴야 한다. 왜냐하면 경영자에게 가장 소중한 자산인 직원들은 보살핌을 받기를 원한다는 사실을 경영자도 잘 알고 있기 때문이다.

⑥ **경영자를 위한 여섯 번째 계명:**
싸움의 조건을 결정하는 자가 승자가 된다

경영자는 결정을 하기 위해 지식과 정보가 필요하다. 그는 이런 지식을 동료, 직원들, 이웃, 경쟁자, 자신의 네트워크에서 얻는다. 이와 같은 방식으로 그는 싸움의 장소, 시간과 종류를 결정할 수 있다. 시작하는 사람, 요컨대 자신의 힘을 집중시키고 상대의 약점을 먼저 공격하는 자가 승리를 얻게 된다.

⑦ **경영자를 위한 일곱 번째 계명:**
승리를 원하는 자는 작전 행동에 능숙해야 하고 변할 수 있는 용기

를 가져야 한다

경직되어 있는 모든 것은 발전을 저해한다. 이는, 경영자는 스스로 변화를 좋아하고 변할 수 있는 용기를 가져야 한다는 뜻이다. 그렇게 해야 그는 직원들의 동기를 부여할 수 있다. 경영자는 정신의 자유를 지켜야 하고 이로써 새로운 아이디어에 마음을 열어야 한다. 그렇게 할 때만 새로운 도전을 전술적인 솜씨로 맞이할 수 있다. 익숙한 태도로 맞이하는 대신에.

⑧ 경영자를 위한 여덟 번째 계명:
   상황에 따른 결정과 세심한 오류관리는 결정적인 장점이 된다

생각이 깊은 경영자는, 상황이 변하면 단순히 반응하는 것이 아니라 신속하고 주도적이 된다. 그는 자신의 성과와 오류에 대한 책임을 진다. 실수는 하기 마련이고, 최고로 뛰어난 경영자라도 예외는 아니다. 그러나 그에 상응하는 오류관리는 오류를 줄이는 데 도움이 되며, 미래를 위한 배움의 기회를 창출한다.

⑨ 경영자를 위한 아홉 번째 계명:
   경영자는 동기를 부여할 수 있는, 더욱 세심하고 본보기적인 관리를 하도록 노력해야 한다

관리와 동기부여는 쌍둥이이다. 이 둘은 항상 함께 등장한다. 유능한 경영자는 최고의 사람들에게 둘러싸여 있고, 그들의 교육과 발전을 위해 힘쓴다. 이들은 경영자를 위해 불속이라도 뛰어들 것이다. 그러면 경영자는 산을

옮길 수 있는 팀을 갖는 것이다.

⑩ 경영자를 위한 열 번째 계명:
경영자는 땅에 서 있어야 한다

경영자는 땅에서 발을 떼면 안 된다. 성공은 좋은 것이다. 하지만 성공이 머리까지 올라오면 그것은 위험한 부메랑이 될 수 있다. 경영자에게 한 줌의 겸손을 가지라는 충고는 아주 좋은 충고이다. 자신의 힘만으로 대단한 실력자가 된 것이 아니며, 다른 많은 사람들의 도움이 성공할 수 있게 만들었기 때문이다. 훌륭한 경영자란 성공을 조직할 뿐이다.

⑪ 경영자를 위한 열한 번째 계명:
경영자의 인격은 실제 싸움에서 입증된다

경영지식은 반드시 다른 것 – 설득력 있는 경영능력 – 에 의해서 보완되어야 한다. 개인의 카리스마와 권위는 실제의 싸움에서만 성장할 수 있다. 그렇지 않으면 사람들은 타협한다. 이런 의미에서 실제의 싸움에서 얻고 소화시킨 모든 경험은 좋은 것이다.

⑫ 경영자를 위한 열두 번째 계명:
경영자는 우선 자신의 회사를 보호하고, 자신의 회사가 유리하지 않을 경우에만 공격한다

최고의 승리는 싸우지 않고 거두는 것이다. 무엇보다 자신의 회사를 지켜야 한다. 공격적인 수단을 사용한 공공연한 싸움은, 싸움이 성공을 약속할 때만 고려해야 한다. 경영자는 절대로 쉽게 갈등국면에 들어가서는 안 된다.

⑬ 경영자를 위한 열세 번째 계명:
경영자는 앞선 정보로 비용이 많이 드는 전투를 미연에 막을 수 있다

경영자는 회사가 매력적인 회사가 되도록 배려해야 한다. 그렇게 함으로써 새로운 자극도, 새로운 지식도 유입된다. 항상 새로운 직원들이 지원을 하고, 이들은 기존의 지식을 더욱 늘려주고 계속 발전시키며 회사에 힘이 생기도록 노력한다.

감사의 글

이 책은 많은 경험을 통해서 나오게 되었다. 무엇보다 나는, 내가 일했던 회사를 본보기로 삼을 수 있어 매우 도움이 되었다. 이 분들에게 나는 진심으로 감사를 드린다. 그들이 있었기에 이 책이 나올 수 있었다.

또한 나는 캄푸스(Campus) 출판사의 프로그램 팀장이신 크로커(Kroker) 부인, 이 책의 편집을 맡아주신 마이어(Meier) 박사님께도 진심으로 감사의 마음을 전하고 싶다. 그분들은 이 책의 콘셉트를 적극적으로 지원해주었다.

손자: 전쟁의 기술 — 원서

Ⅰ. 계획

1. 손자가 말했다: 전쟁의 기술은 국가에 중요한 의미가 있다.

2. 전쟁의 기술은 삶과 죽음을 결정하고, 안전 또는 패망을 가져다준다. 그러므로 우리는 반드시 잘 살펴야 한다.

3. 전쟁의 기술은 다섯 가지 요소에 의해 결정된다. 우리가 전쟁터의 상황을 제대로 판단하고자 원하면, 이 요소들을 반드시 고려해야 한다.

4. 윤리적인 권리, 하늘, 땅, 지도력(리더십), 방법이다.

5.~ 6. 윤리적인 권리가 존재해야 병사들은 상관을 무조건 따르고 위험을 두려워하지 않는다.

7. 하늘은 밤과 낮, 온기와 냉기, 날씨와 사계절을 의미한다.

8. 땅이란 근처와 먼 곳, 위험과 안전, 좁은 곳과 넓은 곳, 삶과 죽음을 의미한다.

9. 지도력이란 지혜, 정직함, 호의, 용기와 엄격함이다.

10. 방법이란 군대의 계급적 구조, 보급품의 유지와 배급에 관한 감독을 포함한다.

11. 장수들은 이 다섯 가지 요소를 잘 헤아려야 한다. 그렇게 하는 자는 승리할 것이고, 그렇게 하지 못하는 자는 패할 것이다.

12. 이와 같은 다섯 가지 요소를 기본으로 한 다음과 같은 질문을 통해서, 전쟁에 임하는 두 군대의 군사적인 상황을 판단하라.

13. (1) 윤리적인 법은 두 군주 가운데 누구의 편에 있는가?

    (2) 어떤 장수가 더 나은 능력이 있는가?

    (3) 누구의 위치가 하늘과 땅에 의해 유리한가?

    (4) 더욱 엄격한 규율이 다스리고 있는 측은 누구인가?

    (5) 어느 군대가 더 강한가?

    (6) 어느 편의 장교들과 병사들이 더 잘 훈련되어 있는가?

    (7) 보상과 벌이 일관성 있게 이루어지는 군대는 어느 편인가?

14. 나는 이와 같은 일곱 가지 기준을 통해서 승리와 패배를 미리 내다볼 수 있다.

15. 내 조언에 따라 행동하는 장수는 승리할 것이다. 그가 제 기능을 하도록 맡기라. 내 조언을 무시하는 장수는 패배할 것이다. 이런 자는 물리치라.

16. 나의 충고를 듣고, 이를 넘어서서 너에게 제공되는 행복한 조건을 모두 이용하라.

17. 너의 계획을 그것에 맞게 바꿀 준비를 하도록 하라.

18. 모든 전쟁의 기술은 책략과 속임수이다.

19. 네가 강하면, 약한 것처럼 하라. 네가 움직이면, 아무 일도 하지 않는 것처럼 속이라. 네가 멀리 있으면 마치 가까이에 있는 것처럼 하고, 가까이 있으면 마치 멀리 있는 듯한 인상을 주도록 하라.

20. 적이 착각하도록 미끼를 던지라. 적을 치기 위해 무질서한 것처럼 속이라.

21. 만일 적이 철두철미하게 난공불락이면, 물러나서 그가 올 때를 준비하라. 적이 강하면, 그를 피하라.

22. 적이 화가 나 있으면 약하게 만들라. 적이 뒤로 물러나 있으면 교만에 빠지도록 유혹하라.

23. 적이 쉬도록 내버려두지 말라. 군을 분열시키라.

24. 적이 방어하지 않는 곳을 공격하라. 네가 쳐들어올 것이라 적이 기대하지 않는 곳으로 움직이라.

25. 이런 전략이 승리로 이끌어주는데, 왜냐하면 적은 이런 전략을 계산하지 못하기 때문이다.

26. 전쟁을 치르기 전에 많은 상황을 머릿속으로 미리 그려보는 사람은 승리할 가능성이 많다. 그런 상황을 조금밖에 생각하지 않은 사람은 승리할 기회가 적다. 생각하지 않고 행동하는 사람은 반드시 패배한다. 이런 것을 보고 미리 누가 이기고 누가 지게 될지를 알 수 있다.

II. 전쟁수행

1. 전쟁을 치르려면, 무거운 수레 1,000대와 가벼운 수레 1,000대, 10만 병사와 1,000리 길을 갈 수 있기에 충분한 식량이 필요하다. 아교와 옻칠, 마차와 무기를 위해 집에서 그리고 전방에서 지불해야 하는 비용은 매일 1,000금이 소요된다. 십만 군사를 거느린 군대는 그만큼의 비용이 든다.

2. 전쟁터에 와서 승리를 기다리게 하면, 무기는 무뎌지고 전투의지는 사라진다. 도시를 포위하면 포위한 자들의 힘만 빠진다.

3. 전쟁을 계속 끌면, 나라의 재정이 충분하지 않게 된다.

4. 병사들의 무기가 무뎌지고, 그들의 전투의지가 약해지고, 너의 장점이 흩어지고 너의 부가 소모되자마자 적군의 장수가 너의 곤궁한 처지를 한껏 이용하게 될 것이다. 이를 막을 수 있는 수단도 충고도 없다.

5.~6. 급히 서두르는 전쟁은 손해를 가져올 때가 많지만, 오래 지속되는 전쟁이 국가에 이로운 적은 결코 없었다.

7. 전쟁을 잘못 치렀을 때 어떤 결과가 나올지 잘 아는 자만이 전쟁에서 이득을 볼 수 있다.

8. 경험이 많은 장군은 병사를 딱 한 번 편성하고 그들의 마차에는 보급품을 잘해야 두 번 실어준다.

9. 경험이 많은 장군은 전쟁도구는 집에서 가져가지만, 적국의 땅으로부터 얻은 식량으로 병사들을 먹여 살린다. 이런 식으로 군은 항상 보급품이 충분하다.

10. 국고가 비어 있으면, 군은 먼 곳에서 식량을 조달해야 한다. 먼 곳으로 식량을 조달해야 하면 주민도 가난해진다.

11. 군이 있는 곳은 가격이 올라가고 백성의 재산은 사라진다.

12. 이로 인해 궁핍이 백성에게 스며든다.

13.~14. 만일 이런 일이 일어나면, 백성들은 소득의 7분의 1을 잃게 되고, 반면에 국가는 부서진 마차, 말, 가슴 갑옷, 투구, 화살과 활, 도끼, 칼과 방패, 창과 갑옷, 무거운 마차를 위해 총수입의 10분의 6을 써야 한다.

15. 때문에 현명한 장수는 적국에서 약탈한다. 순전히 적국에서 취한 보급품 한 수레분은 자국의 식량 20수레분의 가치가 있고, 적국에서 취한 가축의 먹이 50킬로그램은 자국의 1,000킬로그램의 가치가 있다.

16. 병사들이 적을 죽일 수 있으려면 분노를 느껴야 한다. 병사들이 적국을

약탈하려면 그에 대한 보상이 있어야 한다.

17. 마차전투에서 열 대 이상의 마차를 빼앗으면, 첫 번째 마차를 빼앗은 자에게 상을 주라. 적의 깃발을 뽑아내고 자국의 깃발을 꽂은 뒤 자국의 마차와 함께 전투에 투입하라. 포로로 잡은 적군의 병사들을 잘 대해주라.

18. 적을 이김으로써 너는 더 강해진다.

19. 전쟁을 수행할 때 신속한 승리가 중요하지, 질질 끄는 장기전이 중요한 것이 아니다.

20. 따라서 장수는 백성의 운명을 결정한다. 그의 국가에 평화가 깃드느냐 폭력이 지배하느냐는 온전히 그에게 달렸다.

III. 공격 전략

1. 손자가 말했다. 하나의 국가를 파괴하느니보다 정복하는 것이 낫다. 군대를 때려 부수는 것보다 정복하는 게 더 낫다. 하나의 연대, 하나의 중대 또는 하나의 소대를 섬멸하는 것보다 정복하는 것이 더 낫다.

2. 백 번 전투를 하여 백 번 승리하는 거두는 것은 지혜롭지 않다. 싸우지 않고 적의 저항을 꺾는 것이 더 낫다.

3. 전쟁의 기술 가운데 최고는 적의 전략을 수포로 돌아가게 하는 데 있다. 두 번째로 좋은 것은, 적이 자신의 군대에 접근하지 못하게 방해하는 것이다. 세 번째는 탁 트인 평야에서 공격하는 것이다. 가장 형편없는 수준의 전략은 방어태세를 갖춘 도시를 포위하는 것이다.

4. 가능하다면 방어태세를 갖춘 도시를 피하라. 방어벽, 이동 가능한 피신처, 장비와 무기를 준비하는 데 족히 3개월은 소요된다. 또한 성벽에 대

항하기 위해 땅에 담을 쌓아 올리는 데도 3개월은 걸린다.

5. 자신의 성질을 다스리지 못하는 장군은 부하들을 개미처럼 도시로 내보낸다. 그리하여 그들 가운데 3분의 1은 도시에 들어가 보지도 못하고 죽는다.

6. 따라서 분별 있는 장군은 적의 군대와 싸우지 않고 제압해버린다. 그는 도시를 포위하지 않고 정복한다. 그리고 그는 전투를 질질 끌지 않고서 적국을 무너뜨린다.

7. 한 명도 잃지 않고, 적국을 제압하여 승리를 거두는 것. 그것이야말로 모든 공격 전략이 추구하는 목표임에 분명하다.

8. 만일 우리가 전쟁터에서 적에 비해 열 배 더 강력하다면 우리는 적군을 포위해야 한다. 다섯 배 더 강하면 적을 공격한다. 두 배 더 강하면 우리는 적의 대열 사이에 쐐기를 던져 분산시킨다.

9. 만일 우리가 적과 병력이 같으면, 전투를 벌일 수 있다. 우리가 약간 열세이면 적을 피할 수 있고, 적군과 비교할 수 없다면 도망칠 수밖에 없다.

10. 물론 더 나약한 자가 싸울 수는 있지만, 결국에는 강자가 승리를 거두게 된다.

11. 장수는 나라의 보루이다. 보루가 철저하게 보호망을 제공하면, 나라는 강하다. 보루에 틈이 생기면, 나라는 약하다.

12. 군주는 세 가지 방식으로 자신의 군대에 불행을 가져올 수 있다.

13. (1) 군대가 명령을 따를 수 없다는 사실을 모르고서 공격이나 퇴각명령을 내리는 경우이다. 이로써 군주는 군에 족쇄를 채우는 것이다.

14. (2) 특수한 상황을 신뢰하지 않고서 군의 세부적인 행정에 개입할 경우이다. 이로써 군주는 병사들을 혼란에 빠트린다.

15. (3) 상황에 적응해야 하는 원칙을 신뢰하지 않고 전략적인 전술에 개입할 경우이다. 이로써 군주는 병사들의 신뢰를 뒤흔들어놓는다.

16. 하지만 군이 당황하고 신뢰를 갖지 않으면 이웃의 군주가 위협하게 될 것이다. 그리하여 군은 무질서해지고 승리의 기회는 사라진다.

17. 승리를 거두는 군의 장수는 따라서 다음과 같은 다섯 가지 전제조건을 충족시켜야 한다.

    (1) 그는 전쟁이 언제 전망이 있고, 언제 전망이 없는지를 알아야 한다.

    (2) 그는 장점과 단점을 적절하게 투입할 줄 알아야 한다.

    (3) 그는 군에 소속된 모든 부하들이 하나의 목표에 맹세를 할 수 있게 해야 한다.

    (4) 그는 적보다 준비를 더 잘해야 한다.

    (5) 그는 탁월한 군사적 능력을 소유해야 한다. 그의 군주는 그에게 권한을 위임해야 한다.

18. 그 때문에 다음의 말과 같은 뜻이 된다. 즉, 만일 네가 적과 자신을 안다면, 어떤 전투도 두려워할 필요는 없다. 너 자신을 알되 적을 모른다면, 승리와 패배는 저울 위에 올라가 있다. 적도 모르고 자신도 모른다면, 어떤 전투에서든 지게 마련이다.

IV. 전술

1. 손자가 말했다. 과거에 훌륭했던 전사는 우선 자신들이 난공불락이 되도록 노력했고, 그리고 나서 적을 공격할 기회를 기다렸다.

2. 자신의 군대를 난공불락으로 만드는 것은 우리 손에 달려 있지만, 적의 공격은 적의 손에 달려 있다.

3. 훌륭한 전사는 우선 자신부터 난공불락으로 만들지만, 적이 공격하도록

만드는 것은 자신의 힘으로 감당할 수 있는 일이 아니다.

4. 따라서 이 말이 맞다. 즉, 정복할 수는 없지만 어떻게 정복할지는 알 수 있다.

5. 상대가 승리하는 것을 원치 않는 자는 방어를 한다. 자신이 승리를 거두고 싶은 자는 공격을 한다.

6. 방어하는 자는 자신의 힘이 공격할 만큼 충분하지 않다. 공격하는 자는 힘이 남아돈다.

7. 지혜로운 방어자는 지상에서 가장 외진 구석에 숨어 있다. 지혜로운 공격자는 가장 높은 곳에서 공격한다. 한편에는 자신을 방어하는 능력이 있고, 다른 한편에는 무한한 승리가 있다.

8. 모두가 승리의 기회를 볼 수 있는 곳에서 승리의 기회를 보는 것은 최고의 용병술이 아니다.

9. 나라 전체로부터 전폭적인 지지를 얻는 전쟁과 승리만 제한하는 것은 최고의 용병술이 아니다.

10. 머리카락 하나를 든다고 해서 강함을 보여줄 수 없다. 해와 달을 알아본다는 것이 좋은 시력의 증거가 될 수 없다. 천둥소리를 듣는 것이 좋은 청력의 증거가 아니다.

11. 예로부터 지혜로운 전사는 쉽게 승리를 거둔다고 한다.

12. 따라서 그의 승리는 지혜롭다는 명성도, 용기 있다는 명성도 가져오지 않는다.

13. 지혜로운 전사는 쉽게 승리를 획득한다. 그는 실수를 방지함으로써 전투에서 이기는 것이다. 그가 실수를 방지하는 가운데 승리는 확고해지는데, 왜냐하면 적은 이미 그전에 패했기 때문이다.

14. 지혜로운 전사는 자신을 공격할 수 없는 위치에 가서, 적을 때려눕힐 수

있는 기회를 기다린다.

15. 따라서 승리가 확실할 때 비로소 전쟁을 치르는 것은 현명하다. 승리를 얻기 위해 먼저 싸우는 것은 현명하지 못하다.

16. 지혜로운 장군은 도덕적인 법칙을 지키고 방법론적인 규칙을 따른다. 그리하여 승리와 패배의 결정은 그의 손에 있다.

17. 방법이란 우선 측정이고, 두 번째 단계는 계산, 세 번째 단계는 예측, 네 번째는 신중한 검토, 마지막 단계가 승리이다.

18. 땅(구조)은 측정을 낳고, 측정은 계산을 낳고, 계산은 예측을 낳고, 예측은 신중한 검토를 낳고, 신중한 검토는 승리를 낳는다.

19. 승승장구하는 군대는 열세의 군대와 비교하면 1파운드 대 1그램이다.

20. 승승장구하는 군대의 행진은 마치 엄청난 폭포와 같다. 전술이 그렇듯 많다.

V. 기세

1. 손자는 이렇게 말했다. 엄청난 군사를 지휘하는 일과 작은 군사를 지휘하는 일은 다르지 않다. 그것은 분할의 문제이다.

2. 전쟁에서 엄청난 군사를 지휘하는 일은, 소규모의 병사들을 지휘하는 것과 다르지 않다. 그것은 약속한 깃발과 신호의 문제이다.

3. 만일 군대가 적의 돌격에도 손상을 입지 않고 끄떡없이 버티고자 한다면, 직접적인 방법과 간접적인 방법을 투입해야 한다.

4. 군대가 마치 숫돌로 계란을 치듯 적을 치고자 한다면, 강점과 약점이라는 방법론을 잘 다룰 수 있어야 한다.

5. 전쟁에서 간접적인 방법은 힘을 통일하는 데 사용되고, 직접적인 방법은 승리를 획득하는 데 쓰인다.

6. 간접적인 방법은 하늘과 땅처럼 무한하고 강물과 바다처럼 무진장이다. 그것들은 해와 달처럼 새롭게 지고 시작한다. 그것들은 사계절처럼 사라지고 다시 생긴다.

7. 다섯 가지 음밖에 없지만, 이로부터 조합된 멜로디는 수도 없이 많아서, 우리는 결코 모든 멜로디를 들을 수 없다.

8. 다섯 가지 색깔밖에 없지만(푸른색, 노란색, 빨간색, 흰색, 검정색), 이로부터 조합된 무늬는 너무나 많아서, 우리는 그 모든 무늬를 볼 수 없다.

9. 다섯 가지 맛밖에 없지만(신맛, 매운맛, 짠맛, 단맛, 쓴맛), 이로부터 조합된 맛의 인상은 너무나 많아서, 우리는 그것 모두를 결코 맛볼 수 없다.

10. 전쟁에는 두 가지 공격방법만이 있다. 직접적인 방법과 간접적인 방법. 하지만 이로부터 수많은 작전 행동을 조합할 수 있다.

11. 직접적인 방법과 간접적인 방법에서 한쪽이 다른 쪽을 만들어낸다. 이 둘은 결코 끝나지 않는 원을 형성한다. 과연 누가 그것들의 가능성을 완전히 고갈시킬 수 있겠는가?

12. 흘러가는 강물은 돌까지 쓸어간다. 승승장구 하는 군대도 그러하다.

13. 맹수는 먹이를 죽이기 위해 번개처럼 빨리 먹이를 덮친다. 승승장구하는 군대도, 그렇듯 빨리 결정을 내린다.

14. 경험이 많은 투사는 힘으로 공격하고 결정은 가장 단시간에 내린다.

15. 기세는 팽팽한 쇠뇌와 같으며, 결정은 퇴각의 실행과 같다.

16. 전쟁터에서 겉으로 보이는 무질서는 결코 진정한 무질서를 암시하지 않는다. 혼란과 무질서의 한가운데에서 너의 대열은 시작도 끝도 없을 수 있지만, 그런데도 패배를 막을 수는 있다.

17. 위장한 무질서는 질서를 필요로 하고, 위장한 두려움은 용기를 필요로 하고, 위장한 나약함은 힘을 필요로 한다.

18. 무질서의 배후에서 질서를 가장하는 것은 군의 편성의 문제이다. 두려움의 가면 뒤에서 용기를 가장하는 것은 잠재적인 힘을 전제로 한다. 자칭 나약함을 통해 강한 기세를 위장하는 것은 전술을 필요로 한다.

19. 적을 조종하는 고도의 기술은, 전술적 기동 연습으로 적이 어떤 조치를 취하도록 유인을 하고, 적이 덥석 물게 될 뭔가를 제공하는 것이다.

20. 너는 미끼로 적을, 너의 부하들이 기다리고 있는 곳으로 유인하면 된다.

21. 현명한 장수는 공처럼 구르는 기세를 중시하고, 개별 병사들에게 많은 것을 요구하지 않는다. 적절한 남자들을 선발하여 이들의 기세를 투입한다.

22. 이런 기세는 통나무나 바위처럼 굴러간다. 왜냐하면 통나무와 바위는 평평한 곳에서는 조용히 있지만, 비탈에서는 움직이기 때문이다. 통나무와 바위는 네모난 곳에 이르면 움직이지 않고, 둥근 곳에서는 굴러간다.

23. 훌륭한 전사의 기세는 산에서 밑으로 떨어지는 둥근 바위의 중압감과 비슷하다. 그만큼 기세가 등등하다.

VI. 강점과 약점

1. 손자가 말했다. 전쟁터에 먼저 가서 적을 기다리는 사람은, 느긋하게 전쟁에 임한다. 마지막에 전쟁터에 도착하여 서둘러야 하는 사람은, 지친 상태로 전쟁터에 나간다.

2. 때문에 현명한 전사는 적의 의지를 압박하지, 적이 자신의 의지를 압박하도록 허용하지 않는다.

3. 현명한 전사는 적에게 미끼를 놓아서 다가오게 만들 수 있다. 그리고 적에게 손해를 입혀서 적을 멀리 보낼 수 있다.

4. 만일 적이 여유가 있다면, 현명한 전사는 이를 방해할 수 있다. 만일 적이 충분한 보급품을 가지고 있다면, 적이 굶어죽게 할 수 있다. 만일 적이 야영지를 세웠다면, 위협하여 멀리 쫓아낼 수 있다.

5. 현명한 전사는 적을 급히 몰아낼 수 있는 장소에 나타난다. 또한 현명한 전사는 적이 예상하지 못한 장소에 갑자기 나타나기도 한다

6. 군은 적이 없는 지역을 통과하면, 아주 먼 거리도 힘들이지 않고 갈 수 있다.

7. 적이 방어하지 않는 곳만 공격하는 한, 너는 성공을 확보해둔 것이다. 난공불락의 위치에서 네가 방어를 하고 있는 한, 너의 방어는 위험에 처하지 않는다.

8. 현명한 공격자는, 적이 어디에서 방어해야 할지 잘 모르게 한다. 현명한 방어자는, 적이 어디에서 공격할 수 있을지 잘 모르게 만든다.

9. 기만을 통해서 우리는 우리의 의도를 숨긴다. 은밀하게 행동함으로써 우리의 움직임을 숨길 수 있다. 이렇게 하여 적의 운명이 우리 손에 들어온다.

10. 우리가 적을, 그들이 취약한 지점에서 만나는 한, 우리의 행진은 멈추지 않는다. 우리의 움직임이 적의 움직임보다 더 빠르면, 우리는 안전하게 퇴각할 수 있다.

11. 만일 우리가 전쟁을 원하면, 우리는 적에게 도전할 수 있다. 비록 적이 높은 벽 뒤와 깊은 땅굴 속에 몸을 숨기고 있을지라도. 우리는 다른 지역을 공격하여 그들이 이를 방어하기 위해 이동하게 만들면 된다.

12. 만일 우리가 전쟁을 원치 않는다면, 우리는 적이 우리를 공격하는 것을

방해할 수 있다. 비록 우리의 주둔지가 고정되어 있지 않더라도, 우리는 적에게 방해물을 놓으면 된다.

13. 우리는 적의 안전 상태를 탐구하지만, 우리 스스로는 보이지 않게 함으로써 우리의 힘을 모을 수 있다. 반면에 적의 힘은 분산시켜야만 한다.

14. 적이 뿔뿔이 흩어지는 것과 반대로 우리는 하나로 뭉친다. 둘이 만나면 우리는 강하고 적은 약하다.

15. 막강한 우리의 힘으로 적과 겨루면, 적은 분명 열세에 몰린다.

16. 우리가 전투할 곳으로 미리 봐둔 장소는 적에게 숨겨야 하는데, 그렇게 해야 적은 다른 장소에서 준비하기 때문이다. 적의 병력을 여러 군데로 배분하도록 해서, 우리는 늘 작은 규모의 적하고만 싸우면 된다.

17. 왜냐하면 적이 자신의 병력을 앞에 집중하면, 뒤에는 약하다. 만일 뒤에 집중하면, 앞부분은 약하다. 적이 군대의 좌군을 강화하면, 우군은 약하다. 우군을 강화하면 좌군은 약하다. 적이 군을 도처에 보내면, 어디든 약하다.

18. 가능한 공격에 대비하여 무장을 해야 하는 자는 약하다. 적에게 무장을 하도록 압박하는 자는 강하다.

19. 만일 우리가 앞으로 싸워야 할 전투 장소와 시간을 안다면, 우리는 병력을 모두 이곳으로 끌어 모아야 한다.

20. 우리가 전투 장소와 시간을 둘 다 모른다면, 우군은 좌군을 지지할 수 없고 좌군은 우군을 지지해줄 수 없으며, 병력의 전방이 후방을 지원하지 못하고 후방은 또한 전방을 지원하지 못한다. 만일 가장 멀리 간 병력이 100리를 가버렸고 그 뒤를 이은 군이 이보다 더 떨어져 있다면 지원은 말할 것도 없다.

21. 내가 예측을 해도 월나라의 병사가 우리 군의 병사보다 더 많지만, 그것

이 그들이 승리할 기회가 더 많다는 뜻은 아니다. 그래서 나는 말했다. 우리가 그들을 이길 수 있다.

22. 적이 우리보다 병사의 수가 더 많다 해도, 우리는 그들이 승리하지 못하도록 방해할 수 있다. 우리는 적의 계획을 공개해서 승리할 기회를 분석해야 한다.

23. 우리는 적을 선동하고 그들이 반응하는 틀을 알아내야 한다. 우리는 적을 압박하여, 약점을 드러내도록 만들어야 한다.

24. 우리는 어떤 강점과 약점이 있는지를 인식하기 위해, 적의 군을 우리의 군과 세심하게 비교해야 한다.

25. 최고의 용병술은 준비를 비밀리에 하는 것인데, 이로 인해 어떤 첩자도 이를 알아낼 수 없고, 아무리 이성을 동원해도 알아낼 수 없다.

26. 우리가 적의 태도에 우리의 태도를 맞추는 한, 적은 우리의 전술을 인지하지 못한다.

27. 모든 사람이, 우리가 어떻게 이기는지는 보지만, 다음번에 우리가 어떻게 승리할지를 미리 보는 사람은 아무도 없다.

28. 만일 어떤 전술이 승리를 거두는 데 도움이 되었다면, 우리는 이 전술을 다시 사용해서는 안 된다. 우리는 항상 상황에 맞는 새로운 전술을 세워야 한다.

29. 군대의 전술은 높은 곳이 아니라 낮은 곳으로 흐르는 물과 같다.

30. 전쟁에서도 강자를 피하고 약자를 공격하는 것이 유효하다.

31. 물은 땅에 맞추어 흘러간다. 그렇듯 전사도 자신의 전술을 적의 태도에 따라 정해야 한다.

32. 물이 일정한 형태가 없듯이, 전쟁 상황도 같을 때가 없다.

33. 뛰어난 장군은 적의 태도에 따라 전술을 세움으로써, 승리할 줄 안다.

34. 다섯 가지 요소(물, 불, 나무, 금속, 흙)는 항상 동일하게 존재하지 않는다. 사계절도 서로 바뀐다. 짧은 날도 있고 긴긴 날도 있다. 달도 줄었다가 커졌다가 한다.

VII. 작전 행동

1. 손자가 말했다. 전쟁을 할 때 장수는 군주로부터 명령을 받는다.
2. 장수는 군을 소집한 다음에, 여러 가지 요소를 차례로 결정해야 하고 이를 전체로 엮어야 한다.
3. 그런 뒤에 장수는 가장 어려운 임무라고 할 수 있는, 이를테면 전략적인 작전 행동을 마련해야 한다. 이때 그는 돌아가는 길을 지름길로, 단점을 장점으로 탈바꿈시켜야 한다.
4. 자신이 나중에 출발하기 위해서는 미끼로 적을 유인하고, 길을 돌아가더라도 장소에 더 일찍 나타나는 것, 바로 여기에서 우회로와 지름길의 기술이 증명된다.
5. 군의 1개 부대로 전술적인 작전 행동을 취하는 것은 한편으로 장점이 되고, 다른 한편으로 위험하다.
6. 전체 군이 함께 진격하면, 장점이 될 수 있는 위치에 너무 늦게 도착할 수 있다. 기동성이 있는 부대를 먼저 보내면, 그들과 수송대의 연결이 끊어질 수 있다.
7. 만일 병사들에게 갑옷을 벗어던지고 밤낮으로 행진하여, 보통 때보다 두 배나 되는 100리 길을 걸어서 유리한 위치를 점하라고 명령을 내리면, 결국 3개 부대의 지휘관들이 모두 적의 손에 들어가게 된다.

8. 힘센 자들은 앞에서 행진할 것이고, 약한 자들은 뒤에 남게 되므로 군인들의 10분의 1만이 목표지점에 도달하게 된다.

9. 적에게 작전 행동을 펼치기 위해 우리 병사들에게 50리를 행진하라고 시키면, 제1부대의 지휘관은 잃게 되고, 병사들 가운데 절반만 목적지에 도달할 것이다.

10. 30리를 행진시키면, 병사들 가운데 3분의 2가 목적지에 도달할 것이다.

11. 군은 식량을 수송해주지 않으면 패배한다. 군은 비축식량이 없으면 패배한다. 군은 보급품이 없으면 패배한다.

12. 우리가 이웃의 의도를 알지 못하면, 동맹을 맺어서는 안 된다.

13. 우리는 조건을 잘 알지 못하는 나라로 군을 이끌고 갈 수는 없다. 그 나라의 산과 숲, 위험과 우회로, 늪과 습지대를 잘 모른다면 말이다.

14. 지역 주민의 도움 없이는 우리는 지리적 조건으로부터 아무런 이득을 취할 수 없다.

15. 승승장구하는 전쟁은 가장과 기만에 기반을 둔다.

16. 우리가 우리 군을 분산해야 할지 모아야할지는, 상황이 결정해야 한다.

17. 우리는 바람처럼 서두르거나 숲처럼 적절하게 행진한다.

18. 우리는 불처럼 약탈하거나 산처럼 조용히 서 있다.

19. 우리의 계획은 밤처럼 어둡고 투명하지 않으며, 우리의 돌격은 천둥과 같다.

20. 어떤 지역을 약탈하고, 이로부터 얻은 노획물을 병사들에게 나눠주라. 새로운 지역을 정복해서 모두에게 각자의 부분을 할당해주라.

21. 한 발자국도 미리 철저한 계산에 따라 움직인다.

22. 먼 길과 가까운 길을 잘 아는 자가 승리하게 될 것이다. 그것이 바로 전술적인 작전 행동의 본질이다.

23. 옛 병서 군정(軍政)에 이런 말이 있다. 전쟁터에서 말은 멀리까지 전달되지 않는다. 그리하여 북과 공을 사용한다. 또한 평범한 대상은 분명하게 인지되지 않아서 군기와 깃발을 사용한다.

24. 공과 북, 군기와 깃발로, 군대의 주의를 특정 지점으로 움직일 수 있다.

25. 군대가 이와 같은 방식으로 하나가 되면, 용감한 자도 홀로 돌진할 수 없고 겁쟁이도 홀로 뒤에 남을 수 없다. 이렇게 대규모 군사를 움직일 수 있다.

26. 병사들의 귀와 눈에 영향을 주기 위해, 밤에는 횃불과 북을 사용하고 낮에는 군기와 깃발을 사용하라.

27. 군 전체가 투지(鬪志)를 상실할 수 있다. 장수는 이성적인 성향을 상실할 수 있다.

28. 병사들의 투지는 아침에 최고조를 이룬다. 투지는 오후가 되면 줄어들고 또 저녁이면 병사들은 야영지로 돌아갈 생각밖에 하지 않는다.

29. 현명한 장수는, 적의 투지가 대단할 때 적으로부터 물러나 있고, 적이 피곤하고 귀향만을 생각할 때 공격한다. 그렇게 우리는 투지를 고려한다.

30. 규율과 평온함을 지닌 채, 적의 야영지에 무질서와 소란이 퍼져나가기를 기다리는 것, 이것이 바로 이성적으로 생각하는 기술이다.

31. 적이 아직 먼 곳에 있을 동안 목적지에 도착하고, 적이 애쓰고 고생하는 동안 여유 있게 그들을 기다리고, 적이 굶는 동안 잘 먹는 것. 바로 힘을 현명하게 다루는 방법이 그 안에 있다.

32. 군기가 완벽하게 잡혀 있는 적을 막지 않고, 조용하고도 조심하면서 행진하는 군을 공격하지 않는 것, 이것이 상황에 적응한다는 뜻이다.

33. 군대를 운용하는 규칙은, 산 위에 있는 적을 공격하지 말고 그들이 산밑으로 내려올 때 가로막지 말아야 한다.

34. 도주하는 척 흉내를 내는 적은 공격하지 말고, 투지가 투철한 병사들은 공격해서는 안 된다.

35. 적이 미끼를 던지면 물어서는 안 된다. 군대가 집으로 돌아가면 이를 멈추게 해서는 안 된다.

36. 만일 적을 포위하면 도망칠 수 있는 길을 열어줘야 하고, 절망하는 적을 지나치게 몰아붙여서는 안 된다.

VIII. 여러 가지 작전 행동

1. 손자가 말했다. 전쟁이 있을 때 장수는 군주로부터 명령을 받는다. 장수는 군사를 모으고 힘을 집중한다.

2. 힘든 땅을 야영지로 삼아서는 안 된다. 전략적인 요지에서는 동맹을 잘 맺어둬야 한다. 외진 곳에서 오래 머물러서는 안 된다. 만일 네가 포위되면, 간계를 하나 사용하도록 하라. 빠져나갈 구멍이 없는 곳에서는 싸우라.

3. 가서는 안 되는 길이 있고, 공격해서는 안 되는 군대가 있으며, 포위해서는 안 될 도시가 있다. 네가 다투면 안 되는 위치가 있고, 따르지 않아야 할 군주의 명령도 있다.

4. 여러 가지 전술의 장점을 알고 있는 장수는 자신의 군을 거느릴 줄 아는 사람이다.

5. 이를 모르는 장수지만 지형을 잘 알고 있을 수 있다. 이런 장수는 자신의 지식을 실행에 옮길 수가 없다.

6. 한 사람이 다섯 가지 장점을 알 수도 있다. 그러나 이 사람이 여러 가지 작전 행동의 기술을 다루지 못한다면, 부하들을 적절하게 투입할 수 없다.

7. 그러므로 경험이 많은 장수는 장점과 단점을 동시에 생각한다.

8. 그는 장점을 생각하면서, 자신의 계획을 실행할 수 있게 만든다. 그는 단점을 생각하면서, 가능한 불행을 방지한다.

9. 만일 우리가 최고로 어려운 상황에서도 가능한 장점을 이용할 준비가 되어 있다면, 우리는 최고로 끔찍한 불행에서도 빠져나올 수 있다.

10. 적에게 손해를 입혀 적이 꼼짝도 못하게 하라. 적에게 불쾌한 일을 제공하여 이 일에 몰두하게 하라. 적들을 조종하기 위해 미끼를 던지라.

11. 전쟁의 기술은, 적이 오지 않는다고 믿도록 가르치지 않고, 우리가 적을 맞이할 준비를 하라고 가르친다. 적이 우리를 공격할 기회가 없다고 믿도록 가르치지 않고, 우리가 우리의 위치를 난공불락으로 만들도록 가르친다.

12. 장수는 다섯 가지 위험한 특징을 가질 수 있다.

    (1) 지나친 용기. 이것은 뭔가를 파괴하게 만든다.

    (2) 비겁함. 이는 포로가 되게 한다.

    (3) 흥분을 잘하는 기질. 그러면 너무 쉽게 화를 낸다.

    (4) 명예욕. 쉽게 굴종하는 경향이 있다.

    (5) 병사들을 배려함. 이는 지나치게 조심하도록 만들 수 있다.

13. 이것이 장수의 다섯 가지 죄인데, 이들은 장수가 되기에 적합하지 않다.

14. 만일 군대가 패배하고 그들의 장수가 죽음을 당한다면, 그 원인은 분명 이들 위험한 특징 중에서 하나일 것이다. 때문에 위험한 특징들을 잘 생각해보는 것이 중요하다.

IX. 군이 행진할 때

1. 손자가 말했다. 적을 향해 군을 끌고 갈 때 다음과 같은 원칙이 통용된다. 산은 지체하지 말고 넘어가서 계곡 근처를 찾으라.

2. 야영지는 지대가 높고, 햇빛이 드는 땅에 정해야 한다. 산을 올라가면서 절대 싸우면 안 된다. 이것이 산악지대에서 싸울 때의 원칙이다.

3. 강을 건넌 뒤에는 신속하게 강을 떠나라.

4. 밀어닥치는 적이 강을 먼저 건넌다면, 너는 적을 강의 중간에서 맞이해서는 안 된다. 적의 군대의 절반이 강을 건널 때까지 기다렸다가, 공격하라.

5. 네가 싸우기를 원한다면, 밀고 들어오는 적이 건너야 하는 강의 근처에서 맞이하지 말라.

6. 야영지는 지대가 높고, 햇빛이 드는 땅에 정해야 한다. 강 위쪽으로 올라가서 적과 싸워서는 안 된다. 이것이 강 근처에서 싸울 때의 원칙이다.

7. 늪지대를 건널 때는 있는 힘을 다해 서둘러서 건너도록 하라.

8. 늪지대에서 적을 만나면, 물과 수초 근처에 머물고 등 뒤에 나무들을 둬야 한다. 이것이 늪에서 싸울 때의 원칙이다.

9. 마르고 평평한 땅에서는 오른쪽 등 뒤에 높은 언덕을 두어야 하는데, 그렇게 해야 위험이 앞에 있고 안전함이 뒤에 있을 수 있다. 이것이 평지에서 싸울 때의 원칙이다.

10. 이 네 가지 군사 원칙 덕분에 황제는 주변 국가에 있는 네 명의 군주와 싸워 이길 수 있었다.

11. 모든 군은 낮은 지역보다 높은 지역을, 그늘진 장소보다 해가 잘 드는 장소를 선호한다.

12. 만일 너의 병사들을 안전하고 보호받는 장소에 머물게 하면 그들은 질

병에 많이 걸리지 않을 것이며, 너는 승리를 거둘 것이다.

13. 언덕이나 둑이 있는 곳에 가면, 해가 드는 곳에 자리를 잡고 오르막이 너의 뒤편 오른쪽에 있도록 하라. 너의 병사들은 이를 잘 이용할 수 있으며, 너도 지리적인 위치가 가진 장점을 이용할 수 있다.

14. 비 때문에 네가 건너고자 하는 강물이 불어나면, 수위가 내려갈 때까지 기다려야 한다.

15. 가파른 바위와 거센 강물, 깊은 웅덩이, 자연스럽게 만들어진 막다른 골목, 뚫고 들어갈 수 없는 숲, 습지와 갈라진 곳이 있는 지역들은 피하거나 되도록 빨리 떠나야 한다.

16. 만일 우리가 그와 같은 장소로부터 멀리 떨어지면, 적을 그런 곳으로 유인해야 한다. 만일 그런 위험한 장소가 우리 앞에 있으면, 이곳은 적의 뒤에 있어야 한다.

17. 네가 머무는 야영지의 근처에 언덕이 많거나, 수초가 많이 자라고 있는 연못, 풀이 자라고 있는 분지 혹은 나무가 빽빽하게 들어서 있는 숲이 있다면, 주의 깊게 살펴봐야 한다. 왜냐하면 이런 지역은 첩자들이 숨어 있기 좋은 매복지가 될 수 있는 까닭이다.

18. 근처에 적이 있으나 조용하면, 적은 주둔하고 있는 위치가 자연적인 혜택을 입은 곳이라고 믿는다.

19. 적이 멀리 있으면서 전쟁을 부추기면, 네가 먼저 움직이기를 원한다.

20. 적의 위치가 쉽게 뚫을 수 있는 곳이면, 너에게 미끼를 던진다.

21. 숲에서 나무들 사이에 움직임이 보이면 적이 앞으로 나아가고 있는 것이다. 빽빽한 풀 사이에서 많은 방패가 보이면 적이 우리를 엉뚱한 곳으로 유인하고자 하는 것이다.

22. 새들이 하늘 높이 날아가면 이는 매복처가 있다는 것을 의미한다. 깜짝

놀라는 야생동물들은 갑작스러운 공격을 알려준다.

23. 먼지가 높게 솟아오르는 모습은 마차가 앞으로 나아가고 있다는 표시이다. 평평하게 죽 늘어선 먼지구름은 앞으로 나아가는 보병을 의미한다. 먼지가 여러 방향으로 둥둥 뜨면 땔감을 찾으러 무리들이 떠나는 것이다. 이리저리 이동하는 개별 먼지구름은 야영지를 세우고 있다는 표시이다.

24. 겸손한 말투에 서둘러 준비하는 모습은 적이 앞으로 나아갈 것이라는 것을 암시한다. 격렬한 말투와 겉으로 보기에 앞으로 진군할 움직임은 퇴각을 암시한다.

25. 가벼운 마차가 먼저 나타나고 이들을 측면에 배치하면, 적이 전투를 준비하는 것이다.

26. 본질적인 조약도 없는데 평화를 제안하는 것은 간계를 암시한다.

27. 급히 뛰어다니고 병사들이 열을 짓는 것은 결정적인 순간이 왔다는 것을 의미한다.

28. 어떤 병사들은 앞으로 나아가고 반면에 다른 병사들은 뒤로 퇴각하면, 이는 음모이다.

29. 병사들이 창에 몸을 의지하면, 그들이 굶주림으로 나약해져 있는 것이다.

30. 물을 가져오라고 사람들을 보냈는데 먼저 자신부터 물을 마신다면, 군대는 갈증으로 고통스러워한다.

31. 적이 유리한 위치를 알고서도 이를 취할 차비를 하지 않으면, 병사들이 지쳐 있는 것이다.

32. 새들이 어떤 장소에 모여 있으면, 이곳은 비어 있다는 증거이다.

33. 야영지에 소요가 들끓으면, 장수의 권위가 약하다. 군기와 깃발이 이리저리 움직이면, 혼란이 있음을 말해준다. 장교들이 화를 내면, 지쳐있다

는 표시이다.

34. 군이 먹기 위해 말을 죽인다면, 비축식량이 더는 없다는 뜻이다. 병사들이 취사도구를 내버려두면, 절망하고 있으며 죽을 때까지 방어할 준비가 되어 있다는 뜻이다.

35. 병사들이 삼삼오오 모여 귓속말을 하는 모습은 계급 사이에 긴장감이 흐른다는 암시이다.

36. 상을 너무 자주 수여하는 것은 적이 곤란한 입장에 처했다는 것을 보여준다. 벌을 너무 자주 주는 것은 적이 긴급 상황에 처해 있다는 것을 보여준다.

37. 처음에는 돌진하다가 이어서 적의 숫자가 우세한 것을 보고 놀라는 것은, 사태를 잘 모른다는 증거이다.

38. 아첨하는 말로 사자를 보낸다면, 적은 휴전을 원한다.

39. 적의 군대가 분노하면서 행진해 와서, 앞으로 가지도 않고 뒤로 가지도 않은 채 우리 맞은편에 서면, 이들을 매우 주의 깊게 봐야 한다.

40. 우리 군이 적에 비해서 숫자에서 열세에 있다 하더라도 근심할 필요는 없다. 우리는 반드시 공격할 필요는 없기 때문이다. 대신에 우리는 우리의 힘을 집중하고, 적을 자세하게 관찰해 지원군을 데려올 수 있다.

41. 부주의하고 적을 과소평가하는 자는 패배할 위험이 있다.

42. 너에게 연대감이라는 것이 생기기 전에 병사들에게 벌을 주면, 그들은 너에게 복종하지 않는다. 그러면 그들은 쓸모가 없다. 병사들이 충분히 연대감을 느끼는데 네가 벌을 주지 않으면, 그들 역시 쓸모가 없다.

43. 병사들을 인간애로 너와 연결하고 냉혹한 규율로 지도하라. 그러면 승리는 너의 것이 된다.

44. 군사훈련에서 내리는 명령이 항상 실행되면, 군에는 규율이 자리를 잡

는다. 그렇지 않을 경우에 규율 없이 제멋대로 하는 행동이 전반적으로 퍼질 것이다.

45. 장수가 부하들에게 신뢰를 증명하고 동시에 자신의 명령을 따르기를 주장하면, 양측은 서로에게 도움이 된다.

X. 지형

1. 손자가 말했다. 지형에는 여섯 가지가 있다.

    (1) 훤히 뚫려 있는 지형[통형(通形)].

    (2) 폐쇄된 지형[괘형(挂形)].

    (3) 불리한 지형[지형(支形)].

    (4) 전략적인 샛길[애형(隘形)].

    (5) 가파른 지형[험형(險形)].

    (6) 멀리 떨어져 있는 지형[원형(遠形)].

2. 아군과 적군이 모두 자유롭게 출입할 수 있는 곳을 통형(通形)이라 한다.

3. 이런 지형에서 좀 더 높고 햇살이 드는 자리를 적보다 먼저 차지하려면, 보급로를 철저하게 확보해야 한다. 그러면 성공적으로 싸울 수 있다.

4. 진출은 쉽지만 퇴각이 어려운 지형을 괘형(挂形)이라고 부른다.

5. 이런 위치에서는 준비되지 않은 적을 성공적으로 공격할 수 있다. 하지만 적이 네가 올 것을 준비하고 있고 너는 적을 칠 수 없다면 너는 곤궁에 처하게 되고 그렇다 하더라도 물러날 곳도 없다.

6. 어떤 방향에서 봐도 장점이라고는 없는 곳을 먼저 점령했다면, 이런 곳을 바로 지형(支形)이라고 부른다.

7. 우리가 이런 위치에 있다면, 적이 우리를 미끼로 유혹해도 앞으로 나가면 안 된다. 오히려 우리는, 적이 앞으로 움직일 수 있도록 뒤쪽으로 물러나야 한다. 그리고 만일 적이 어느 정도 앞으로 나오면, 우리는 적을 공격할 수 있다.

8. 만일 전략적인 샛길[隘形]을 네가 먼저 차지했다면, 이곳에 강력한 병력을 투입하여 적을 기다려야 한다.

9. 적이 이 샛길에 먼저 도착했다면, 적의 방비가 철저하면 따라가지 말고, 허술하면 따라가도록 한다.

10. 지형이 험한 곳[險形]에 네가 적보다 먼저 도착하면, 높고 양지바른 장소를 점령하여 이곳에서 적을 기다려야 한다.

11. 만일 적이 먼저 이곳에 도착하면, 그를 따라가지 말고 뒤로 물러나서 적을 유인하도록 시도하라.

12. 적과 아주 멀리 떨어져 있고[遠形] 병력도 거의 비슷한 수준이라면, 전쟁을 불러일으키는 일은 쉽지 않다. 그리고 이런 전쟁은 네가 불리하게 끝날 것이다.

13. 그것이 지형에 관한 여섯 가지 원칙이다. 성실한 장수는 이 원칙을 철저하게 공부해야만 한다.

14. 군대를 위협하는 여섯 가지 위험이 있는데, 이는 원래 장수의 태도에서 나온다. ① 주병(走兵, 도주) ② 이병(弛兵, 불복종) ③ 함병(陷兵, 적의 함정에 빠짐) ④ 붕병(崩兵, 기강이 무너짐) ⑤ 난병(亂兵, 무질서) ⑥ 배병(北兵, 패배).

15. 자신의 부하들을 열 배나 더 강력한 적에게 보내면, 부하들은 어쩔 수 없이 도주하게 된다.

16. 무례한 병사들이 너무 강하고 장교들이 너무 약하면, 불복종이 일어난

다. 장교들이 너무 강하고 무례한 병사들이 너무 약하면, 그 결과는 적의 함정에 빠지기 쉽다.

17. 장교가 불만이 많으며 불복종하고, 장수가 공격을 해야 할지 어떨지를 알기도 전에 제멋대로 적과 전투를 벌인다면, 기강이 붕괴된 것이다.

18. 장수가 약하고 권위가 없으면 그가 내린 명령은 반대에 부딪히고, 장교와 병사들은 관할권도 없이 좌충우돌한다면, 이것이 바로 무질서이다.

19. 만일 장수가 적의 힘을 제대로 추정할 수 없어서 나약한 군대를 이끌고 강한 적과 싸우기 위해 전쟁터로 나간다면, 그리고 훌륭한 남자들에게 높은 자리를 주지 않고 시간을 지체하면, 이는 결국 패배로 이어진다.

20. 이것은 양심 있는 장수라면 철저하게 공부해야 할 여섯 가지 불행이다.

21. 지형의 자연적인 여건은 병사들에게 최고의 동맹군이다. 하지만 장수의 기술은 적을 제대로 추정하고 승리를 거둘 수 있는 능력과, 난관과 위험, 떨어져 있는 거리를 정확하게 판단할 줄 아는 능력에 있다.

22. 이런 일을 잘 해내고 이것을 전투에 잘 투입할 줄 아는 자는, 전투에서 이긴다. 이를 잘 해내지 못하거나 전혀 이용하지 않는 자는 패배할 것이다.

23. 전쟁을 해서 반드시 승리할 수 있다면, 군주가 금지하더라도 너는 전쟁을 치러야 한다. 전쟁이 가망이 없다면, 비록 군주가 너에게 전쟁을 명하더라도 싸워서는 안 된다.

24. 명예욕 없이 앞으로 진군하고, 모욕을 당할까봐 두려워하지 않고 퇴각하며, 오로지 나라를 보호하고 군주에게 봉사하겠다는 일념으로 노력하는 장수야말로 나라의 보배이다.

25. 병사들을 너의 자식으로 생각하라. 그러면 그들은 깊은 계곡까지 너를 따를 것이다. 병사들을 네가 사랑하는 아들로 보라. 그러면 그들은 죽을 때까지 네 곁에 머물 것이다.

26. 네가 관대하고 마음씨 좋다 하더라도 권위와 추진력이 없으면 안 된다. 만일 군대를 통제하지 못하면, 너의 병사들은 응석꾸러기 아이들처럼 되어 쓸모가 없어진다.

27. 만일 우리가 우리의 병사들이 공격할 준비가 되었다는 것을 알지만, 적이 난공불락이라는 사실을 간과한다면, 이는 절반의 승리이다.

28. 만일 우리가 적에게 약점이 있어 공격할 수 있다는 것을 알지만, 우리의 병사들이 공격할 준비가 되어 있지 않다는 것을 간과하면, 이 역시 절반의 승리이다.

29. 만일 우리가 적도 약점이 있어 공격할 수 있고 우리 병사들도 공격할 준비가 되었다는 점을 아는데, 지형의 조건이 공격하기에 불가능하다는 것을 간과하면, 이 또한 절반의 승리일 뿐이다.

30. 경험이 있는 전사는 일단 움직이면, 실수하지 않는다. 그는 확신이 설 때에만 움직인다.

31. 따라서 적을 알고 너 자신을 알면, 의심할 필요 없이 너는 승리할 것이다. 하늘을 알고 땅을 알면, 승리는 온전히 너의 것이다.

XI. 새로운 상황들

1. 손자가 말했다. 전쟁의 기술에는 아홉 가지 지형이 있다.

   (1) 산지(散地).

   (2) 경지(輕地).

   (3) 쟁지(爭地).

   (4) 교지(交地).

CEO를 위한 손자

(5) 구지(衢地): 전략적인 지역.

(6) 중지(重地).

(7) 비지(圮地): 어려운 지형.

(8) 위지(圍地).

(9) 사지(死地).

2. 장수가 자신의 땅에서 싸우면, 우리는 산지(散地)라고 부른다.

3. 장수가 적지로 갔지만 깊숙이 들어가지는 않았을 때, 우리는 경지(輕地)라 부른다.

4. 아군과 적군 모두 점령하면 큰 이득을 안겨줄 지역을 우리는 쟁지(爭地)라 한다.

5. 아군과 적군이 모두 자유롭게 움직일 수 있는 곳을 교지(交地)라고 한다.

6. 인접한 세 나라 모두에게 전략적으로 중요하고, 그리하여 그들 가운데 한 나라가 먼저 점령하면 대제국을 다스릴 수 있는 지형을 구지(衢地)라고 한다.

7. 군이 적의 땅 깊숙이 들어가서 여러 개의 도시를 지나왔다면, 이 지역을 중지(重地)라 한다.

8. 비지(圮地)란, 뚫고 지나가기가 어려운 모든 지형을 포괄적으로 말한다. 즉, 산과 숲, 샛길과 협곡, 늪과 습지.

9. 구불구불한 길을 따라가야 하는 힘든 곳으로, 소수의 적들도 다수의 아군을 포위하여 죽일 수 있는 지형을 위지라고 한다.

10. 우리가 직접 싸워야만 스스로의 목숨을 구할 수 있는 지형을 사지(死地)라고 한다.

11. 산지(散地)에서는 싸우지 말라. 경지(輕地)에서는 오래 머물면 안 된다. 쟁지(爭地)는 공격해서는 안 된다.

12. 교지(交地)에서 적의 길을 가로막으려 하지 말라. 구지(衢地)에서는 동맹군과 함께하라.

13. 중지(重地)에 들어가면, 약탈하라. 비지(圮地)에 들어가면, 계속 행진해 가라.

14. 위지(圍地)에서는 계략을 사용하라. 사지(死地)에서는 싸워라.

15. 경험이 많은 전사들은, 적군들 가운데 앞에 가는 군대와 뒤에 가는 군대, 대군과 소군 사이를 갈라놓을 줄 알았다. 그들은 잘 싸우는 부대가 못 싸우는 부대를 돕지 못하도록 방해할 줄 알았으며, 장교들이 병졸들을 끌어 모으는 걸 방해할 줄 알았다.

16. 적의 병사들이 한 장소에 모여 있다면 그들은 적을 무질서하게 만들 줄 알았다.

17. 이득이 되면 그들은 앞으로 나아갔지만, 그렇지 않을 경우에는 있는 곳에 그대로 머물렀다.

18. 너를 공격할 생각이 있는 강하고 질서 정연한 적을 네가 어떻게 맞이해야 하느냐고 묻는다면, 나는 이렇게 대답할 것이다. 적에게 소중한 것을 너의 수중에 넣어라. 그러면 적은 네 의지를 따를 것이다.

19. 속도는 전쟁에서 열쇠이다. 즉, 적이 준비하지 못하는 상황을 이용하여, 예기치 않은 길로 접어들어 방어를 느슨하게 할 때 공격하라.

20. 적지에 들어가면, 다음과 같은 원칙을 주의해야 한다. 적의 영토에 깊이 들어가면 들어갈수록, 너의 부하들 사이에 연대감은 더 커질 것이고 그러면 적들은 방어하기 더 힘들어진다.

21. 너의 군대가 충분한 비축 식량을 확보할 수 있도록 풍요로운 땅으로 이끌고 가라.

22. 군사들이 잘 지내는지 보살피고 너무 많은 것을 요구하지 말라. 너의 기

세에 집중하고 힘을 아끼라. 너의 군을 항상 움직이게 만들고 훤히 꿰뚫어볼 수 없는 전략을 좇게 하라.

23. 너의 군사들이 도망칠 수 없는 상황으로 몰고 가라. 그러면 그들은 도망가지 않고 살기 위해서 싸울 것이다. 그들이 죽음을 보자마자, 이룰 수 없는 것은 없다. 장교들과 병사들은 할 수 있는 모든 것을 보여줄 것이다.

24. 병사들이 절망적인 상태에 있으면, 그들은 모든 두려움을 잊어버린다. 도망칠 수가 없으면, 그들은 굳건하게 자리를 지킨다. 적의 땅에서 이들은 가장 의연하다. 만일 그들이 도움을 전혀 기대할 수 없으면, 그들은 이를 악물고 싸운다.

25. 경고하지 않아도 그들은 항상 깨어 있게 된다. 또한 요구하지 않아도 자신들이 해야 할 일들을 한다. 제재조치를 취하지 않더라도 그들은 충성심을 잃지 않을 것이다. 그리고 명령을 내리지 않더라도 병사들은 명령을 신뢰할 수 있다.

26. 미신을 금지하고 거짓 소문을 근절하라. 그러면 그들은 죽음도 두려워하지 않을 것이다.

27. 우리 병사들이 돈을 듬뿍 뿌리지 않는 것은, 그들이 돈을 경멸하기 때문이 아니다. 그들이 목숨을 과도하게 보호하지 않는 것이, 오래 살기를 원치 않아서가 아니다.

28. 네가 전투를 위해 병사들을 호출하면, 그들의 옷은 눈물로 젖거나 누워 있는 그들의 볼이 눈물로 젖을 수 있다. 그러나 네가 도망칠 수 없는 상황에 그들을 두면, 그들은 전제[오(吳)나라 사람인데, 공자 광(光)의 밀명을 받고 당시 오나라 왕이었던 요(僚)를 찔러 죽인 후 자신도 그 자리에서 살해당했다. — 옮긴이 주]와 조귀[노(魯)나라 사람으로, 당시 노나라는 제(齊)나라 환공과의 전쟁에서 패배한 후 땅을 떼어주고 모욕적인 강화조약을 맺었다. 하

지만 조귀는 위험을 뚫고 제나라의 환공을 단도로 위협하여 노나라 땅을 다시 찾아주었다고 한다. — 옮긴이 주)처럼 용감해질 것이다.

29. 잘 싸우는 군은 솔연(率然)과 같다. 솔연은 상산(常山)에 사는 뱀이다. 네가 뱀의 머리를 치면, 뱀은 꼬리로 너를 공격한다. 네가 뱀의 꼬리를 치면, 뱀은 머리로 공격을 한다. 만일 네가 뱀의 중간을 치면, 뱀은 머리와 꼬리로 동시에 너를 공격한다.

30. 군대를 솔연처럼 이끌 수 있는지 묻는다면, 나는 이렇게 대답할 것이다. 그렇다. 원래 오나라 사람과 월나라 사람은 서로 적대시했다. 하지만 한 배를 타고 함께 강을 건너다가 폭풍을 만나면, 그들은 왼손이 오른손을 돕듯이 서로 도울 것이다.

31. 말을 묶고 마차의 바퀴를 땅에 파묻는 것으로 충분하지 않다.

32. 전쟁을 치를 때는 모두가 어느 정도의 용기를 갖게 해주어야 한다.

33. 너는 유리한 지리적 조건과 불리한 지리적 조건에서 항상 최고의 결과를 만들어내야 한다.

34. 경험 있는 장수는 자신의 군대를 마치 한 명의 남자처럼 확고하게 이끌어간다.

35. 장수는 자신의 의도를 숨기기 위해서 입을 다물어야 한다. 그리고 부하들이 복종을 잘하도록 만들기 위해 장수는 공명정대해야 한다.

36. 또한 장수는 장교들과 병사들의 눈과 귀를 속일 줄 알아야 하는데, 그렇게 해야 그들은 장수의 계획에 대해서 알지 못한다.

37. 장수는 적이 눈치 채지 못하도록 자신의 행동과 계획을 지속적으로 바꿔야 한다. 야영지를 바꾸고 구불구불한 길을 감으로써, 장수는 적이 자신의 의도를 알아차리지 못하도록 방해해야 한다.

38. 장수는 결정적으로 중요한 순간에, 높이 올라가서 사다리를 밀어버리

는 역할을 해야 한다. 장수는 자신의 계획이 드러나기 전에, 병사들을 적의 땅 깊숙한 곳으로 몰아가야 한다.

39. 장수는 자신의 배를 불태우고 식기를 부숴야 한다. 그런 식으로 병사들을 이리저리 몰아서, 아무도 목적지가 어디인지 모르게 해야 한다.

40. 군을 소집하여 위험에 던지는 것, 이것이 바로 장수의 원래 임무이다.

41. 장수는 아홉 가지 상황, 공격적인 행동, 방어적인 행동의 합목적성에 관해서 철저하게 연구해야 한다.

42. 적지에 밀고 들어갈 경우 다음과 같은 사실이 유효하다. 네가 적지 깊숙이 들어가면 들어갈수록, 너의 군대를 유지해주는 힘은 더 강해진다.

43. 네가 네 국가를 떠나서 군을 이웃 나라로 이끌고 가면 그 즉시 너는 중지(重地)에 있게 된다. 만일 사방으로 연락할 길이 뻗어 있다면 너는 구지(衢地)에 있다.

44. 만일 네가 나라 깊숙이 파고 들어가면 중지(重地)에 있게 된다. 만일 네가 약간 파고들어 갔다면 너는 경지(輕地)에 있는 것이다.

45. 만일 네가 등 뒤에 적의 요새를, 네 앞에 샛길을 두고 있다면 포위된 지형, 즉 위지(圍地)에 있는 것이다. 만일 빠져나갈 길이 없다면 출구가 없는 지역에 있는 것이다.

46. 때문에 나는 산지(散地)에서는 병사들의 마음을 하나의 목표로 단결시킬 것이다. 경지(輕地)에서는 군의 단결을 위해 노력할 것이다.

47. 쟁지(爭地)에서 나는 뒤에 있는 군을 움직일 것이다.

48. 교지(交地)에서 나는 우리의 방어에 주의를 기울일 것이다. 전략적인 구지(衢地)에서 나는 동맹관계를 다질 것이다.

49. 중지(重地)에서 나는 앞으로 행진할 것이다.

50. 포위되는 지형인 위지(圍地)에서 나는 퇴각 가능성을 모두 차단해버릴

것이다. 빠져나갈 길이 없는 사지(死地)에서 나는 병사들을 그런 상황으로 데려갈 것이다.

51. 왜냐하면 병사들이란 포위되면 이를 악물고 저항하고, 빠져나갈 길이 없으면 용감하게 싸우며, 위험에 처하면 복종하는 것이 바로 본성이기 때문이다.

52. 이웃나라의 의도를 모르면 그들과 동맹을 맺어서는 안 된다. 산과 숲, 위험과 길이 없는 곳, 늪과 습지대와 같은 지리를 잘 모르는 나라에는 군을 이끌고 가서는 안 된다. 그 지방 출신의 안내자가 도와주지 않으면 우리는 지리적 환경의 장점을 취할 수 없다.

53. 호전적인 왕은 다음 원칙을 주의해야 한다.

54. 즉, 만일 막강한 나라를 침공하면, 적이 힘을 모으지 못하도록 방해하라. 적이 너를 반대하는 무리와 연합하지 못하도록 적을 위축시켜야 한다.

55. 적이 주변의 군주와 동맹을 맺지 못하도록 만들고, 그들이 강해지지 않도록 만들라. 그 대신에 너의 비밀스러운 계획을 추진하고 적에게 겁을 주라. 이렇게 하면 너는 적의 도시를 정복하고 그들의 왕국을 무너뜨릴 수 있다.

56. 규칙과 상관 없이 상을 주고, 체계 없이 명령을 내리라. 그렇게 함으로써 너는, 마치 군대가 한 명의 남자인 것처럼 이끌어갈 수 있다.

57. 너의 행동으로 부하들을 조종하되, 너의 계획은 알려줘서는 안 된다. 부하들을 위험에 처하게 하고, 그들에게 그렇게 해야 유리하다는 말은 얘기해주지 말라.

58. 부하들을 빠져나갈 수 없는 상황에 던져 넣으라. 그러면 그들은 살아남을 것이다. 부하들을 절망에 밀어 넣으라. 그러면 그들은 스스로 살길을 찾을 것이다.

59. 왜냐하면 군대는 비상사태에 처해야만 비로소 결정적인 승리를 거둘 수 있기 때문이다.

60. 전쟁을 승리로 이끌기 위해서, 우리는 적의 의도를 철저하게 연구해야 한다.

61. 우리가 적을 계속 뒤쫓아 가면, 결국 군 지휘권자를 죽일 수 있다.

62. 간계가 성공을 거두는 경우가 바로 예가 된다.

63. 네가 지휘권을 이어받는 날, 국경을 폐쇄하고 사신들의 교환을 중지해야 한다.

64. 그 지역의 주인이 될 수 있도록, 관리들을 엄격하게 대하라.

65. 적이 문을 열어두면, 그 안으로 밀고 들어가라.

66. 적에게 소중한 보물을 네가 소유함으로써 적보다 먼저 도착하고, 그 시점을 잘 생각해서 정하도록 하라.

67. 규칙이 정해둔 길을 따르고, 결정적인 전투로 적을 칠 수 있기 전까지 너는 적과 잘 지내도록 하라.

68. 적이 너의 문을 열 때까지는 처녀처럼 수줍어하라. 그러고 나서 적이 너에게 저항하지 못하도록 토끼처럼 날쌔게 행동하라.

XII. 불로 공격하기

1. 손자가 말했다. 불로 공격할 수 있는 다섯 가지 방법이 있다. 우선 야영지에 있는 병사들을 공격하는 방법이다. 두 번째는 그들의 창고를 공격하는 것이다. 세 번째는 수송대를 공격하는 방법이고, 네 번째는 적의 무기고를 태우는 것이며, 다섯 번째는 적의 부대에 불을 지르는 것이다.

2. 불로 공격하기 위해서는 특정 재료가 필요하다. 너는 그것을 항상 보관하고 있어야 한다.

3. 특정 시점과 날은 불로 공격하기에 특별히 적합하다.

4. 건조한 날씨가 좋다. 특히 달이 기(箕), 벽(壁), 익(翼), 진(軫)에 있는 날이다.

5. 만일 불로 공격을 하면, 다섯 가지 가능성에 대해서 준비를 해야 한다.

6. (1) 불이 적의 땅에서 일어나면 즉각 외부에서 공격으로 답하라.

7. (2) 불이 났는데도 적이 조용하면 공격하지 말고 기다리라.

8. (3) 불길이 높게 훨훨 타올랐는데도 공격이 가능하면 공격을 하되, 그렇지 않다면 기다리라.

9. (4) 외부에서 불로 공격하는 것이 가능하면 내부에서 불이 일어날 때까지 기다리지 말고 유리한 순간을 선택하여 공격하도록 하라.

10. (5) 바람이 불어오는 쪽에서 불을 놓으라. 바람을 맞으며 공격해서는 안 된다.

11. 낮 동안 내내 부는 바람은 지속된다. 밤에 부는 바람은 믿을 수가 없다.

12. 모든 군은 불과 관련된 다섯 가지 내용을 잘 알고 있어야 한다. 별의 움직임을 계산해야 하고 적절한 날을 고려해야 한다.

13. 공격의 보조수단으로 불을 투입할 경우 지혜가 뒷받침되어야 한다. 공격의 보조수단으로 물을 투입할 경우 병력이 뒷받침되어야 한다.

14. 물을 사용하면 적을 멈추게 할 수는 있어도, 그들의 재산을 빼앗을 수는 없다.

15. 전투에서 공격을 하여 이긴 자가 결과물을 확보하지 않는다면, 그의 운명은 매우 암담하다. 왜냐하면 그것은 사치이자 정체상태를 의미하기 때문이다.

16. 때문에 다음과 같은 말이 나온다. 현명한 군주는 앞을 내다봐야 하고 경

험이 있는 장수는 면밀해야 한다.

17. 너에게 유리할 경우에만 움직이라. 뭔가 이득이 있을 때만 군을 투입해야 한다. 상황이 그럴 수밖에 없을 때만 전쟁을 하라.

18. 어떤 군주도 재미삼아 군대를 내보내서는 안 된다. 어떤 군주도 기분에 따라 전투를 해서는 안 된다.

19. 만일 너에게 유리하면, 그때 출동하라. 그렇지 않으면 있는 곳에 머물러 있어야 한다.

20. 화가 기쁨이 되고, 분노가 만족감으로 변할 수 있다.

21. 하지만 파괴된 왕국은 다시 일어설 수 없으며, 죽은 자도 다시 살아나지 않는다.

22. 그러므로 현명하고 신중하며 경험이 많은 장수는 조심을 한다. 그렇게 함으로써 왕국은 평화를 유지하고 군을 보호할 수 있다.

VIII. 첩자의 투입

1. 손자가 말했다. 군사 십만을 일으켜 먼 거리를 행진시키면 많은 사람의 목숨을 잃게 하고 국가재정에 부담을 주게 된다. 매일 들어가는 비용만 하더라도 은이 1,000온스가 들어간다. 나라 안과 밖에는 소요가 들끓고, 남자들은 지쳐서 길가에 나뒹굴고, 70만 가족이 생업에 종사할 수 없다.

2. 싸우는 군은 서로 몇 년씩 대치하지만, 승리와 패배는 단 하루 만에 결정이 난다. 이와 같은 상황에서 은 100온스의 포상을 아껴 적에 대한 정보를 얻지 않는 자는 참으로 비인간적이다.

3. 그렇게 행동하는 자는 부하를 거느릴 자격도 없으며 군주에게 도움도 승

리도 안겨주지 못한다.

4. 현명한 군주와 경험이 많은 장수를 승리하게 만들고 대중의 상상력 외부에 있는 일을 완성하게 하는 힘은 바로 그들의 예견이다.

5. 이와 같은 예견은 영감 때문도, 경험 때문도, 날카로운 분석 때문도 아니다.

6. 적의 상태에 대한 그와 같은 지식을 우리는 오로지 사람들로부터 얻을 수 있다.

7. 따라서 첩자의 사용에는 다섯 가지가 있다. 향간(鄕間), 내간(內間), 반간(反間), 사간(死間), 생간(生間)이다.

8. 이들 다섯 종류의 첩자들이 활동하고 있다면, 어떤 사람도 이들의 행동에 대해서 모른다. 그런 유령 같은 체제는 모든 군주들이 가지고 있는 최고의 보물이다.

9. 향간(鄕間)이란 적국의 국민 가운데 고른 첩자이다.

10. 내간(內間)이란 적국의 관리들 사이에 있는 우리의 첩자이다.

11. 반간(反間)이란 적의 첩자인데, 우리가 발견하여 우리의 목적에 이용하는 자이다.

12. 사간(死間)은 우리 측에서 활동하는 첩자들인데, 우리가 의도적으로 이들에게 거짓정보를 흘려서, 그들이 적에게 전해주도록 한다.

13. 생간(生間)은 적지에서 돌아오는 자이다.

14. 첩자와의 관계는 친밀하여 그 어떤 자와의 관계보다 더 가깝다. 그 누구에게도 첩자보다 더 큰 상을 내려서는 안 된다. 그 어떤 다른 영역보다 침묵이 중요하다.

15. 어느 정도의 직감적인 지혜가 없다면 첩자를 유용하게 투입할 수 없다.

16. 사람에 대한 애정이 없다면 첩자를 운용해서는 안 된다.

17. 보고하는 내용의 진실을 설득하고자 하는 자는, 세심하게 관찰할 수 있는 능력이 필요하다.

18. 모든 세부사항에 주의를 기울이고, 모든 영역에 첩자를 사용하라.

19. 첩자가 알아낸 비밀을 사전에 입 밖에 내면, 그 비밀을 들은 자와 함께 죽이도록 하라.

20. 네가 도시를 공격하든, 도시 하나를 점령하고자 하든, 한 사람을 죽이고자 하든, 너는 그전에 해당 군대나 도시의 지휘자의 이름, 장교, 하인, 문지기와 보초병의 이름을 알아둬야 한다. 그렇게 하기 위해 너는 첩자를 투입해야 한다.

21. 우리 측에서 적을 위해 첩보활동을 하는 첩자를 찾아내어 매수를 하고, 다시 돌아가게 하라. 그러면 그들은 우리의 일을 해주고 우리는 그들을 우리의 목적에 맞게 이용할 수 있다.

22. 이와 같은 반간(反間)을 이용해서, 우리는 향간(鄕間)과 내간(內間)을 얻을 수 있다.

23. 그런 첩자들이 있어야 우리는 허위 사실을 사간(死間)을 통해 퍼트릴 수 있다.

24. 이들의 도움으로 생간(生間)은 살아 돌아와서 우리에게 보고할 수 있다.

25. 이런 다섯 종류의 첩자를 투입하는 목적은, 적에 대한 정보를 얻는 것이다. 여기에서 핵심적인 역할을 하는 자는 반간(反間)이다. 때문에 우리는 반간(反間)을 최대한 주의해서 다루어야 한다.

26. 은나라가 일어날 때는 이윤이 하나라로 들어가 첩자로 활동했다. 주나라가 일어날 때는 강태공이 은나라에 들어가 첩자로 활동했다.

27. 오로지 지혜로운 군주와 재능이 있는 장수만이, 가장 현명한 남자들을 첩자로 삼아서 이들의 도움으로 큰일을 해낼 수 있다. 첩자는 군에 제일

중요한 의미가 있으며, 군이 움직일 수 있는 능력은 바로 첩자들의 작용에 달려 있다.

지은이 **베르너 슈반펠더**(Werner Schwanfelder)

베르너 슈반펠더는 글로벌 기업의 구매 이사직과 최고 경영자로서 오랜 경험을 갖고 있으며, 지금은 저술가와 기업 강연 전문강사로 활동하고 있다. 사업상 아시아 지역을 자주 방문하면서 수년간 동양의 지혜에 대해 연구했다. 'CEO를 위한' 시리즈를 통해서 서구에서는 최초로 중국 현인들의 가르침이 오늘날 경영인들에게 어떤 의미가 있으며 실제 경영현장에서 어떻게 활용할 수 있는가를 매우 쉽게 소개한 경영컨설턴트이다.

주요 저서로는 『CEO를 위한 노자(Laotse für Manager)』『CEO를 위한 공자(Konfuzius im Management)』, 『CEO가 만난 부처(Buddha und der Manager)』 등이 있다.

옮긴이 **이미옥**

이미옥은 경북대학교 독어교육과를 졸업하고, 독일 괴팅겐 대학교에서 독문학 석사, 경북대학교에서 독문학 박사학위를 받았다. 현재 영어, 불어, 독일어 저작권을 중개하는 〈초코북스 에이전시〉의 대표로 있으면서, 출판기획 및 번역가로 왕성하게 활동하고 있다.

주요 역서로는 『기막힌 말솜씨』, 『히든 챔피언』, 『협력하는 유전자』, 『니벨룽엔의 반지』, 『환생 프로젝트』, 『하루를 살아도 행복하게』, 『학교를 칭찬하라』, 『목표에 집중하라』 등 40여 권이 있다.

Email: chokobux@hanmail.net

CEO를 위한 손자

전략의 고수

ⓒ 이미옥, 2010

지 은 이 • 베르너 슈반펠더
옮 긴 이 • 이미옥
펴 낸 이 • 김종수
펴 낸 곳 • 도서출판 한울
편집책임 • 김경아
편   집 • 조인순

1판 1쇄 인쇄 • 2010년 11월 20일
1판 1쇄 펴냄 • 2010년 12월 10일

주   소 • 413-756 파주시 교하읍 문발리 535-7 302(본사)
             121-801 서울시 마포구 공덕동 105-90 서울빌딩 3층 (서울사무소)
전   화 • 영업 02-326-0095, 편집 02-336-6183
팩   스 • 02-333-7543
홈페이지 • www.hanulbooks.co.kr
등   록 • 1980년 3월 13일, 제406-2003-051호

Printed in Korea.
ISBN 978-89-460-4360-2 03320(양장)
        978-89-460-4361-9 03320(학생판)

* 책값은 겉표지에 표시되어 있습니다.
* 이 도서는 강의를 위한 학생판 교재를 따로 준비하였습니다.
  강의 교재로 사용하실 때에는 본사로 연락해주십시오.